刘宝存　主编

比较高等教育研究丛书

初编　第 **6** 册

美国联邦政府对外国留学生的监管研究

李　辉　著

花木兰文化事业有限公司

国家图书馆出版品预行编目资料

美国联邦政府对外国留学生的监管研究／李辉 著 —— 初版 ——
新北市：花木兰文化事业有限公司，2022〔民111〕
目 4+208 面；19×26 公分
（比较高等教育研究丛书 初编 第6册）
ISBN 978-986-518-741-5（精装）
1.CST：高等教育 2.CST：留学教育 3.CST：美国
525.08   110022080

ISBN-978-986-518-741-5

9 789865 187415

比较高等教育研究丛书
初编 第六册   ISBN：978-986-518-741-5

美国联邦政府对外国留学生的监管研究

作　　者 李 辉
主　　编 刘宝存
企　　划 北京师范大学国际与比较教育研究院
总 编 辑 杜洁祥
副总编辑 杨嘉乐
编辑主任 许郁翎
编　　辑 张雅淋、潘玟静、刘子瑄 美术编辑 陈逸婷
出　　版 花木兰文化事业有限公司
发 行 人 高小娟
联络地址 台湾235 新北市中和区中安街七二号十三楼
　　　　 电话：02-2923-1455 ／传真：02-2923-1452
网　　址 http://www.huamulan.tw 信箱 service@huamulans.com
印　　刷 普罗文化出版广告事业
初　　版 2022年3月
定　　价 初编14册（精装）台币 38,000 元

美国联邦政府对外国留学生的监管研究

李辉 著

作者简介

李辉，北京师范大学比较教育学博士，教育学博士后，现为北京市海淀区教师进修学校课程指导中心教研员，副教授，海淀区教师教育学科带头人。现主要从事国际课程教研、中小学学校课程规划、校本课程建设、综合实践活动课程的研究与指导工作，主要研究方向为中外课程比较，世界城市高中教育发展。先后主持省级研究课题四项，参与国家级、部级课题多项；发表论文 40 余篇。

提　　要

"9·11"恐怖袭击使美国联邦政府重新认识到了国家安全的不同内涵。以武力的震慑与征服为标志的"硬权力"在国际关系中已经并非主要的权力体现，以知识和人才为核心的"软权力"大有同其并驾齐驱，甚至有所超越的态势。"软权力"对于二十一世纪的美国国家利益的获得将发挥更大的作用。美国如果仍然图霸全球，成就自己的帝国主义，必须赋予美国安全观与国家利益观一体化的解读和思考。

"9·11"之后，美国的留学生教育政策的改变并非一般理解上的因为恐怖袭击分子中有持学生签证的留学生，因而对留学生实施监管。这种表象后面有着美国联邦政府更深层次的对留学生教育的国家利益追求。借助"9·11"事件，美国迅速实现了联邦政府对留学生监管的制度化。其本质就在于国家利益考量中留学生教育地位的特殊性。留学生教育一方面为美国提供大量的高层次人才，弥补着美国企业、科技领域、大学实验室的人才不足；一方面作为高等教育国际化的重头戏，扮演着知识和人才相互转化的角色。知识安全、人才安全，这两个涉及国家安全或者说国家利益的方面都同留学生教育相联系。

美国的高等教育传统是"大学自治"和"学术自由"，美国联邦政府虽然一直通过立法和科研资助进行干预，毕竟不能直接施权于大学，但是，就美国联邦政府的全球利益来看，美国高等教育的作用显而易见。"9·11"给了美国联邦政府这个机会，得以从留学生教育入手，直接干预到留学生的招生、录取、专业学习和日常生活等高等教育管理的各个方面。而且，SEVIS 作为监管的系统，其实施对于大学而言是政府权力的直接体现。遵从政府，实现对留学生监管则失去部分"自治"与"自由"；否则意味着不能招收留学生，政府资助的减少，直接威胁到大学的高等教育国际化发展的机遇。

虽然美国联邦政府监管初始造成了赴美留学生数量的急剧下滑，但是，在联邦政府对留学生监管的制度形成后，逐步放宽了留学生签证的申请，保证了留学生的数量回升。特朗普"美国优先"的信念则将美国的国家利益袒露在了世界面前，其"加强边界管制和移民政策"的举措使得赴美留学生的签证政策进一步收紧。美国联邦政府这一系列具体政策导向与措施明显表明美国的移民政策，特别是留学生赴美签证、学习、工作已经成为美国联邦政府进行社会改革的重要内容，而这也进一步影响到美国国际高等教育的发展。

由此，美国联邦政府通过"安内"——由 SEVIS 系统实现了留学生和美国高等教育的的国家利益工具化，规训着留学生的行为，培养着符合美国国家利益且具有美国属性的留学生，或直接服务于美国，或间接传播美国的价值观于全球；在此基础上实现其"攘外"的最终目的：以先进的知识和人才为依托，在全球构建服从美国国家利益的经济、政治新秩序。只是，美国联邦政府对外国留学生监管政策的实施结果可能事与愿违，监管将直接导致美国高校在全球竞争力的降低，最终影响的是美国的国家地位，因为美国已经开始与高等教育国际化、全球化发展的趋势背道而驰。

《比较高等教育研究丛书》总序

刘宝存

　　20世纪80年代以来，科学技术突飞猛进，知识经济迅猛发展，国际竞争日趋激烈，经济全球化不断深入，文化多元化趋势增强……世界教育面临前所未有的新形势、新问题和新挑战。为了应对这些新形势、新问题和新挑战，以更好的姿态进入21世纪，世界各国无不把教育作为优先发展的战略领域，把教育改革与创新作为应对时代挑战和提高国际竞争力的重要举措，在全球范围内兴起了一场教育改革运动。在如火如荼的全球性教育改革中，世界各国都致力于建构世界一流的教育体系和教育标准，推动教育公平，提高教育质量，改进教学模式和方法，推动教育的国际化和信息化，促进教育治理体系和治理能力的现代化，提升教育为社会经济发展服务的能力，满足社会民众日益增长和个性化的教育需求。与以往的教育改革多聚焦于某一个层次或某一个领域的教育不同，世纪之交的教育改革运动涉及学前教育、基础教育、高等教育、职业教育、师范教育、教育管理、课程与教学等各级各类教育和教育的各个领域，是一场综合性的教育改革，而且迄今已经持续三十多年，但是仍然呈方兴未艾之势。

　　高等教育是一国教育体系中的最高层次，在培养高层次人才、开展科学研究和社会服务、推动国际合作与交流等方面发挥着至关重要的作用。从各国高等教育领域的教育改革看，新自由主义教育思潮成为占主导地位的教育思潮，新公共管理和治理理论被奉为圭臬，追求卓越和效率、倡导分权和扁平化管理、强调公民参与和公共责任，成为高等教育管理的价值取向。世界各国在高等教育中追求卓越，致力于创新人才的培养，特别是培养面向21世纪的教师、提高博士生培养的质量成为高等教育改革的重点。为了培养创新人才，各国高等学校在人才培养目标、课程设计、教学模式和方法、教学评价等方面进行改革，本科生科研、基于问题的学习、服务性学习、新生研讨课等以探究能力和实践能力为导向的教学模式和方法风行世界，建构高等教育质量保障体系成为各国的共同选择。在信息技术和全球经济一体化的推动下，各国致力于打造智能化校园，促进信息技术与教育教学、大学治理的融合；致力于发展跨境教育和学生流动，提升高等教育的国际竞争力和影响力。

北京师范大学国际与比较教育研究院是中国成立最早、规模和影响最大的比较教育研究机构，也是比较教育学科唯一的国家重点学科依托机构。该院 1999 年获批首批教育部普通高等学校人文社会科学重点研究基地，2012 年获批教育部国别和区域研究基地，2017 年成为教育部高校高端智库联盟成员单位。该院的使命是：（1）围绕世界和我国教育改革与发展的重大理论、政策和实践前沿问题开展研究，探索教育发展的规律，把握国际教育发展的趋势，为我国教育改革与发展提供理论支撑；（2）为文化教育部门和相关部门培养具有国际视野、通晓国际规则、能够参与国际事务与国际竞争的高层次国际化人才；（3）积极开展教育政策研究与咨询服务工作，为中央和地方政府的重大教育决策提供智力支撑，为区域教育创新和各级各类学校的改革试验提供咨询服务；（4）积极开展国际文化教育交流与合作，引进和传播国际先进理念和教育经验，把我国教育改革发展的先进经验和教育研究的新发现推向世界，成为中外文化教育交流的桥梁和平台。60 多年来，该院紧紧围绕国家战略，服务国家重大需求，密切跟踪国际学术前沿，着力进行学术创新，提升咨政建言水平，成为世界有重要影响的国际与比较教育理论创新中心和咨政服务基地；牢牢把握立德树人的育人方向，创新人才培养模式和方法，成为具有全球竞争力国际化人才的培养基地；充分发挥舆论引导和公共外交功能，深化国际交流与合作，成为中国教育经验国际传播中心和全球教育协同创新中心。

为了总结该院在比较高等教育领域的研究成果，我们以该院近年来的博士后报告和博士论文为基础，组织了这套《比较高等教育研究丛书》。《比较高等教育研究丛书》的各位作者现在已经在全国各地的高等学校工作，成为在比较教育领域崭露头角的新秀。首辑丛书包括十四部，具体如下：

黄海啸 美国大学治理的文化基础研究

陈　玥 中美研究型大学博士生教育质量保障体系的比较研究

翟 月 美国大学非营利管理教育课程设置研究

孙 珂 美国高校创新活动的风险治理机制研究

李丽洁 美国营利性高等教育机构的组织学分析

李 辉 美国联邦政府对外国留学生的监管研究

苏 洋 「一带一路」国家来华留学博士生教育质量监控体系研究

尤 铮 美国大学在亚洲的海外办学研究——基于对纽约大学的考察

肖 军 德国大学治理模式变迁研究

褚艾晶 荷兰高等教育质量保证政策研究

徐 娜 俄罗斯提升国家研究型大学国际竞争力的策略研究——以制度
变迁理论为视角

郑灵臆 芬兰「研究取向」的小学教师教育研究

朋 腾 俄罗斯高等师范教育人才培养模式变革研究

王 蓉 美国高校服务－学习实践的研究

根据我们的设想，《比较高等教育研究丛书》将不断推出新的著作。现在呈现在各位读者面前的只是丛书的第一辑，在条件成熟时我们陆续将推出第二辑、第三辑……。同时我们也希望在第二辑出版时不仅包括北京师范大学国际与比较教育研究院的研究成果，而且希望将国内外其他高等学校的研究成果纳入其中；不但出版基于博士后研究报告和博士论文修改而成的研究成果，而且希望出版高等学校和研究机构教学科研人员的研究成果，不断提高丛书的质量。同时，我们还希望聆听大家在选题方面的建议。

《比较高等教育研究丛书》的出版，得到花木兰文化事业有限公司的大力支持，特别是杨嘉乐女士为丛书的出版花费了许多心血，在此我谨代表各位作者向她们表示衷心的感谢。

刘宝存

2021 年 11 月 28 日

于北京师范大学国际与比较教育研究院

目次

第一章 导　论 ……………………………… 1

　第一节　问题的提出与研究意义 ………………… 1

　　一、选题的缘起 ………………………………… 1

　　二、研究的问题 ………………………………… 4

　　三、选题的意义 ………………………………… 4

　第二节　文献综述 ………………………………… 5

　　一、国外研究文献 ……………………………… 6

　　二、国内研究文献 ……………………………… 15

　第三节　相关理论与研究方法 …………………… 18

　　一、相关理论及研究工具的选择 …………… 18

　　二、研究方法 …………………………………… 25

　第四节　基本概念 ………………………………… 26

　　一、留学生与留学生教育 ………………… 26

　　二、SEVIS ……………………………………… 27

　　三、知识——权力 ……………………………… 28

　　四、规训 ………………………………………… 28

　第五节　研究思路 ………………………………… 29

第二章 "9·11"之前美国留学生教育管理的
　　　　特征 …………………………………………… 31
　第一节 美国留学生教育的发展 ………………… 31
　　　一、美国留学生教育的肇始 ………………… 31
　　　二、二战后，美国留学生教育的勃兴 ……… 33
　第二节 美国联邦政府对留学生管理的"无为
　　　　　而治" ………………………………………… 36
　　　一、美国联邦政府对留学生教育的"所为" ·· 36
　　　二、美国联邦政府对留学生教育的"不为" ·· 41
　第三节 "无为而治"下的美国留学生教育特色 ···· 44
　　　一、总体规模：突飞猛进 …………………… 44
　　　二、生源结构：广纳博收 …………………… 44
　　　三、学科结构：理、工、管科为主 ………… 47
　　　四、学位层次结构：高级学位者数量快速
　　　　　增长 ………………………………………… 50
第三章 美国联邦政府对留学生监管的制度形成 ··· 53
　第一节 "9·11"之后——美国联邦政府对
　　　　　留学生教育监管的产生 ………………… 53
　　　一、背景：恐怖袭击与爱国主义 …………… 53
　　　二、手段："异己"留学生的身份构建 ……… 56
　　　三、动因：美国联邦政府监管留学生的利益
　　　　　取向 ………………………………………… 61
　第二节 联邦政府对留学生监管的制度性政策 … 68
　　　一、美国联邦政府对留学生监管的制度化
　　　　　过程 ………………………………………… 70
　　　二、美国联邦政府对留学生的监管政策 …… 73
　　　三、美国联邦政府对留学生监管政策的调整 ·· 80
　　　四、美国联邦政府对留学生监管政策的收紧 ·· 82
　第三节 联邦政府对留学生的监管机构 ………… 89
　　　一、国土安全部的建立 ……………………… 89
　　　二、交通安全管理局的创建与发展 ………… 92
　第四节 联邦政府对留学生监管的组织 ………… 94
　　　一、签证流程的复杂筛查 …………………… 94
　　　二、留学生教育管理中的监视 ……………… 96

第五节　联邦政府监管的方式 …………………… 97

第四章　美国联邦政府对留学生监管的价值取向… 99

第一节　监管、价值取向与利益 ………………… 99

一、美国联邦政府对留学生监管的制度性
理解 ……………………………………… 100

二、美国联邦政府对留学生监管的价值取向 101

三、美国联邦政府监管留学生的价值取向与
利益关系 ………………………………… 101

第二节　联邦政府对留学生监管中的国家利益观
………………………………………… 103

一、人才安全的需要 …………………… 105

二、教育安全的需要 …………………… 110

三、美国国家大战略建构的需要 ……… 112

第三节　美国联邦政府对留学生监管中的博弈 … 114

一、留学生与美国联邦政府的利益博弈 …… 114

二、联邦政府与高校之间的利益博弈 ……… 121

第五章　美国联邦政府对留学生监管的权力与
实施 …………………………………… 127

第一节　知识——权力理论与 SEVIS 的契合 …… 127

一、知识与权力结合的必然性 …………… 128

二、权力与规训 ………………………… 130

三、权力规训与留学生监管 …………… 131

第二节　联邦政府对留学生监管中的权力 ……… 132

一、F 和 J 签证系统变化 ……………… 133

二、学校移民顾问相关的所有权 ……… 136

三、获得学生签证的标准／条件 ……… 137

四、社会安全号码（SSN） ……………… 138

五、国家安全出入境登记系统（NSEERS）· 139

六、留学生与交流访问学者信息系统
（SEVIS） ……………………………… 140

七、指定校方负责人（DSO） …………… 141

第三节　联邦政府对留学生监管中的规训生成 … 143

一、留学生接受的日常监管 …………… 143

二、留学生日常监管中的规训 ………… 147

第六章　美国联邦政府对留学生监管的效应与
　　　　调整 …………………………………… 153
　第一节　联邦政府对留学生监管下的留学生教育
　　　　　变化 ………………………………… 153
　　一、"9．11"之后有关政策数据的统计 ……… 153
　　二、"9．11"之后有关政策数据的分析 ……… 164
　第二节　联邦政府的监管对留学生造成的阻碍 … 167
　　一、留学生录取障碍 ……………………… 167
　　二、留学生入学障碍 ……………………… 170
　　三、留学生学习、生活障碍 ……………… 171
　第三节　联邦政府的监管对大学管理造成的阻碍
　　　　　…………………………………………… 174
　第四节　联邦政府对留学生监管的调整 ………… 176
第七章　美国联邦政府对留学生监管的启示 ……… 181
　第一节　美国联邦政府监管留学生的政策折射 … 181
　　一、美国监管留学生的基点 ……………… 182
　　二、美国监管留学生意在美国利益 ………… 184
　第二节　美国留学生监管政策对我国留学生教育
　　　　　的 启示 ……………………………… 188
　　一、监管中的留学生教育与高等教育 ……… 189
　　二、监管增强了立法和科研资助等手段的力
　　　　度 ………………………………………… 190
　　三、监管增强了社会机构与基金会的参与 … 191
　第三节　镜鉴美国，探寻中国的留学生教育特色
　　　　　…………………………………………… 193
　　一、德行天下而非称霸于世 ……………… 193
　　二、预防并非应对 ………………………… 194
　　三、主动出击并非坐等上门 ……………… 194
参考文献 …………………………………………… 197

第一章　导　论

第一节　问题的提出与研究意义

一、选题的缘起

"9·11"恐怖袭击事件是美国历史上具有划时代意义的事件，它标志着地缘政治时代的结束和一个新的时代——全球政治时代的来临。[1]"9·11"事件从根本上改变了美国的国家安全观。以传统观点来看，美国在军事领域的优势在短期内是任何国家或国家集团都无法撼动的。然而，也正因此，"9·11"事件的"突然性"和"毁灭性"造成美国公众心理不能承受的落差。多年的自负一旦受挫使美国不得不开始反思国际安全环境和国内安全形势的变化。

冷战后，美国一夜之间失去了可以竞争的对手，面对突然的冷战"胜利果实"，一种莫名的英雄无对手的茫然持续了十年。"9·11"事件使美国认定了一个既清晰又模糊的战略对手，一个符合现实美国国家利益的新的"敌人"，于是美国有了运筹全球战略的一个着力点。面对国家利益的全球扩展，美国终于明白某种意识形态不是会否受到外来威胁的基准点，而是国际恐怖主义对美国安全利益的实在威胁，其特点是"极端主义与现代技术的结合"，即所谓传统国家形式的"无赖国家"和"失败国家"与非国家形式的国际组

---

1 潘忠岐：《霸权的困境——"美国霸权治下的和平"与"新帝国论"的神话》[J]，美国研究，2003（3），第63页。

织结成的联盟，以高科技为代表的现代通信和大规模杀伤性武器为媒介。[2]面对新的威胁，美国需要做的除了彻底阻止恐怖分子的威胁和挑战，更为重要的是看到了美国国家利益扩大化的契机。恐怖分子威胁的反面是美国为首的西方社会的全球化，经济全球化、文化全球化、美国普世价值的全球化。而对美国联邦政府来讲，更为有价值的一点是，恐怖袭击造成的美国联邦政府同留学生、同美国高等教育的关系的可能转变，而其中的潜在利益的不可估量性使得美国联邦政府对留学生教育立刻采取了管制措施。

"9·11"事件后，美国的调查人员发现 19 名劫机犯中有一人是以学生签证进入美国的。驾机撞上五角大楼的哈尼交了 110 美元的申请费在加利福尼亚州的一家语言学校报了名，又交了 2,285 美元学费和住宿费，但他从未在该校露过面。他入境后并未到校报到，却不为移民局所察觉。而还有两名劫机犯谢赫和阿塔则以旅游签证入境美国，在学生签证未得到批准的情况下，开始在佛罗里达州的一家飞行学校学习。严重的是，在恐怖事件发生整整半年后的同一天，即 2002 年 3 月 11 日，美国移民局核发了两人的学生签证，引发一片谴责，布什总统连连表示"这是绝对不能接受的"。[3]面对来自各方面的谴责之辞，移民归化局采取了多项措施对留学生加强了控制。

首当其冲的就是 2001 年 3 月 19 日移民归化局局长齐格勒（James W. Ziglar）在众议院移民和上诉小组委员会举行的听证会上，从签证程序和行政的角度，提出了一系列严管学生签证的措施；其次，对当时在美的留学生，特别是来自中东的留学生进行详细的身份及信息核查；第三，限制外国留学生就读敏感专业；第四，利用"留学生与交流学者信息系统"（Students and Exchange Visitors Information System，SEVIS）[4]对外国留学生进行全程追踪监管。所有的关于留学生的措施的出台使得美国公众的视线从恐怖袭击的恐惧转向了"身边敌人"——留学生的监管。

2002 年 9 月 11 日美国开始实行新的移民政策，该政策授权移民局官员利用 SEVIS 系统监视外国留学生及访问学者。凡持签证来美者在海关入境时

---

2 陈东晓：《保守主义外交理念与里根政府的对外军事干预政策》[J]，美国研究，2003（2），第 46 页。

3 [美]侨报，2002 年 3 月 14 日（B1）。

4 为行文方便、简洁，以下的内容中凡"留学生与交换学者信息系统"均用其英文缩写——SEVIS 指代。

可能要按手印、拍照甚至面谈，其手印将与刑事数据库存储的手印相对照。按手印的留学生国家目前只限于来自中东中亚的沙特阿拉伯、巴基斯坦、伊朗、苏丹、利比亚、伊拉克、阿富汗和也门八个国家以及另外一些可能构成安全威胁的国家。所有穆斯林留学生一下飞机即被监视。这种监视一切的办法使某些学生把这些措施与警察国家联系在一起。[5]移民局官员还表示，他们此举并非对这些国家背景的学生歧视。[6]美国国家教育协会负责人乔纳森表示，他对联邦调查局对阿拉伯裔学生采取突然袭击的方式进行调查感到担忧，认为可能会降低美国的吸引力。[7]

"9·11"后的美国留学生管理，对于美国的高等教育机构和外国留学生来说，感受较之以前是大相径庭。美国联邦政府对赴美留学生实施的以SEVIS系统为主体的监管是从签证发放、入学、到学成的全程跟踪。尤其是相继制定的诸多联邦法律法规和制度性政策使得外国学生和学者在美国学习、教书和进行研究越来越难了，甚至于不可能。直接的后果是赴美的外国留学生和访问学者的数量几十年来第一次开始减少。留学生市场占有率的下降直接对美国的国家利益产生负面影响：直接经济利益随之减少；外交政策投资不能继续；以留学生教育作为文化价值观输出重要手段可能减弱等等。

在美国的过度监管严重打击了外国留学生的就学热情的同时，以欧盟、澳大利亚、加拿大等国则加大了吸引留学生的力度，迅速占领留学市场。如果美国的监管措施不进行改革势必造成留学第一大国地位的拱手相让。因而，奥巴马上台后开始着手改革布什政府的留学生政策，希冀通过形象改变重新扩大留学生教育规模。因为一个国家要想在世界拥有话语权，其高等教育就必须参与全球人才市场和知识资本市场的竞争。以留学生教育为主体的高等教育国际化日渐成为20世纪90年代以来各国教育改革与发展的"通用语"。然而，特朗普上台后，"美国优先"的国家战略及其相应政策直接影响到美国高校留学生教育的发展，将影响国际留学生教育市场，有可能改变现有的全球留学教育格局，这也为来华留学教育带来发展机遇。

5 [美]《新移民政策引发争议》[N]，侨报，2002年9月19日（A16）。
6 [美]《违反学生签证规定涉及中东中亚八国》[N]，侨报，2001年12月14日（B1）。
7 [美]《国会酝酿严格审查管理外国学生签证美大学担心外国学生大减》[N]，侨报，2001年11月24日（A3）。

二、研究的问题

美国的留学生教育政策在"9·11"前后发生了显著的变化,赴美留学生的申请、录取、入学注册以及在美学习期间的各种障碍对于美国的留学生教育产生了近期和远期的影响。虽然"9·11"后的移民政策减少了美国高等教育领域里外国留学生和访问学者的数量,表面上与高等教育国际化的大环境背道而驰,且与美国的全球文化霸权战略相掣肘,但是,实质上,美国联邦政府对外国留学生的监管表象与其内在的利益追求仍然是相一致的。

本书从"9·11"以后美国联邦政府对留学生教育采取的以 SEVIS 系统为主体的监管措施入手,结合与之产生和运行相关的美国移民法律法规和相关政策,全面分析美国联邦政府在留学生教育上采取监管措施的缘由与利益需求。

主要问题:

1. "9·11"以后美国联邦政府对留学生教育加以监管的原因?

2. 美国联邦政府是否有监管留学生的机制? SEVIS 如何运作?

3. 美国联邦政府对留学生教育实施监管的价值何在?

4. 美国联邦政府监管留学生的权力如何实施?

5. 美国政府对留学生教育监管产生的直接和间接的效应如何?

6. 美国留学生教育会有什么样的走向?

三、选题的意义

知识经济时代,国与国之间的联系已不再是地缘关系上的争夺,而是存在于经济、文化等无形的利益。一国决策的好坏不仅会影响到本国的诸多利益,而且还会波及到国际社会。留学生教育作为国际教育的中的重头戏,其法律法规和政策的变化影响到的并非只是留学生个体,从宏观上涉及到国与国的外交关系,国际利益的划分;从微观上则改变着政府与教育的关系,一种均衡性的打破,利益博弈的再建构。"9·11"之后,美国留学生教育政策的变化与时代的发展是相左的,除却安全因素的考虑外,其政策的本质体现着联邦政府什么样的利益观很值得挖掘。所以,研究美国这样一个大国的留学生教育管理上的法律法规和政策从教育理论与实践上看都是必需和必须的。美国留学生教育的政府监管研究既可以为教育管理和政策研究做有力的补充,又可以通过对美国留学生教育监管的法律法规和政策的梳理、分析,了解美国留学生监管政策的制定机制，更深一层地探析留学生教育与美国的政治、经济、文化为核心的国家利益的关系。由于美国的教育传统是"大学自治"，没有专门负责留学教育和制定留学生教育政策的国家教育部门，美国留学教育政策本身就具有特殊性和复杂性；而"9·11"后美国政府直接干预到留学生教育的招收、录取、学习、生活的各个方面，因此，关于美国留学生教育的发展变化很值得研究。国内尚未有学者直接触及美国留学生教育的内在本质，所以，本文希冀能由美国留学生教育中的政府监管这一点为该领域研究抛砖引玉，为以后的深层次研究打下基础。

本选题的意义具体体现在两方面：其一：通过对与赴美留学生相关的SEVIS 系统和相关法律法规、政策等这些美国留学生教育的外在干预的分析来看其法律法规、政策的出台、运作中的价值、目的，进一步探讨留学生教育同美国国家安全和国家利益关系。美国政府藉由"9·11"出台针对留学生教育的 SEVIS 系统并非只是出于当时防止恐怖分子的袭击。其将一项政治性安全方面的措施直接与教育问题相联系的利益考量更多还是在现象背后，在美国政府的长远利益需求。但是，其利益需求表达只能从其相关的行为举措和法律法规和政策条文中来分析解答。本选题旨在探讨美国政府与美国留学生教育、美国教育、美国全球地位、美国式安全观的理解等诸方面探讨，以求美国留学生监管的目的、机理、运作下的价值体现；其二：对我国留学生教育的发展有所借鉴。我国政府已经认识到留学生教育市场存在着巨大的经济、政治、文化利益，提出要大力发展来华留学生教育。但对于留学生教育在政治、意识形态和文化等方面的功能、影响留学生教育的因素，新世纪中国的留学生教育将面临哪些挑战，以及在学习、借鉴发达国家先进科学文化的同时，如何有效抑制潜在的文化殖民主义倾向，如何发展创新传统文化并充分发挥其作用，促进我国的留学生教育等方面尚待思考。

第二节　文献综述

20 世纪 90 年代以前，国内关于"留学生教育"和教育国际化问题的研究鲜有著述。随着经济全球化的发展和我国加入世贸组织，国际教育和高等教育国际化开始成为我国教育领域研究的热点。特别是近几年来，关于留学生教育的文章渐多。但整体上表现为一边倒的态势，研究的关注点多集中在外国学生留学中国的语言、文化适应问题和中国的留学生教育、管理问题等。留学生教育作为国际教育中最早的一种和最重要的一方面却一直没有很大进展，关注的多，深入的研究却是相对很少；再者，研究多以期刊论文出现，就某一问题提出观点，做全面系统、深入研究的硕士博士论文很少。美国因为留学生教育历史较长，因而加以研究的文献资料相对丰富，涉猎范围很广。美国早期的国际教育（international education）理解从狭义上讲就是留学生教育。因此，研究美国的留学生教育必须参照其国际教育的观点，这些在美国关于国际教育的专著、论述中可见一斑。

一、国外研究文献

（一）早期关于留学生教育的研究

国外关于留学生教育的方兴未艾，西方开始留学生教育较早，而且，涉猎广泛，因此文献丰富，其中较大部分是同美国相关。自二战后到上世纪 80 年代初，美国学者对留学教育、美国的外国留学生教育就已经有了较系统的研究，范围涵盖了留学生的招收、文化适应、语言问题、跨文化交际、留学生学习与学术成就、人才流动与人才流失、课程等几乎所有领域的研究。例如：

埃莉诺·巴伯（Elinor Barber）、菲利普·G·阿特巴赫（Philip G. Altbach）和罗伯特·G·迈尔斯（Robert G. Myers）的《入门知识：外国学生必读》（Introduction: Perspectives on Foreign Students）（1984）认为，1965 年之前，关于国外留学（外国留学生和海外留学）的文献主要集中于学生的心理层面和跨文化学习。1965 年以后，随着研究人员研究海外留学对发展中国家人力资源和人力资本的影响，研究重点开始转向经济发展。从根本而言，发展中国家鼓励人们海外留学，这样可以满足其在人力资本方面的需求。然而，许多留学生在学成后并未回国，因此，"人才外流"又成为另一个研究的课题。很显然，近期内不太可能消除鼓励人们留学所带来的负面因素（如人才外流），人们希望最好的解决办法就是在海外留学的利弊间找到一种平衡。许多发展中国家现在都认识到，解决对知识人才的需求，必须要解决自身的教育问题，而非依赖留学生回国。确实，某些留学生利益可能与其祖国利益有冲突。现在人们都清楚，海外留学（留学生，出国留学）对发展中国家而言并非百病通治的灵丹妙药，而是一个复杂的现象，既有好处，亦有问题。

Y·G·M·卢拉（Y. G. M. Lulat）和 J·考达若（J. Cordaro）的《留学生和海外学习：参考书目》（International Students and Study-Abroad Programs: A Select Bibliography）（1984）关于外国留学生和海外学习的参考书目可分为几部分，由此可见本领域研究之广；其中包括学业成绩、学习态度和表现、历史研究、跨文化问题和活动、本国政策、学习课程、留学生和寄宿家庭、国际教育交流国家和海外学习计划、体制政策、法律问题（签证等）以及咨询服务等。

整体来看这些文献主要为概述性资料，关注点都是对留学生教育的概况性介绍和综合性研究，其中也涉及到了诸如签证、奖学金、院校、课程、语言、招生、管理等具体方面的内容。但是，更多的是以资料解读的形式出现。

（二）20 世纪 90 年代关于留学生教育的研究

20 世纪 90 年代起，由于苏联解体后单极世界形成，世界各国面对全球经济一体化的进程加快的趋势，对于人才的需求，特别是高端人才的需求变得更为迫切。以留学生为主体的人才流动在世界范围内迅速活跃。当时的研究文献主要关注学生人数结构变化、留学生文化适应、学业成绩以及留学对校园服务的满意程度等。诸多研究成果中，典型的有：

1. 关于（跨）文化适应

切特·罗比（Chet Robie）和安·玛丽·赖安（Ann Marie, Ryan）的《跨文化适应测量的结构均衡》（Structural Equivalence of a Measure of Cross-Cultural Adjustment）（1996）采用邮寄英语问卷方式对"适应概念在几个不同文化中是否具备相同条件"进行了研究调查，两组调查包括：155 名在美国中西部一所大学学习的留学生，和 153 名在台湾与比利时外派工作的美国管理人员。罗比和赖安还对"文化主位"和"文化客位"进行了解释，文化主位指某些行为带有很强的文化特点，文化客位指某些行为是普遍的。结果表明，文化适应在不同文化间都具备相似条件。罗比和赖安最后认为，对全世界 14 个不同地区的文化适应概念的调查都支持客位观点。

艾琳·S·史葛克（Irene S. Shigaki）和莎莉·安·史密斯（Sally Anne Smith）的《文化共存：留学生与美国朋友》（A Cultural Sharing Model: American Buddies for International Students）（1997）讨论了"文化共享模式：留学生美国良友会"，这是纽约一所私立大学成立的一个帮助团体，最初目的旨在帮助留学生，大部分为亚洲留学生，解决幼儿教育和初等教育中的问题。帮助对象既有留学生，也有美国学生，活动包括小组会议、旅游和"交友"等。史葛克和史密斯认为该帮助计划非常成功，而且还对扩大其规模的问题和更好的方法进行了思考，其中包括让更多的教授参与进来等。

苏珊·科尔曼（Susan Coleman）《课堂上的留学生：资源与机会》（International Students in the Classroom: A Resource and an Opportunity）（1997）对留学生在课堂中因价值观以及美国教授对学生的期望等文化上的差异所面临的问题进行了详细介绍，并且还讨论了语言差异和影响留学生学业成绩方面的困难。在教学策略部分，科尔曼为教授们提了几点建议，如果能够执行，可以帮助留学很快融入并能取得良好成绩。站在教授的角度，科尔曼认为留学生无论是对于教授还是美国学生都是一笔宝贵资源。留学生在课堂中的贡献包括其他国家的观点和经验、提供借鉴性观点以及创造一个多元文化环境等。科尔曼最后认为，文化敏感性和多元文化意识是教育环境中的关键。

杰·R·迪（Jay R. Dee）和艾伦·B·亨金（Alan B. Henkin）《适应美国大学生活的挑战：韩国学生的经历》（Challenges to Adjustment to College Life in the United States: Experiences of Korean Students）（1999）以美国中西部一所高校的 52 名韩国学生为对象，并对适应美国校园生活相关的 47 项内容进行了研究，以探讨其在个性及经验等方面的适应问题。研究结果发现，性别、年龄、学术专业以及之前是否曾接触外国文化等在韩国学生适应过程中占据重要地位。迪和亨金的研究结论主要服务于从事留学生工作的人员，并试图纳入与课程设计和开发相关的决策过程。最后得出几点建议，其中包括辅导员如何了解韩国文化，因为韩国人集体观念非常强烈而且学生们非常尊重权威、不愿意透露个人问题。

石淑芬（Shu-Fen Shih）和克雷斯·布朗（Chris Brown）《台湾留学生：文化继承与职业身份》（Taiwanese International Students: Acculturation Level and Vocational Identity）（2000）对留学生相关的文献进行了回顾，并总结如下：留学生人数不断增加（指 1994 年以来的研究），留学生在文化适应中存在许多问题，如：英语能力不足、财源短缺、社会适应或融入存在问题、日常生活中的问题以及孤独、想家等问题。[8]石淑芬和布朗以美国中西部两所高校的 112 名台湾研究生和本科生为对象，探讨其在美国文化和职业身份的

---

8 Shih, Shu-Fen, and Chris Brown. Taiwanese International Students: Acculturation Level and Vocational Identity[J]. *Journal of Career Development* . 2000: 35.

同化程度，即"一个人对其愿望、兴趣和能力有清晰、稳定的认识"。[9]结果发现，90%的受访对象同化程度较低。性别、性格等各方面的差异、年龄和在美国居住的时间共同决定着一个人的同化程度。台湾留学生作为亚裔人一般倾向于其亚裔身份，这与其更强的职业认同相关。因此，辅导员要知道，这类学生很多时候都清楚地明白自己的职业目标和职业兴趣，不必进行同化。

2. 关于留学生教育发展态势

查克·汤姆克维克（Chuck Tomkovick，et. al）等《美国商学院对外国学生的服务质量评估》（An Assessment of the Service Quality Provided to Foreign Students at U.S. Business Schools）（1996）主要以美国商业院校的留学生为研究对象，对影响其服务质量感知的因素进行了研究。调查问卷分为三部分：对 SERVQUAL 表的适应、一组全球数据以及学生人数统计部分。对 25 所美国商学院在读的 282 名外国学生的调查结果显示，外国学生对服务质量的评价相当高。

杰弗瑞·P·阿普（Jeffery P. Aper）和戴维·E·科瑞（David E. Currey）《亚洲学生的工作体验和学校经历》（Work and the College Experiences of Asian Students）（1996）提出研究留学生的工作经验与其在美国大学的总体经验之间的关系。他们假定：（1）与没有从事勤工俭学的留学本科生相比，在校园中勤工俭学的留学本科生与美国教师和美国学生的交流更多，而且容易在重要教育目标方面达成更大成就；（2）工作相关因素将有助于学生对如何有价值地开展大学学习有更直观的理解。根据对 136 名留学生随机调查，结果未显示工作经验会成就"重大收获"。研究表明，在任何学校，勤工俭学对学生都没有坏的影响，而且确实对加强学生与教师的关系很有帮助，是一项可能影响学生学业成绩的因素。

郝力·B·汤普森（Holly B. Tompson）和乔治·H·汤普森（George H. Tompson）《正视课堂中的多样化问题，策略性提高留学生满意度和保有率》（Confronting Diversity Issues in the Classroom with Strategies to Improve Satisfaction and Retention of International Students）（1996）在其研究中发现留学生日常行为中有碍于其取得学业成绩和进行社会交往的方面；分析了学生

---

9 Shih, Shu-Fen, and Chris Brown. Taiwanese International Students: Acculturation Level and Vocational Identity[J]. *Journal of Career Development*. 2000: 37-38.

从事上述行为的原因；并推荐给教师几种实用策略来促进不同民族或国家的学生开展学习。教师们认为，留学生最常见也是最不能接受的行为是不参与课堂讨论、不清楚作业任务。而学生们却认为，出现上述情况是因为社会孤立、语言技能不足所致。研究者推荐了几种策略帮助学生克服上述问题。其中包括学生与教师的个别会谈、召开小组会议、修改课堂礼仪（班规）。研究者最后认为，上述方法不仅对留学生有益，而且对于其他少数学生群体也有益处。

专门以留学生招收政策为研究出发点的案例有托马斯·F·理查德（Thomas F. Richard）的《全球意识的现实需要：社区学院的维度》（Today's Demands for Global Awareness: The Community College Dimension）（1994）；莎拉·B·帕芬诺斯（Sara B. Pfaffenroth）的《面向留学生的院校政策剖析：社区学院的自我学习模式》（Clarifying Institutional Policy toward International Students: A Community College Self-study Model）（1997）等。这类资料从社区学院的角度分析了美国发展留学教育政策，且其中大多都有案例介绍。

（三）"9·11"之后的美国留学生教育研究

20 世纪 80 年代到 90 年代是美国留学生教育发展的高速期，相关的研究同样广泛进行，为新世纪的留学生研究打下了良好的基础。随着美国留学生教育的逐步成熟，美国留学生教育的相关研究文献内容上不仅有早期的概况性介绍，也有后来的关于文化适应的探索，涵盖了留学生教育的各个方面，反映了不同时期的研究特点。"9·11"事件触发了美国留学生教育的"地震"，产生了不同以往的文献研究关注点，关于留学生立法、政策等方面的影响性研究一时间风生水起，内容涉及签证申请与 SEVIS、特殊地区（中东、中亚）的学生的反映、美国留学生政策变化的后果、留学生对美国留学生教育政策变化的适应性、美国留学生教育的反思等。

1. "9·11"之后美国对外国留学生的态度变化

达哈·钱德勒（Dahna Chandler）《逆流而动》（Reversing the Tide）（2004）主要以哈姆弗瑞·塔西米威（Humphrey Tusimiirwe）这位 23 岁的非洲乌干达人为个案讨论留学生在申请美国签证时遇到的问题。钱德勒指出，在吸引留学生方面，美国正面临来自欧洲和澳大利亚的竞争。此外，中国和印度也大力吸引留学生，这样可以"为这些国家的学校引进更多人才、学校办学思路改变、教育教学技术提升和学费收入的增加"。但是，外国学生到美国留学取得留学签证的程序因国家不同而有异。"9·11"事件尚未在非洲学生的签证问题上有很大影响，但在"9·11"之后来看，很快也会遇到中国、印度和韩国学生申请签证难的问题。但是，如果学生为美国名牌大学录取，获得签证应该不是问题。此外，钱德勒还对 2002 年运营的国土安全部（DHS）网站"留学生与交流访问学者信息系统"（SEVIS）进行了讨论，该系统主要为符合条件的个人提供签证信息。该系统数据主要"用于移民和海关执法部门对获得 F-1 签证的外国学生或学者进行跟踪或监督。"钱德勒对签证程序提出批评，他认为该系统非常繁琐，耽误时间长、筛选方法不一致、拒签的随意性很强。钱德勒最后建议美国国务院、商务部、教育部和国土安全部学习英国、加拿大和澳大利亚等国，制订切实可行的计划，吸引留学生回到美国的大学留学。

伯顿·博莱格（Burton Bollag）和凯利·菲尔德（Kelly Field）在《外国学生：山姆大叔需要你》（Foreign Students: Uncle Sam Wants You）（2006）承认，美国国务院及国务卿赖斯（Condoleczza Rice）、教育部长玛格丽特·斯佩林斯（Margaret Spellings）都注意到"9·11"之后在美的外国学生数量有所下降，并对此加以关注。然而，布什总统的关注点却是考虑如何通过斥巨资增强美国在阿拉伯语、汉语、波斯语、印度语、俄语和中亚语言等外语方面的人才培养。除语言教育计划外，还对其他措施进行了讨论，如授予低收入学生奖学金、在世界各地推广美国高等教育、为从事此方面研究工作的外国学生和学者颁发许可证、在敏感领域采用先进技术，并通过富布赖特奖和其他政府资助形式进行国际交流。

加拿大麦克马斯特大学（McMaster University）亨利·克拉克斯（Henry A. Giroux）教授在其 2011 年出版的《"9·11"之后美国高等教育的军事化"》（The Militarization of US Higher Education after 9/11）一书中认为，"9·11"悲剧事件之后，美国高等教育受到反恐战争驱使，面临法律危机和政治危机。由于大学学生交流对五角大楼和企业利益的依赖程度日益加深，学术界在向私营企业和政府利益敞开大门的同时也削弱了其"公共民主领地的角色"（role as a democratic public sphere），大学在 2001 年之后逐渐发展成为"军事知识工厂"（militarized knowledge factory）。军事影响渗透至大学生活的各个方面，服务于军事人员的知识、科目、研究和学术项目日益增多，使军事价值观充斥大学校园。大学与国家安全的同盟关系，使大学"作为一个批评、异议和批判性对话的场所"（a site of criticism, dissent and critical dialogue）的地位受到削弱。

2."9·11"之后外国留学生在美国的学习和生活的融入

罗杰·尧·克罗米哥（Roger Yao Klomegah）《在美留学生身上的社会异化因素研究》（Social Factors Relating to Alienation Experienced by International Students in the United States）（2006）对少数族裔院校留学生的孤僻感进行了分析。克罗米哥以94名学生为研究对象（女性占52%，男性占48%），其中51人为留学生，43人为美国学生；年龄为17-34岁。自变量为地理区域、在美国停留时间、在大学学习时间以及社会接触。因变量是孤僻感（异化）。克罗米哥还对性别、年龄和居住地点的影响进行了研究。克罗米哥采用列联表和关联统计对异化进行研究，采用调查问卷形式收集了2003-2004学年两个学年的数据。与之前研究不同，克罗米哥认为，相关证据不足以得出"留学生比美国学生更感到异化"的结论，而且各变量间也没有显著的相关性。不过，该项研究总结了外国留学生的文献资料，其中提到的一个有意义的方面就是，因为受东道国学生排斥，外国留学生在适应新环境时可能有困难。

约翰·格雷沃兹（John Gravois）的《在美国的重要时刻》（First Days in the U.S.A）（2006）在研究中以一位在北卡罗莱纳州立大学攻读运筹学硕士的印度留学生拉胡·马海尔（Rahul Mahale）为研究对象。格雷沃兹指出，在美国研究型大学中，外国留学生占所有工科类毕业生的51%，处于优势地位。在不同的民族中，又以中国人和印度人居多。格雷沃兹在文章中还讨论了外国留学生如何从"Maitri"获得最初帮助。"Maitri"为印度研究生协会，在互联网有专门的网站。借助于这样一个完善的系统，任何一名有留学手续办理经验的印度学生都可以帮助其他学生办理留学手续。格雷沃兹指出，美国2006年研究生招生增加了12%的录取名额，这一情况是令人鼓舞，尤其是在"9·11"之后留学生人数一直下降的背景下。更为重要的是，美国北卡罗莱纳州立大学的留学生人数2006年增加了35%。格雷沃兹还说道，像印度新生马海尔一样的学生都从同学或宗教团体处获得帮助得以顺利办理了入学手续、在校园内找到工作，并且不会感到孤单。

卡勒德·阿拉兹（Khaled Alazzi）和约翰·J·基奥多（John J. Chiodo）在《来自中东的大学生暴露出的问题和身份应对策略》（Uncovering Problems and Identifying Coping Strategies of Middle Eastern University Students）（2006）研究中对 8 位男性约旦研究生进行了调查。调查内容主要包括四个主题：学术问题、社会文化问题、个人问题和解决策略。结果表明，约旦学生不想去适应东道国的文化；他们紧守自己的身份、宗教信仰和文化规范。在与大学和社区内遇到的人进行交流时，他们都存在语言和沟通问题。

凯特林·希勒尼（Katalin Szelenyi）和罗伯特·A·罗兹（Robert A. Rhoads）的《全球语境下的公民：美国国际研究生的视角》（Citizenship in a Global Context: The Perspectives of International Graduate Students in the United States）（2006）认为，对留学生的研究一直"限于研究文化适应、心理健康和教育期望，很少去注意学生们如何去亲身体验、如何应对挑战、如何以合格公民身份建构其现有观点和经验"。关于留学生如何面对因语言障碍和心理隔阂产生的问题，希勒尼和罗兹认为，尽管很努力地在帮助留学生更快获取签证，但仍然存在许多问题，并且强调："签证限制政策、通过增加 SEVIS 费以及特别签证等监管留学生的政策已带来严重的后果"。其中希勒尼和罗兹还提到，留学生的某些基本权利受到限制，他们总有一种被遗弃的感觉。

3. "9·11"之后美国的留学生教育的变化

美国国际教育工作者协会（NAFSA）执行董事兼首席执行官马琳·M·约翰逊（Marlene M. Johnson）在她的《面对新的留学生策略》（Toward a New Foreign-Student Strategy）（2006）一书中敦促制定国家战略以吸引留学生。约翰逊还指出，自 2002 年以来留学生人数一直处于下降状态。她认为，外国留学生学业完成后必须回国的移民规定是不合时宜的。约翰逊认为，国家领导人必须认识到，扩大在美留学生人数对于提高美国的国际竞争力和保持美国在全球经济中的创新和技术领先地位非常重要。

伯顿·博莱格（Burton Bollag）《美国高校中更多的沙特学生获得奖学金》（American Colleges See More Saudi Students on Scholarships）（2006）指出，2001 年 9 月 11 日之后，来美国学习的留学生人数不断下降，这种趋势必须予以扭转。博莱格指出，"9·11"之后的签证限制以及缺乏统一的全国战略使美国在吸引留学生方面失去了国际竞争力。2003-2004 学年，外国留学生人数下降 2.4%，初步统计数据显示，2005-2006 学年招生人数同上一学年基本持平。

索克·S·斯塔罗宾（Soko S. Starobin）《转变中的留学生：接受美国高等

教育的变化》（International Students in Transition: Changes in Access to U.S. Higher Education）（2006）在其中一个章节讨论了美国高等教育招收留学生人数的变化以及可能影响该学生人群的政策问题，并对学生服务提供了建议。斯塔罗宾指出，自 1949 年以来，美国高等教育招收留学生人数在 2003-04 学年首次出现下降。下降了 2.4%。美国教育机构学费上涨和美国移民政策发生变化是造成留学生人数减少的主要诱因。斯塔罗宾认为，美国的留学生招生遭遇澳大利亚、英国、加拿大、新西兰等国的激烈竞争，这些国家提供的课程计划费用低廉、学业完成时间短。而且还有更宽松的工作规定。而另一个竞争对手——中国，则更是鼓励留学生到中国学习，以促进中国自身的发展。斯塔罗宾最后乐观地认为，既促进美国高等教育发展又能维护美国安全是可以并行不悖的。

爱丽丝·阿什伯恩（Elyse Ashburn）在《国务院努力使外国学生就读社区学院》（State Department to Bring Foreign Students to Community College）（2006）中对美国国务院 2007 年秋季投入 300 万美元为发展中国家的学生开设为期两年的学位课程进行了讨论。阿什伯恩指出，该课程计划主要为来自巴西、印度、印度尼西亚、巴基斯坦、南非和土耳其的学生设立，但并未说明选择这些国家的原因。文化交流或教育交流签证通常为期两年，不再延长期限。有社区学院认为，该项资金尚不足以支付学院为外国学生提供住宿的费用。

另外，"9·11"之后，美国关于留学政策的研究更多地是由某一现象展开来看留学生教育政策的变化。研究形式来看，或进行实证研究或侧重于其中留学生教育的某一个方面进行阐述分析，如签证、奖学金政策等。例如：奥德雷·T·利兹（Audrey T. Leath）的《国际学生留学美国及其政策分析》（International Student Access to U.S. and Policy Implications）（2004），主要探讨"9·11"事件之后，美国对研究生留学生的签证、工作政策。查德·克里斯汀·海德尔（Chad Christian Haddal）的《美国的留学生：政策及立法》（Foreign Students in the United States: Policies and Legislation. CRS Report for Congress）（2006）也是主要从签证、奖学金、获得绿卡等方面探讨美国的留学政策；等等。这一类的文献资料非常丰富，而且分析都很具体，政策出台的背景、原因、政策的具体内容以及影响都有涉及到。

二、国内研究文献

国内关于美国留学生教育的研究文献相对薄弱。截止到 2021 年，"中国知网"上直接同"美国留学生教育"相关的硕士论文有四篇，其中戴亚男的《新世纪以来美国留学政策的变化及对中国的影响和启示》（华东师范大学，2009）和吴宛稚的《20 世纪 90 年代以来美国留学生接收政策研究》（厦门大学，2008）影响力较大，针对美国留学生教育的博士论文一篇：东北师范大学任慈的《"移民和外交"视野下美国政府对中国留学生的政策及影响研究（1949-1957）》；另外，相关的博士论文有华东师范大学李爱萍的《美国"国际教育"：历史、理论与政策》（华东师范大学，2005）从历史发展的角度探究美国国际教育的历史脉络、理论与政策的沿革。总体上，根据笔者所收集到的研究资料表明，"9·11"事件至今，我国学术界对教育国际化问题的研究已经取得实质性的进展，但是对美国"留学生教育"的研究仍在起步阶段。

目前所能掌握的涉及美国留学生教育的国内研究资料主要分为以下四类：

（一）美国留学生教育现状的研究

对留学生教育现状的研究文献主要有夏亚峰的《美国的留学生教育现状及其比较研究》（1997），该文献以国际教育协会（IIE）发布的《门户开放报告》（Open Doors Report）1994/95 年度报告为基点，就美国的留学生教育现状从留学生的来源国、留学生的层次、所选专业、留学生就读院校分布情况等方面做了简单介绍，并就赴美留学中的制约问题进行了探讨；另外，崔庆玲的《典型国家发展留学教育的情况》（2005），李平的《世界留学教育现状及发展分析》（2005），韩骅的《世界留学教育现状简介》（1997）以及朱一飞的《当今世界留学生教育发展趋势》（1995），这些论述都从宏观的角度部分地就美国的留学教育的现状、发展进行了描述性介绍，没有深入现状后面进行理论上的探讨。张媛和冯雷鸣的《美国留学生教育发展现状及政策分析——兼论对我国的启示》（2013）以及庄丽君的《美国留学生教育的特点及对我国的启示——基于〈门户开放报告〉的数据分析》（2012）等更多从美国留学生教育发展的特点对我国留学生教育的开展给出了合理的启示。

（二）美国留学生教育政策的介绍与分析

教育政策一直是诸多学者倾向涉及的研究领域，国内对于美国留学生教育政策的研究也是比较丰富的。比如罗淑云的《中美留学教育政策比较及启示》（2005）是对我国的留学教育政策同美国的加以对比研究，希望得出美国留学生教育对我国的启示，有益于我国的留学生教育发展，其主要以留学政策、入学要求等方面进行比较分析；沈燕清的《近年美国留学生政策的若干变化及其影响》（2003）是最早的对"9·11"后美国留学生教育政策发生的变化而针对性地加以介绍的文章，对了解留学生监管的概况特别是签证变化的情况很有帮助；徐海宁的文章《中美日三国留学生教育的状况与政策比较研究》（2001）就中国、美国、日本三个不同的留学生接收国对留学生的教育现状和政策进行了分类和对比，主要涵盖了三国的留学生教育政策、发展规模和培养层次等问题；蒋宁的《美国大学留学教育政策及其影响》（1998）是针对美国大学留学生教育政策分析，并探究了其政策影响，对"9·11"之前的美国接收留学生的基本情况做了梳理。综合来看，这些文献的着眼点在美国的留学生接收政策，从不同角度、用不同的方法来进行分析。比较突出的有蒋宁在《美国大学留学教育政策及其影响》一文中相对详实地分析了美国留学生招收人数持续增长的情况以及影响美国留学生教育政策的因素，对美国留学政策广泛吸引人才，为我所用和注重留学教育经济效益的特点重点进行了分析；再有就是沈燕清的《近年美国留学生政策的若干变化及其影响》一文的论述中清楚介绍了 SEVIS 系统，其对于美国留学生教育政策发生的若干变化都是围绕 SEVIS 的出台而展开的，选取的视角独特，但是，仍然是一般性介绍的内容为主，对政策发生的变化和影响分析流于表面，没能深入，似乎欲言又止。值得一提的是近一两年，由于对特朗普的留学生教育政策进一步收紧的关注，姬芳芳等的《反全球化背景下美国留学生教育政策的新变化》（2020）、安亚伦与谢佳的《特朗普政府留学生接收政策对美国留学教育的影响》（2019）以及安亚伦与刘宝存的《新世纪以来美国接收国际学生的策略、成效与挑战》（2019）着眼于特朗普政府美国留学生教育政策的变化进行了深度解析。

（三）与美国留学政策相关的研究文献

主要包括学校申请技巧、如何准确获得签证、奖学金的申请、美国学校的招生情况、在美留学期间如何打工等方面的政策。签证政策一般立足"9·11"事件之后的美国留学政策变化而对打算出国的学生提供应对性策略咨询，这方面的资料多数经验性的介绍，如心晴：《五国签证比较》（2004）是对美、英、加、澳、新（西兰）等五个国家的签证申请的难易程度进行了应用性分析；同时，对不同国家的签证申请流程和如何防止被拒签对学生进行指导；高原在《美国高校奖学金有哪些》（2004）一文中则是以美国为专题，对美国的几类奖学金情况、申请要求和申请过程进行了详细讲解，为学生提供参考；马寿成针对留学生关心的留学期间的打工政策对不同国家的留学打工政策进行了详细的梳理、分析，其《各国留学打工政策谈》（2002）中重点介绍了美国的打工政策。这类文献属于实用性文献，更多地是给出国留学者提供一些政策、手续操作、签证谋略和留学生活应对上的指导，对于了解留学相关的信息和基本情况有很大帮助。但是对于课题性研究则可借鉴的内容甚少。

（四）高等教育国际化和留学实务的相关文献

国内关于高等教育国际化的探讨更多地从理论层面、从宏观发展的角度和我国的应对举措上展开。其中比较突出的有杨克瑞、王凤娥的《教育国际化和国际留学政策的发展》（2007）；钱明才的《大学国际化和留学生教育管理》（2007）；丁妍的《国家发展战略框架下我国留学生教育的课题—从美、澳、新（加坡）的视点》（2007）；黄焕山：《高等教育国际化与全球化比较研究》（2007）；曹步峰的《战后外国留学生教育的发展趋势》（2007）；卢晓东，孙燕君的《实用性：全球化中高等教育的价值取向》（2004）。这些论述的特点在于将高等教育国际化为教育发展的前瞻来看教育问题。这些文献从全球化和高等教育国际化的角度对研究美国留学生教育会有一定借鉴。而近几年，围绕"一带一路"等国家发展战略，关于不同类别、不同层级大学高等教育国际化的相关文献开始大量出现。比如：单春艳的《"一带一路"倡议下推进地方高等教育国际化的战略思考》（2019）；张正萍的《"一带一路"背景下高等职业教育国际化发展的挑战与对策研究》（2020）；王聪聪等的《新发展格局下我国对外高等教育合作的挑战与应对》（2021）展现了当前国内对于高等教育国际化发展的实践性问题的回答。

除高等教育国际化的上述文献外，还有一些同留学生相关的留学机构的报告、经验集合和留学新闻，可以对论文的撰写提供数据、案例的支撑。这几类是关于赴美留学的实际操作中的技巧应用的问题规避的文章，并非完全的关于留学生教育的探讨，只是其中对于留学生教育的情况有针对性地进行了涉及。这些讨论主要对想出国的学生起到帮助作用，少部分对我国政府、教育机构、高校研究有借鉴意义。其中陈起永的《留学去美国》一书中对美国签证的申请以及签证政策变化有一定的描述，特别是"9·11"后美国留学生招生复苏的"赖斯法案"文本有很好解读；王辉耀的《人才战争》就留学生流失问题进行了探讨，从人力资源角度对留学生教育的人才观做了诠释。

总的来说，国内对留学教育的研究处于起步阶段，对美国的留学生教育相对于他国来说，研究的内容和范围、深度、广度都是有的，但是，关于留学生监管的文章几乎没有，文章多是集中几方面：一方面是美国留学教育的现状描述；第二方面是政策层面；第三方面是留学签证变化等。而且，最主要的一点，研究大都从宏观入手，不能从微观层面或者是整体上对留学现状与政策演变之间的联系加以理解、分析，也缺乏对留学政策的背景、原因的深刻的考察与剖析。

第三节　相关理论与研究方法

一、相关理论及研究工具的选择

（一）国家利益论

温特（Wendt）根据社会理论的利益解释，把国家利益定义为"国家——社会复合体"的再造要求或安全要求。这一概念强调的是国家的客观利益，即指需求和功能的要求，是再造身份必不可少的因素。[10]温特对国家利益的理解体现了建构主义在界定国家利益之前对利益的认识，这种认识是从社会理论的角度进行的。温特在乔治（Alexander George）和基欧汉（Robert Keohane）关于国家利益类别的基础上，认为国家利益的内涵中存在着"生命、自由、财产和集体自尊"，[11]并指出这些利益因国家身份而异。

温特关与国家利益的理解显示了几个特点：（1）强调了国家的施动性，认为利益必须通过国家行为体的再造才能实现；（2）利益的客观性，强调了所有利益的都服从国家安全的需要。（3）利益的相对稳定性。因为利益同国家的再造联系在一起，所以它必然在不断再造过程中处于相对稳定状态；（4）

---

10 David Wiggins, Claims of Need. In T. Honderrich, ed., *Morality and Objectivity*. London: RKP, 1981:149-202.

11 乔治·基欧汉指出了三种国家利益：生存、独立和经济财富，参见 George and Keohane. "The Concept of National Interests: Uses and Limitation,"in *Georage, Presidential Decision - making in Foreign Policy*. Boulder: Westview.1980:217 -238.

把国家利益和国家身份联系起来。温特的国家利益的表述符合国际关系学者关于国家利益的一般理解。

一般的理解是，身份表示社会类别或存在的状态，而利益则指行为体的需求。国家利益是以国家身份为先决条件的。身份和利益共同促成了行动（意愿＋信念＝行动，这里的信念指身份，意愿指利益）。对于国家利益的理解应该是：身份是利益的前提，身份变化导致利益的变化而利益是身份形成、变化的动力。

国家利益理论之所以同美国对留学生监管的相联系，一方面是因为，国家利益的内涵，身份与利益的关系所示，美国在确认自己的身份后，其利益自然明晰可辨。利用留学生监管达到自己的利益目的是作为国家身份的美国联邦政府的利益观所在；另外一方面就是新功能主义的一体化理论对国家利益理论的解释。新功能主义的一体化理论认为，国家利益是逐渐交织到内、国际利益集团构成的关系网中的。利益集团与个人将忠诚慢慢转移到共同体中。伴随着功能合作任务的逐步扩张，他们将劝说国家不仅把它们的利益提高到与其他成员国一致的层面，而且也劝说国内行为者把"忠诚、期望和政治活动转向新的中心"。这种转移就可以被表述为身份（忠诚）和利益（期望和政治活动）的变化。美国联邦政府监管留学生的本质就是希望大学（利益集团）与留学生（个人）将忠诚慢慢转移到共同体中，伴随着其利益的需求，大学和留学生的工具功能逐渐形成，服务于美国的国家利益。

就美国联邦政府对外国留学生的监管中美国联邦政府、高等教育、留学生之间的利益关系是以美国的国家利益关系为统筹或者说是集束性的，这一点相合于整体利益理论。整体利益理论是关于整体和个体之间利益关系的理论，其利益实现中的国家或者政府作为整体利益主体的干预同国家利益实现中的国家或政府的权力实施手段是一致的；而作为个体利益主体的约束机制则符合微观权力视角下的个体对整体，或者讲，就是国家、政府的规训的顺从。因此，美国联邦政府对外国留学生的监管中国家利益理论的运用完全可以融合整体利益的内涵，二者的相互结合可以更为全面地理解联邦政府对外国留学生监管的内在本质。

（二）全球化理论

对于何为全球化、全球化意味着什么，学者之间仍各持己见、尚未达成一致看法。然而，全球化的概念却贯穿于社会生活之中，在许多学科中占有一席之地。有人怀疑全球化是否真的存在，而另有一些人却认为全球化已存在，因为人们已经可能自由流动。

杨·运·金（Young Yun Kim）和达姆·P·S·巴乌克（Dharm P.S. Bhawuk）认为，自 20 世纪 60 年代以来，人类生活的各个方面都发生了巨大变化[12]，而在 1962 年，马歇尔·麦克卢汉（Marshall McLuhan）"地球村"（比喻时间、空间缩小）概念大行其道。西欧多尔·李维特（Theodore Levitt）的文章"市场全球化"使"全球化"一词在商业经济领域家喻户晓。阿尔文·托夫勒（Alvin Toffler）在《未来的冲击》（1970）、《第三次浪潮》（1980）以及《权力转换》（1990）三本书中描述了全球社会未来的变化。

乔治·雷特泽（George Ritzer）指出："全球化是一个不断加速流程的过程，这一过程将包括世界上大部分国家，并加快这些国家的一体化进程和互联互通"。[13]一般认为全球化主要发生在经济和技术方面，而实际上，全球化是一种无形的力量，经济领域的一种社会公约。全球化包括诸多方面，如经济、政治、意识形态、大众媒体和文化层面等。乔治·雷特泽认为全球本土化和增长全球化是"文化全球化研究中两个主要的范畴"。[14]全球本土化（Glocalization），又称融合，属于一种文化交融，与由下及上的全球化相关。增长全球化（Grobalization）被定义为企业、国家的全球影响，与由上而下的全球化相关。

道格拉斯·凯尔纳（Douglas Kellner）采用批判性的社会理论对全球化进行了分析，凯尔纳认为"9·11"恐怖主义是全球化的"客观模糊体"，其中毁灭与民主同在。[15]理查德·卡恩（Richard Kahn）和道格拉斯·凯尔纳讨论了反全球化运动，他们认为，全球化本质上与包括互联网在内的新技术是有直接关联的。他们认为，技术和媒体扩大了民主化的作用，非主流个人和团体干预的可能性大大增加。通过互联网，非主流群体已开始呼吁挑战"自由贸易协定和新自由主义的资本主义本土化"。[16]

12 Kim, Young Yun, and Dharm P.S. Bhawuk. "Globalization and Diversity: Contributions from Intercultural Research." *International Journal of Intercultural Relations*, 2008:301-04.

13 George Ritzer. "Introduction." In *The Blackwell Companion to Globalization,* edited by GeorgeRitzer. Maiden, MA: Blackwell, 2007:1

14 George Ritzer. *The Globalization of Nothing.* New York: Pine Forge Press, 2003:139.

15 Douglas Kellner. "Globalization, Terrorism, and Democracy: 9/11 and Its Aftermath." In *Confronting Globalization: Humanity, Justice and the Renewal of Politics,* edited by Hayden Patrick and Chamsy El-Ojeili. New York Palgrave Macmillan, 2005:9.

16 Kahn, Richard, and Douglas Kellner. "Resisting Globalization." In The Blackwell

　　与理查德·卡恩和道格拉斯·凯尔纳的想法相同，新自由主义全球化的批评者阿尔伯托·卡洛斯·托雷斯（Alberto Carlos Torres）在其最新著作《教育与新自由主义全球化》一书中将全球化分为四个层次：由上而下的全球化、由下及上的全球化、人权全球化和国际反恐战争全球化。将全球化作为一种现象，他指出"新事物的出现不在于其形式而在于其规模"。[17]托雷斯认为，各种全球化进程创造了新的活力，其中资本、劳动力和先进技术快速外流，对文化和传媒领域产生重要影响。[18]他这些话实际上是在提醒人们提防威胁个性和文化的新自由主义。

　　全球化理论的涵盖是非常广的。根据需要，论文只涉及全球化中的高等教育全球化及其相关领域和恐怖主义全球化。因为，美国留学生教育的变化，美国联邦政府对留学生的监管其大的背景是经济全球化引发的高等教育国际化和全球化，小的背景则是恐怖主义对美国的袭击。高等教育的全球化是高等教育国际化的发展和深入，其本质上是以一国的经济利益为外在和直接的目标推进自己的"利益殖民地"，以高等教育全球化为手段，巩固和稳定自己已得的利益格局；再有高等教育全球化本身就是经济利益、文化利益、政治利益三者的利益共同体，通过在全球学生个体的利益微化获得包括个体利益和群体利益乃至他国社会、国家利益的对我依附，形成自己为核心的利益群，利益向内指向核心，命令则是由内指向外，在相互关系中体现着一种福柯的微观权力，换句话说，高等教育全球化实现着一个国家的国家利益最大化，成为国家利益的工具。

　　而在一个国家为获取更多的他者利益时，以高等教育全球化为一种手段的所有全球化形式成为了其成就自己霸权的工具时，结果必然会产生一种"反抗"——文化冲突。当两种不同的文化发生剧烈碰撞时，在清楚一方的明确目的的情况下，"反抗"会走向极端。恐怖主义就是这种极端的一个明显的例证。正是美国对自己霸权利益的海外扩张造成了他文化的一种硬性直击。恐怖主义的本质是文化主义，弱势文化对于自保的一种过激行为。格斯·

Companion to Globalization, edited by George Ritzer. Maiden, MA: Blackwell Publishers, 2007:666.

17 Torres, Alberto Carlos. *Democracy, Education, and Multiculturalism*. Lahman, MD: Rowman & Littlefiled 1998:24.

18 Torres, Alberto Carlos. *Democracy, Education, and Multiculturalism*. Lahman, MD: Rowman & Littlefiled 1998:90.

马丁（Gus Martin）在"全球化和国际恐怖主义"一文中回顾了全球恐怖主义的历史背景，并分析了恐怖主义的威胁。马丁认为，"9·11"恐怖袭击事件预示着全球化恐怖主义时代的开始，马丁还进一步探讨了其详细动机、表现形式以及国际恐怖主义如何随着影响全球的新技术的问世而与时俱进。而恰恰是这一点，是美国借助高等教育国际化希望达到的一个目的：教育促进文化认同。因此，全球化理论下的美国留学生教育同恐怖主义有着丝丝缕缕的联系。美国监管留学生一个原因就是防止潜在的恐怖分子，是自己国家安全；另一个原因是同化"潜在的恐怖分子"，使之认同美国的价值观，能听从美国。这样，留学生教育的地位便显得微妙起来，妙不可言了。美国对留学生的监管就成了自己博弈的中介。

任何的极端行为都会有其副作用。马丁在"后记：'9·11'和'9·11'带来的教训"一文中讨论了各国如何通过安全技术措施不断改变策略应对表现出来的恐怖主义。安全立法可谓政府正常的反应，以此加强控制，防卫可能的恐怖分子及其网络的危害。然而，问题在于，对入境美国的大部分外国人而言，每个人都可能是潜在的恐怖分子，这就给人们的生活带来极大影响。马丁指出，"批评者们开始强烈关注，以公民的自由为代价换取承诺的良好的国内安全是否值得"[19]，赴美留学生的数量变化也正是回应了这样的担忧。因此，全球化理论对于研究美国联邦政府对留学生的监管大有裨益。

（三）福柯的微观权力理论

福柯（Michel Foucault 1926～1984）基于对现代性的解剖，通过对权力、知识和主体独树一帜的分析，借助边沁（Jeremy Bentham）的圆形监狱的模型，建立了自己的微观权力理论。在福柯看来，权力是一种关系存在，而并非是一个可被个人或团体掌握的东西。福柯将注意力集中于人类的身体，在微观层次上寻找权力施加的影响。他希望"砍下国王的脑袋"，这样权力便不会再被视为某些有势力者或集团、阶级的财产，而是一组确立了人们的地位和行为方式，影响着人们日常生活的力量。[20]这就是福柯的"微观权力论"。该理论的界定与理解如下：

---

19 Martin, Gus. "Globalization and International Terrorism." In *The Blackwell Companion to Globalization,* edited by George Ritzer, 659. Maiden, MA: Blackwell Publishing, 2007.

20 [澳]J·丹纳赫，T·斯奇拉托，J·韦伯：《理解福柯》[M]，北京：百花文艺出版社，2002年，第56页。

1. 权力是一种关系存在

福柯认为权力并非任何人、任何集团或阶级的专属所有，它只是一种关系，权力作为流动之物，通过个人关系运行，通过人的实体而存活。在社会生活各个领域中，社会各种力量的相互关系中自然运行着权力网络，个人在不断运行着的相互交错的权力网络中总是既处于服从的地位又同时运用着权力。福柯认为，"任何人都不会拥有所有的权力，任何人都不会单独而完全地对别人运用权力。这是一部那些运用权力的和受制于权力的人都陷入其中的机器"。[21]传统的分析模式认为权力是一种所有物，来自一个特定的源头，是富有稳定性和内在一致性的东西，可以清楚地加以识别，其运作是统一的，有固定的形式，达成某些既定目的，或服务于某些既有利益。福柯则认为权力不应被视为某些人可能占有的特权，而是"一个永远处于紧张状态的活动之中的关系网络。"[22]这样一来，权力不再等同于国家机器，它成为一种微分的多样化技术，它在日常生活的层面，在每个毛细血管，无休无止地实践着和渗透着。

2. 权力是生产性的

法国思想家德勒兹将这一点视为福柯权力观念的首要特点。[23]福柯认为传统的权力观总是强调权力消极否定的一面，将权力视为某种障碍。因此他说"我们不应再从消极方面来描述权力的影响，如把它说成是'排斥'、'压制'、'审查'、'分离'、'掩饰'、'隐瞒'的，实际上，权力能够生产。"[24]福柯的权力观表明权力不是压制性的外在控制，并非否定性的，而是积极、主动、生产性的。传统的分析模式只强调权力的禁止性和否定性。而就现代权力机制来看，权力应该首先被看作是一种生产性的实践或者说是生产性的网络。这种作为生产性网络的权力，不断创造出社会成员之间的新的关系。在福柯看来，"权力的极致之处便是约束或绝对的禁止，尽管如此，它在对行动着的主体或主体们产生作用时，始终是借助这些主体的行动本身

---

21 转引自张似韵.: 福柯:《规训与惩罚——监狱的诞生》述评[J],《社会》,2001（6）,第35页。

22 [法]米歇尔·福柯:《规训与惩罚》[M], 北京: 生活·读书·新知三联书店, 1999年, 第28页。

23 杨善华:《当代西方社会学理论》[M], 北京: 北京大学出版社, 1999年, 第591页。

24 [法]米歇尔·福柯:《规训与惩罚》[M], 北京: 生活·读书·新知三联书店, 1999年, 第218页。

或行动的能力。"[25]权力具有强大的建构和生产功能:"权力生产着现实,权力生产着对象的领域和真理的仪式,个人和关于个人的知识都是权力的产物"。[26]权力要取得立足之地,也必须通过生产性的实践。所以,权力无处不在,这并不因为它有特权将一切笼罩在它战无不胜的整体中,而是因为它每时每刻、无处不在地被生产出来,甚至在所有关系中被生产出来。

3. 权力是微观、隐匿的

福柯认为存在着并非一种权力,而是多种权力,这些权力的中心地带地位是相对的,更多地可以说是非中心的,是在地方性和区域性的形式下自身展现出来。这种无中心的权力更为分散,更为微观,只有我们人为地放大某时某刻某种权力时才能以中心观的视角加以研究。福柯的微观权力是隐性的,与传统上那种将权力归并于国王和暴力机构,显化为国家机构相比,要复杂得多。"不要在它们的中心,在可能是它们的普通机制或整体效力的地方,分析权力的规则和合法形式。相反,重要的是在权力的极限,在它的最后一条线上抓住权力,那里它变成毛细血管的状态;也就是说,在权力最地区性的、最局部的形式和制度中,抓住它并对它进行研究。"[27]福柯的微观权力内在于一种机制,而不束缚于某一特定主体。任何一个主体,只要利用这个主体的关系网络,都可以明确感知权力效应的存在。这也正印证着权力是以一种关系存在,依托一种关系机制而发挥效用的,它是这种机制的内在成分,它是隐匿的,也是非人格化和非主体化的。

福柯的微观权力理论对于权力的探讨是建立在权力—知识、规训的相互关系上的,这和美国留学生教育中的政府监管的施为是相匹配的。美国政府加强对留学生教育中的学生招收、管理的监管正是美国政府的权力对学生的无形规训。按照福柯的理论,强调权力关系对肉体的控制、干预和训练,以及强迫它完成某些任务、表现某些仪式等的干预归根到底与对肉体的经济使用紧密关联。这意味着,肉体作为一种生产力受到权力的控制:只有肉体受到控制时,它才能成为一种生产力;只有肉体既具有生产能力又被驯服时,它才能变成一种有用的力量。对肉体的这种征服是可被建构的,它可以通过

25 马尔科姆·沃斯特:《现代社会学理论》,北京:华夏出版社,2000年,第246页。
26 [法]米歇尔·福柯:《规训与惩罚》[M],北京:生活·读书·新知三联书店,1999年,第218页。
27 陈炳辉:《福柯的权力观》[J],厦门大学学报,2002(4),第87页。

暴力或非暴力手段实现，但不管怎样，它都具有物质因素或物质结构。也就是说，关于肉体的"知识"与对肉体的驾驭共同构成了一种有关肉体的政治技术学。除此以外，根据福柯的理论，可以扩展到意识的"物化"。人的意识、认知受到外界认知环境的影响。以意识为"肉体"就能得出一种人的意识形态上的"规训"。这应该就是美国对留学生教育实施监管的本质所在了。

美国政府对留学生教育中的监管完全体现了福柯的权力的微观物理学假设：第一，权力是一种关系，美国政府以及学校同留学生之间的关系体现了一种权力与规训的关系。权力关系双方的配合使得美国政府权力才能实现；第二，权力具有生产性，美国政府通过颁布监管性法律法规和实施监管政策从留学生招收和管理两方面下手对留学生进行"规训"，从而产生自己想要的知识，构建自己的话语；第三，监管是多元而隐匿的。美国留学生教育中的监管不是单一的由上而下的实施，而是立体性的，在学生周围分散存在；再者，美国对留学生的"规训"并非明显的，而是通过法律法规和政策的施行，使其监管隐匿于留学生学习生活当中，时刻进行的。

二、研究方法

本论文主要采用三种研究方法进行研究：文献分析法、因素分析法和个案研究法。

（一）文献分析法

文献分析法即借助相关文献的搜集、整理，从相关的不同类型、不同层次的资料中获得大量有用的信息加以运用的一种方法。文献分析法要求在对文献进行很好的阅读、梳理的基础上，就论题所需文献获得比较系统性的认知，形成脉络和组织内容。本论文的性质在于对美国联邦政府的政策执行同高等教育中的留学生教育向联系，属于应用性分析文章。因此，可研究的文字资料、统计数据几乎都散布在官方或者相关组织的网站，以及专著、期刊当中。采用文献分析法展开本文，就联邦政府对留学生的监管的法律法规、政策执行情况、产生的影响、数据变动等进行分析可以得到较为理想的效果。所以，本论文以文献法贯穿研究的始终，通过对国内外中英文著作、期刊和网络信息等相关文献资料的查询和整理，了解了国内外关于美国留学生监管政策研究的现状与进展并对美国联邦政府监管留学生的意义有更全面的挖掘。

（二）因素分析法

因素分析法系通过对教育现象背后的本质进行深入挖掘，分析形成这种现象的诸多因素的作用，从而得出整体性的结论。因素分析法体现了建构比较教育学理论的主要观点，反映了如何对教育现象的各种因素的数量、质量关系进行整合的动力特征，提供了一种分析教育现象的特定认知参照系、认识角度，决定着研究方向、设计以及对结果的阐释。正如比较教育"因素分析"的先驱萨德勒所提出，在研究别国教育的基础上，以改善本国教育为目的。所以，本论文在探索美国留学生教育的特征、监管政策制定、实施的动因以及联邦政府通过监管留学生对国家利益的追求等方面，采用了该研究方法。希望从政治、经济、文化、外交等因素着手分析，以求对美国留学生监管政策的变化有一个全面的认识。而且，在对于美国留学生教育监管的SEVIS系统的标准、程序和运行加以详细介绍，而且分析了该系统产生的原因和功能，遵循现状——溯本求源——功能分析——价值评判的思路，以福柯的微观权力理论和边沁的"全景敞视主义"理论对SEVIS系统进行较为全面的分析。

（三）个案分析法

本研究聚焦于美国联邦政府对留学生的监管研究，本身就是一个大的个案研究。另外，对掌握的第一手和第二手案例资料研究十分重要，从法律研究、分析和数据变化的角度看问题可能更为有利于对政策的解释。比如：联邦政府对留学生监管的效果分析就是以一种个案的形式进行。联邦政府对留学生监管引发了什么样的数据变化、造成了什么样的后果以及联邦政府如何调整等等都是纳入到个案中集中考虑，对于其招收数量的变化、管理上的变化、留学生的反响等做出评判和研究，将理论分析和具体个案研究相结合，综合性探讨美国留学生教育的监管问题，得出对监管效果的整体理解。

第四节　基本概念

一、留学生与留学生教育

留学生一般指的是留居国外学习或研究的学生，经济合作与发展组织（OECD）对留学生的定义是"持有别国签证并为了特别的目的在其他国家（非母国）认可的学校里学习一系列课程的学生，他们不是接收国的公民。"[28]从实际情况来看各个国家对留学生的界定不尽相同，有的国家的学者对于留学生的理解涵盖了取得了永久居住权的留学生，有的只统计获得学历、学位而赴海外学习的留学生，也有包括凡是海外学习的学历、非学历教育所有的学生。

本文的留学生指的是在美国高等院校注册的美国公民、移民、难民以外的为了获得学位或进行语言训练等目的而来的学生和访问学者，包括本科生、研究生及其他类别的学生，他们持的是 F-1，J-1 或 M-1 类签证。其中，重点的是持 F-1 和 J-1 的研究生和访问学者。

留学生教育即在国外接受教育的形式。留学生教育已经成了高等教育国际化最具代表性的内容，也是国际教育中最受重视的一方面。高等教育国际化离不开人才的国际化，人才的国际化最直接的方式就是海外留学。而留学生教育的作用并不仅仅在于教育本身。教育的知识传播、技术交流是一方面，更多的是在人才的国际化形成过程中的价值观的碰撞、文化的交流、沟通。这是国际理解与共同进步的基础。

二、SEVIS

SEVIS 是"9·11"后立刻通过的爱国法案中留学生与交换学者项目（SEVP）的一部分。打算赴美的学生的信息都被输入 SEVIS 数据库作为申请签证的先决条件，并通过在美学习的签证有效期内签证获得程序被追踪记录。

SEVIS 是一个数据库，用来借助网络传递个人信息，旨在监管国际留学生和交换学者，特别是那些持有 F、J、M 签证的人员，以及陪同他们赴美的获得签证的家属。与 SEVIS 直接联系的有几个部门和机构，包括：美国国务院、学院和大学、中学、大使馆、领事馆和入境港。当前，SEVIS 是由国土安全部的分支（机构）移民和海关执法局来掌管。但是，有越来越多的国际留学生与交换学者由于 SEVIS 的缘故而不能到美国学习或者经历更多的种种刁难。那些在探亲后再次进入美国的留学生会遭遇更大的麻烦，特别是来之亚、非、阿拉伯国家的男生，都被要求提供额外信息和经历特殊注册程序。

---

28 Foreign students [EB/OL]. http://stats.oecd.org/glossary/deail.asp?ID=1052, 2003-03-05

三、知识——权力

按照福柯的微观权力理论，知识是现代社会维持和运作的中心支柱，但知识本身并不是孤立存在和发生作用。知识一方面综合整个社会各种力量相互紧张斗争的结果，另一方面它本身又必须在同社会其他各种实际力量的配合下才能存在和发展，并发挥它的社会功能。权力与知识具有非同寻常的关系："知识是权力的眼睛。凡是知识所及的地方也是权力所及的地方。知识总是以真理的形式为权力作辩护。知识为权力划定范围，权力为知识确定形式。两者互相支撑。"[29]也就是说，没有脱离权力运作的知识论述体系；任何权力，特别是近代以来的权力，由近代社会本身决定，其运作也离不开知识论述的参与和介入。[30]权力与知识的关系犹如同一物体的两面，彼此相依为命，不可分离。所以福柯将其简称为"权力—知识"。

四、规　训

福柯微观权力理论中"规训"一词另一直接的表达即"纪律"（Discipline）。"纪律"一词本身就兼有"学科"和"训练"的双重意义[31]，任何学科同时也就是一种社会规范。纪律（训练、学科）是从社会监视、规训大众和惩罚犯人的实践中产生出来的专门研究领域的规则，同时这些学科（训练、纪律）的研究结果又强化和改进了社会规训和控制的手段，医院、学校、军队和监狱可以被视为这些知识、学术研究的实验室。

规训是一种操作身体的政治技术，不管在什么时代，它都以生产、训练、培养和造就"驯服的身体"为基本目标。规训在现代社会就是一种权力运作的政治经济学。在现代社会中，全景敞视监狱模式的出现使权力成为一种普遍的机制网络，被各种机构或体制所借鉴，工厂、学校、军营、医院等机构都利用它来对不同的人进行规训，从而生产出更普遍意义上的被规训的现代人。这样，规训权力发生作用的范围从空间上、时间上、对象上全方位地扩展开来，遍及整个社会。

规训的手段：层级监视、规范化裁决、检查（考试）。

---

29 张国清：《他者的权利问题——知识—权力理论的哲学批判》[J]，南京社会科学，2001（10），第16页。

30 汪民安：《福柯的界限》[M]，北京：中国社会科学出版社，2002年，第46页。

31 [法]米歇尔·福柯：《性经验史》[M]，上海：上海人民出版社，2000年，第10页。

第五节 研究思路

本文力求探明"9·11"事件发生之后，美国在国际国内环境的变化下，留学生监管方面的法律法规和政策的各项具体内容发生了哪些变化，通过"9·11"前后美国留学生教育状况的变化，阐述留学生教育监管政策、实施以及产生的效果，并具体分析留学生教育监管对于美国国家利益的价值和监管的权力的内在本质。

为了完成这一研究，对涉及到的过去、现在和计划中的移民法律法规和对在美国学习、教书和做研究的外国留学生和学者产生影响的移民法律和政策作出分析。研究内容包括，但又不仅仅局限于判例法，立法，立法史，代理政策声明，立场声明和各个组织机构的白皮书，例如：美国移民律师协会，全美外国学生顾问协会，美国大学教授协会等诸多机构。另外，辅助有美国国务院、教育部的各国留学生和学者信息的具体统计数字和《门户开放报告》的最新的实质性数据。

为能深入对美国留学生教育监管做出探求，本文借用福柯的微观权力理论和边沁的"全景敞式监狱"理论加以说明。通过对权力—知识、惩罚—规训等概念与美国政府对留学生教育进行监管的对应性理解，希图对监管背后的价值和利益进行探寻。

本文首先介绍"9·11"事件前后截然不同的美国的留学生教育的情况，了解留学生监管政策出台的背景，然后结合留学生监管状况的变化，从理论和实践两方面分析监管的价值和权力以及监管的具体政策实施产生的后果，最后，通过对美国留学生监管的总结得出对我国的留学生教育的发展启示，指出我国的留学生教育特色所在和发展方向。

论文研究思路的具体图示：

图 1-1　美国联邦政府对留学生的监管

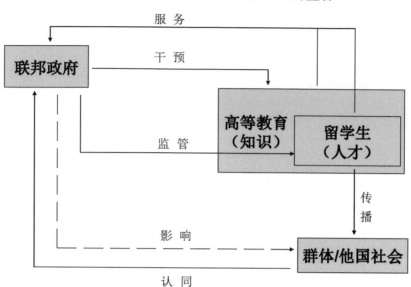

第二章 "9·11"之前美国留学生教育管理的特征

第一节 美国留学生教育的发展

美国自立国至今，经历二百多年发展而成就世界第一强国的地位，究其原因虽然众多，"广移博收"的人才政策应当是根本所在。广纳移民，特别是技术移民和知识移民；从世界范围内招收优秀的留学人员，增强教育交流，并藉此达到文化交流、吸纳人才和创新知识水平的目的，从而提升全国的综合国力。不同的时期，美国对外来移民的要求也是不同的，从最早的贩奴船到华工遍野，直至现在不同类型的留学人才的广纳，美国以外来的新鲜血液保持着这个国家的旺盛的生命力。

一、美国留学生教育的肇始

随着外来移民的不断融入和工业革命的推动，美国在 19 世纪 60 年代起，从半农业、半工业国家，发展至二战前便成为一个较发达的工业化国家。据统计在这期间全美工业企业数量增加了 2 倍多，工人人数增加了 3 倍，投资总额增加了近 9 倍。[1]随着社会生产力的发展和社会生产科学化程度的提高，美国对高层次人才的需求日益迫切。从殖民时期沿袭下来的精英的、贵族式的欧式教育同美国发展的需要显得格格不入。南北战争后国家对高等教育的

---

1 陈树清：《美国研究生教育发展的历程及其特点》[J]，外国教育动态，1982（1）。

资助以及大学功能的扩展导致了美国教育的根本变革，而变革的标志就是《莫里尔法》的实施。1863 年 7 月 2 日经林肯总统签署后该法案开始实施。莫里尔法案的颁布和实施具有划时代的意义，因为正是此项法案使得美国实现从农业国家向工业国家的飞跃。再者，该法案的实施也标志着美国教育走出殖民时期古典教育的"世外性"，开始了美国教育自我特色的实用主义性质。还有，虽然美国在建国初期即明确表示联邦政府要支持教育，但《莫里尔法》是联邦政府对教育有实质性支持的开始。在特定的历史条件下，莫里尔法将农业革命、西部开发、教育转型巧妙地融为一体，一兴俱兴。就教育而言，该法颁布后，一大批赠地学院拔地而起，是美国高等教育发展的第一个高潮，并以高等教育带动其他各级各类教育的发展，美国踏上了教育整体振兴之路。自此，美国联邦政府和州政府不断通过立法与资助，鼓励美国大学大力发展高等教育，并开展各种实用性科研活动。从而，美国教育，特别是高等教育随着美国国力的强盛而有了长足发展，吸引着越来越多的外国学生赴美学习。

美国的资本主义经济有了长足进展后，为了实现对世界，特别是对亚洲的政治渗透，美国开始注意留学生教育。另一方面，美国的崛起对世界格局影响甚大，许多国家意欲探明其成功的秘诀，纷纷派留学生赴美。[2]进入二十世纪，美国招收的留学生数目不断增加。据统计，从 1904 年大概已有 74 个国家的 2,673 名留学生赴美学习，到 1930 年达到万人水平。之后至二战结束时，这个数字时升时降，在 5,000-9,000 人之间摇移。[3]美国留学生教育的发展从一开始就体现着联邦政府的作用，体现着美国的国家利益和特色：

（一）外国留学生招收的多元化

外国留学生赴美最初多是自愿学习深造，随着美国高等教育的世界领先地位的确立才有了各国政府的支持，公派留学不断发展。而在最初的外国留学生自愿赴美学习深造的情况之外，美国联邦政府主动采取措施进行留学生的招收。首先，利用战争赔款以变相形式开展的"退款兴学"，比如"庚子赔款"和"比利时——美国教育基金"就属此类；还有就是美国高等教育机构同其他国家高等教育机构间签订教育交流协议等方式。1905 年到 1912 年，哈佛大学、哥伦比亚大学、芝加哥大学以及威斯康星大学等与德国和法国的

---

2 王定华：《美国留学生教育的发展》[J]，比较教育研究，1989（2），第 41 页。
3 王定华：《美国留学生教育的发展》[J]，比较教育研究，1989（2），第 41 页。

大学之间签订的交流协议是校际间合作的最具体表现。

（二）民间组织的推动

第一次大战结束时，一些组织认为，为了寻求世界和平，应该增进各国间的相互理解，而教育合作不失为一条行之有效的途径。[4]国际交流的增多使得留学生教育作为当时的国际教育交流的唯一方式而受到美国一些私人机构、基金会和大学的青睐，留学教育的价值和利益得以彰显。影响相对比较大的有 1911 年成立的"外国学生间友好关系委员会"，其宗旨就是为在美国的外国学生提供建议性帮助，并收集在美国的外国学生的数据；1919 年成立而作用而日益广受关注的国际教育协会（Institute of International Education，IIE），一直致力于促进学者、学生和教育部门的教育交流和学习。该协会于 1921 年第一个作为国际教育交流的协会第一次对在美外国留学生实施了一系列年度调查。

（三）联邦政府文化外交功能的显现

20 世纪 30 年代，德国纳粹主义兴起阻碍了美国同欧洲大陆的教育交流。美国联邦政府自那时起便感到了留学生教育的文化外交功能：通过留学生教育发展同其它国家的文化纽带联系。同时，也是因为国际时局的变幻而出于维护地缘上的国防安全与国家利益的需要，美国开始大规模地同拉美国家开展国际交流。期间，美国主导的"促进美洲人之间的文化关系会议"、"公—私合作伙伴"项目都为教育交流创造了机会。

二、二战后，美国留学生教育的勃兴

二战后，美国的国家利益观不再是国家综合国力的强大，而是与苏联代表的社会主义阵营的较量和世界霸主地位的谋求。作为国家发展的支柱的教育发展的重要性不断被历届美国联邦政府确认下来。高等教育的社会服务功能和知识经济的贡献吸引着联邦政府的更多投资和政治觊觎。高等教育中的"国际教育"在文化外交、政治博弈和经济利益方面的价值，特别是对于留学生教育可以成为美国意识形态和价值观念输出的重要载体和手段的认知使得美国联邦政府不断通过立法等方式干预美国的高等教育机构，扩大国际教育的发展，满足美国全球利益的需要。而作为国际教育的元老和重心，外国

---

4 王定华：《美国留学生教育的发展》[J]，比较教育研究，1989（2），第 41 页。

留学生教育的价值一直是美国联邦政府的关注焦点，在美国的国家战略、全球战略中占有举足轻重的地位。1946 年《富布赖特法案》、1958 年《国防教育法》及之后一系列法案的相继实施下，赴美留学生教育获得了突飞猛进的发展。

二战后，曾经隶属西方诸强的亚、非、拉的殖民地的纷纷独立，形成第三世界国家世界。美国与苏联加紧了从政治、经济、意识形态等方面对这些国家的影响，希图扩大自己的利益范围。这期间，美国招收的赴美留学生数量急剧攀升正说明美国通过教育交流对这些国家所施以的文化外交和政治影响的深入。20 世纪 50 年代到 70 年代末的三十年，赴美留学生数量从每年 30,000 增加到 286,343。同时，接收外国学生的高等院校数量也不断增多，到 1980 年，已经有 2,734 所高等教育机构接收外国学生。见下表 2-1：

表 2-1　二战后赴美留学生增长情况

学　年	留学生数	年平均增长率（%）	接收留学生院校数	年平均增长率（%）
1950/51	30,000	-	-	-
1954/55	34.230	5.0	1629	-
1959/60	48,486	8.3	1712	1.0
1964/65	82,045	13.8	1859	1.7
1969/70	134,959	12.9	1734	1.3
1974/75	154,580	2.9	1760	0.3
1980/81	311,882	8.9	2734	3.1
1985/86	343,777	0.9	-	-

数据来源：王定华：《美国留学生教育的发展》[J]，比较教育研究，1989，（2），第 42 页。

20 世纪 80 年代，美国的国家利益的关注转向国际世界。提高国际竞争力成为美国维护国家利益的焦点。人才，特别接受高等教育的人才明显不足。而此时，美国内部经济滞胀、本国大学生适龄入学人口下降的影响，不少大学出现学生招收不足的问题，联邦政府一方面通过为学生提供资助来间接帮助一些大学应对危机；另一方面，联邦政府鼓励大学通过各种社会非政府机构或者自己主动走向世界，招收外国学生以弥补国内学生生源不足的问题。尤其是国际教育协会、美国教育委员会等机构为吸引外国留学生，促进美国高等教育的国际化竭尽全力。[5]在美国政府、非政府机构和大学多方努力下，整个 80 年代十年赴美留学生在数量规模上增长了 25%，占全美在校学生的 2.9%。1984/85 年度，世界范围内到国外去接受高等教育的留学生估计有 100 多万人，其中赴美国就读的留学生约占三分之一，大约为 342,000 人。[6]

20 世纪 90 年代随着苏联的解体，美国一国独大的局面形成。美国希冀通过经济一体化的引领和信息全球化推动进一步普世其价值观，增强自己的国际控制能力，成就自己帝国主义的霸权思想不断膨胀。面对学生流动全球化的发展趋势，以及英、法、日等国留学生的竞争力不断增强，美国政府积极采取措施，大力增强对赴美留学生的吸引力。[7]赴美留学生迎来爆发性增长。1990-1991 年，赴美留学生总数达到 407,529 人，占同年世界留学生总数（1,127,387）的 35%，使美国成为世界上接收外国留学生最多的国家。[8]1996 财年持有 F-1 和 J-1 签证赴美的外国学生 412,167 在美国 2700 多所高等教育机构学习。1997 财年这一数字增长至 446,081。到 2000 财年，赴美留学生总数已经超过 52 万，比 90 年代初大概增长了 27.8%，达到了 "9·11" 前的最高值。

表 2-2　1996-2000 年赴美留学生数量变化

财　年	F-1	J-1	总　数
1996	241,003	171,164	412,167
1997	266,483	179,598	446,081
1998	251,565	192,451	444,061
1999	262,542	211,349	473,891
2000	284,053	236,837	520,890

数据来源：根据 Open Doors 2000 年统计数据编制。

5　任巧珍：《美国高等教育国际化的策略研究》[D]，华南师范大学硕士学位论文，2005 年 5 月。

6　鲁达编译：《美国对留学生的政策》[J]，比较教育研究，1989 年（5）。

7　陈学飞：《高等教育国际化——跨世纪的大趋势》[M]，福建：福建教育出版社，2001 年。

8　王留栓：《欧盟国家的高等教育国际化——从大力发展留学生教育谈起》，http://www.edu.cn/20011219/3014523.shtml.（2008.11.12）。

第二节　美国联邦政府对留学生管理的"无为而治"

美国高等教育的传统历来是联邦政府的"无为而治"，作为高等教育的一部分，留学生教育亦然。但是，美国联邦政府对包括留学生教育在内的高等教育的干预意识不曾一日断绝，而且，随着社会的发展，全球化的加快，联邦政府更是加紧了寻求干预美国高等教育的机会。联邦政府对美国高等教育的"为"与"不为"都是在美国联邦宪法的规定下进行的。美国联邦宪法规定了美国大学的"自治"不受联邦政府控制，但是，美国高等教育的发展却是在美国联邦政府的思路下发展起来的。而美国联邦政府对高等教育的干预也是有法可依的。

一、美国联邦政府对留学生教育的"所为"

1787 年 5 月，美国的制宪会议出台了美国的联邦宪法。联邦宪法规定由联邦政府负责外交、国防和州际事务，而由州政府全权处理州内事务。于 1791 年 12 月 15 日通过的联邦宪法的前十条修正案被称为"权利法案"，其中的第十修正案称：宪法未授予合众国、也未禁止各州行使的权力，由各州各自保留，或由人民保留。[9]根据这一修正案的规定，凡是宪法中没有赋予联邦的权利皆归于各州或人民，于是教育开始名正言顺地成了各州的事务，这便是美国教育地方分权制的宪法依据。虽如此，联邦宪法还是为联邦政府介入教育事业留下了缺口。宪法第八条赋予国会"供应合众国之共同防务与公共福利（general welfare）之经费"的权力，国会因此取得了征税和为公共福利拨款的权力，它便借此一次又一次地向教育机构提供资助，介入教育事业。除公共福利条款之外，那些赋予联邦政府专有的事务执行权和管理美国边远领土的权力的条款也为联邦政府介入教育事业提供了支持。1931 年，胡佛（Herbert Clark Hoover）总统任命的教育顾问委员会在宪法中找出了一共 14 处有利于联邦政府介入教育事业的条款。[10]

联邦政府对高等教育介入的不断深化是在国家权力不断加强的历史背景飞下进行的。[11]在南北战争结束后，国会于 1868 年通过的宪法第十四修正案

9　U. S. Constitution Online. The United States Constitution, Amendment 10-Powers of the States and People [EB/OL]. [2008-4-13]. http://www.usconstitution.net/const.html.

10　The American Assembly &. Columbia University（1960）. The Federal Government and Higher Education. Englewood Cliffs, N. J.: Prentice-Hall, Inc. , p. 36.

11　卢晓东：《联邦政府和美国研究型大学发展》[D]，北京：北京大学，1995 年，第

第一款说: "凡在美国出生或归化美国的人, 均为合众国的和他们居住州的公民。任何一州都不得制定或实施限制合众国公民的特权或豁免权的任何法律; 不经正当法律程序, 不得剥夺任何人的生命、自由或财产; 对于在其管辖范围内的任何人, 不得拒绝给予法律的平等保护。"[12] "第十四修正案的精髓是要求各州遵守保护人权的《人权法案》"。[13]要求州政府遵守权利法案, 意味着第十四修正案取得了相对于第十修正案的优先权, 即联邦权力相对于州权的扩大, 也就意味着联邦政府可以利用宪法中的默示权, 把在第十修正案框架下一些原属于州政府和地方政府权限的事务转移到联邦政府手中, 其中也包括教育事业。虽然教育事业权主要由州及地方政府掌控的格局没有发生根本性的变化, 但在高等教育领域, 联邦政府的介入在宪法的掩护下不断深化, 并最终形成了联邦大规模、多途径介入高等教育的态势。在这个过程中, 联邦政府与高等教育之间的关系也在逐渐变化。

留学生教育作为高等教育的一部分, 其重要性是在上世纪 80 年代开始被美国联邦政府正式认识。而当时, 国际经济一体化的发展一方面激发了各国留学生的全球流动, 美国作为世界经济的引领者, 其高等教育的实力、诸多一流大师的魅力吸引着世界各地的留学生; 另一方面, 美国联邦政府看到了留学生教育的价值, 经济、政治、文化等各方面的利益。因而, 联邦政府开始逐步介入留学生教育。

美国联邦政府介入美国高等教育主要的方式是通过立法和科研资助, 对于留学生教育依然。本论文按照时间顺序重点讨论对影响接收高等教育的外国留学生和访问学者的法律法规的条款规定。这些法规对美国的留学生教育产生了直接或间接的影响。

(一) 1986 年《移民改革和控制法案》

1986 年《移民改革和控制法案》具有重大意义, 不仅因为其过去的影响, 还因为其现在对美国社会产生的影响。在更广的移民立法和政策层面, 该项立法体现了对全面移民改革立法和有效政策的需要。该项立法使 270 万非法

---

49 页。

12 U.S. Constitution Online. The United States Constitution, Amendment 14-Citizenship Rights[EB/OL]. [2008-4-13] http://www.usconstitution.net/const.html.

13 美国国务院国际信息局:《美国政府概况》[M], 杨俊峰, 王宗文, 刘畅译, 沈阳: 辽宁教育出版社, 2003 年, 第 47 页。

在美居留人民合法化。促使 1986 年立法的主要力量有两方面因素。首要目标是使几百万无证或身份有效期过期的外国人合法化。其次是实施雇主制裁，防止雇主聘请未获移民归化局批准的外国人在美国工作。第一目标完成后，1981 年以前非法进入并居住在美国的人可提请改变身份状态，改为临时合法居民。两年后，申请者可申请永久居留，但是必须满足一定条件，如未进行任何犯罪行为，因为犯罪行为可能使其遭拒。此外，他们还必须证明其经济能力（已有工作或已工作配偶的支持）和英语能力。[14]

该项立法另一重要部分就是通过雇主制裁条款，根据规定，雇主雇用不能在美国工作的外国人，将受到处罚。[15]雇用无证或非法外国人工作的，雇主将根据法律受到处罚，承担民事及刑事责任，这在美国历史上是首次。实施雇主制裁已有时日，但大部分情况都不太成功。移民政策研究所的 Peter Brownell 表示，"很显然，数据显示雇主制裁执法已降到很低的水平，根本无法对雇用非法移民起到有效威慑"。[16]不幸的是，行政部门制定的政策，无论是民主党政府还是共和党政府，只是短期改变人才状况，在预算上对移民归化局有限限制。对雇主是否遵守了法律根本无法进行必要的调查，迄今这一状况仍未改变。由表 2 可看出，在防止非法外国人在美工作方面，仍未受到重视。

据国土安全部统计，过去五年中，3000 余名工人被拘留。然而，根据国土安全部 2006 年发表的一份报告称，"2000-2004 年间，非法居民人口平均每年增长 40.8 万"[17]。通过雇主制裁是为了阻止雇用非法劳工，但由于该法律未得到有效执行，必须采取补救措施，解决大量无证移民在美居住的问题。

表 2-3　美国移民当局对雇用非法外国人的雇主的调查

年　份	拘留人数	已调查	处罚数量
1997	17,554	7,537	778
1998	13,914	7,788	535
1999	2,849	3,898	297

14　8 C.F.R. § 245A.

15　*Supra* n. 123.

16　Peter Brownell, The Declining Enforcement of Employer Sanctions, MPI, September 1, 2005.

17　USDHS. Estimates of the Unauthorized Immigrant Population Residing in the United States: January 2005. Population Estimates. August 2006.

2000	953	1,966	180
2001	735	1,595	78
2002	485	2,061	13
2003	445	2,194	124
2004	159	3,064	54

数据来源：USDHS. 2004 Yearbook of Immigration Statistics. January 2006.

尽管该项法律未对接受高等教育的外国留学生和学者产生直接影响，但却对 1982 年 1 月 1 日前不属于合法移民标准的移民给予了法律救济。[18]符合不符合救济条件在于申请者是否为非法移民身份。因此，如果留学生或学者来到美国，逾期居留，且为非法移民身份，根据法律规定，他们将符合救济条件，即赦免。许多人人和团体都为此展开争论，他们认为，该项立法是鼓励非法活动，遵守移民法律、仍处合法身份的人从中得不到任何好处。例如，如果一名学生 1978 年 6 月 30 日来到美国，以合法身份在大学留学，但在 1980 年决定退学，然后非法参加工作，根据赦免规定，只要 1981 年 1 月 1 日前他／她仍在美国，那么将符合救济条件。在 300 万合法留学的申请者中，大约 10%为持访问学者、学生或其他类型签证合法进入美国但却因逾期逗留或其他原因违反规定的个人。[19]尽管申请留学的外国留学生或学者的人数尚不确定，前移民归化局以及律师、外国留学生顾问等执业者都认为，一大批该项法律的受益之人之前都为外国留学生。

（二）1990 年《移民法案》

1990 年《移民法案》影响到留学的留学生和学者，因为首次对 H-1B 签证的数量设置配额或上限，每年 65,000 人。如前所述，大量美国高校毕业的外国留学生都变为 H-1B 签证，这样他们可在美国再驻留 6 年。1990 年移民法可能影响美国高校留学生和学者的另一条规定是第 601 条。第 601 条规定适用于潜在的外国留学生，但也许更适合外国学者，因为对共产党员或集权政府成员的规定进行了修改。新修订删除了对共产党员或集权政府成员的限制，申请者在申请进入美国前两年已不是共产党员或集权政府成员。

（三）1992 年《中国留学生保护法案》

1992 年《中国留学生保护法案》允许中华人民共和国国籍人士永久居留

---

18 Pub. L. 99-603, § 201.
19 *Id.* n. 140.

美国。该法案是国会针对中国 1989 年"六四风波"通过的法案。要达到条件，申请者必须 1990 年 4 月 11 日前抵达美国。此法律与一个多世纪以前制定的阻止华人进入美国的法律——1882 年《排华法案》相悖。

（四）1996 年《反恐怖主义暨有效死刑法案》

1996 年《反恐怖主义暨有效死刑法案》第 323 条对《恐怖主义和驱逐恐怖主义分子法案》中的"物质支持或资源"以及根据移民法规定驱除犯罪的内容做了详细规定。同时还指定了恐怖组织和禁止资助恐怖主义。

（五）1996 年《非法移民改革和移民控制法案》/《广泛移民改革法案》

1996 年《非法移民改革和移民控制法案》对 1952 年《移民和国籍法》（INA）中大量规定进行了讨论、修改、补充和更改，后者又称《麦克凯伦——华特法案》。该法案修改并扩充了不允许入境的外国人类型，同时增加了针对外国留学生的规定。在第 346 条相关章节，该法案规定：

> 滥用学生签证者——根据第 101（a）（15）（F）（i）条规定获得非移民身份的外国人，若违反第 214（1）条规定的条款或条件，将依法驱逐出境，自违规之日起五年内不得进入美国境内。

从技术层面来讲，这意味着学生必须完成全部学校课时，一般每学期 12 课时，如未完成，即刻起不予驻留境内，且五年内不得以任何移民类型再次进入美国境内。本法案第 632 条对滥用学生签证者也有类似规定，其中规定，若申请者"在美国逗留时间超过司法部长授权驻留期限，该签证自逾期之日起予以作废"。第 625 条规定，持 F-1 签证的学生不得入读公立小学或中学，除非该期限不足 12 个月，且必须向学校支付全部入学费用。

法案中影响高等教育的规定还有第 505 条和第 507 条。第 505 条规定，非法驻留美国的外国人不得申请居民学费。[20]第 507 条规定，非法驻留美国

---

20 加州教育代码§68130.5。尽管法律另有其他规定，但是：
   （a）除"美国法典"第 8 编 1101 条（a）款（15）项规定的非移民外国人外，留学生符合下列要求者，在加州州立大学及加州社区大学读书无需缴纳州外学费：
   （1）在加州的高中就读三年或以上。
   （2）加州的高中毕业生或达到相应水平的学生。
   （3）2001-02 学年秋季学期／学季前在加州正式高校注册入学或正在读书的学生。

的外国人不得享受《高等教育法案》中规定的社会保障或其他福利，同时要求各院校核实所有留学生的学生身份。对高等教育影响最大的是第 641 条，其中规定开发"非移民留学生和其他交换项目参与者信息收集程序"（该程序就是后来的 SEVIS 系统），并最迟于 1998 年 1 月 1 日开始执行。此条规定收取使用者 100 美元费用，与今天的 SEVIS 费用相同。

（六）1998 年《综合拨款法案》

1998 年《综合拨款法案》增加了 H-1B 签证名额，并重新设立数字如下：根据第 101（a）（15）（H）（i）（b）条规定，

（1）1999 财年之前，每财年不得超过 65,000；

（2）1999 财年不得超过 115,000；

（3）2000 财年不得超过 115,000；

（4）2001 财年不得超过 107,500；

（5）以后财年不得超过 65,000。

此规定使获签名额在之前基础上几乎翻倍，受到工商界的欢迎，尤其是硅谷的高科技产业。

（七）2000 年《移民归化局数据管理改进法案》

2000 年《移民归化局数据管理改进法案》规定了新的出入境系统，即 US-VISIT 系统的实施日期。法案第 110 条确定机场执行日期为 2003 年 12 月 31 日，陆地边境大概在 2004 年 12 月 31 日前执行，完整出入境系统将于 2005 年 12 月 31 日前执行。这条规定影响了高等教育系统内的留学生和学者，因为所有外国旅客出入境时都要获取指纹和履历。

二、美国联邦政府对留学生教育的"不为"

美国的大学自治的传统可以追溯到中世纪大学的自治。中世纪大学在当时被称为"教师与学生的组合"（Universitas Magistrorum et Scholarium），肇始之初是教师和学生为了研究、学习和教授高级专业知识自发组织起来的，具有行会的性质。行会在当时是从事同一行业的人，为了维护共同利益而组织的团体，具有一定程度的自治性。由于教皇以及法律、医学和神学的

（4）若该生无合法移民身份，需要高等教育机构出具证明，证明该生为使其移民身份合法已递交申请，或在其能够时将尽快递交申请。5 CCR § 41906.5, 5 CA ADC § 41906。

高级从业人员多出身于这些大学，因而这些大学在社会上和政治上比一般的行会享有更为崇高的地位。这些中世纪大学是当时文化和知识领域非常稀缺的资源，对教会和世俗统治者都意义非凡。正因此，中世纪大学经常游刃于教会与世俗统治者的利益斗争和冲突中，为自己争取到了不少的特权。比如，大学对其学生的独立审判权、大学师生免除兵役和赋税的特权等。在当时大学发展到鼎盛之时，其所具有的自治权和特权甚至可以同"国中之国"相媲美。

不过，应该审慎地看待中世纪大学的自治问题。在大学获得的特权中，我们很少能看到学术方面的自治权力。对于一所大学而言，唯有学术自治的权力，才是最为重要的自治权力。据文献记载，在欧洲，十八世纪的德国大学开始清楚地认识到学术自由和言论自由的价值，而这正是美国高等教育根源所在。自由讨论、谈论他人的观点和思想对学术观点非常重要，因此这一点才被美国大学教授协会写进 1940 年著名的《学术自由原则宣言》之中。[21]虽然学术自由也许只是德国著名大学中的学者、学生和教师们一时所想，但仍有其局限性，因为它只在学术界得到认可。维西（Laurence R. Versey）教授指出：

> 学术自由的理念由曾在德国大学学习的教授带到美国。在德国，学术自由概念包含两个主要方面：*Lernfreiheit*，或学生在选课系统中自由选择自己的研究科目，以及 *Lehrfreiheit*，教授自由调查和教授其研究成果，政府不得干预。美国人借用"学术自由"这个术语后却将其扩展，甚至大至课堂之外、公开举行的团体活动也包括其中；这种不经意的偷换与德国的学术自由理论有很大区别。[22]

美国院校坚持学术自由、言论自由理念，认为这是学术发展的基础，不仅限于学术界内，而且还包括学术界之外。

美国在高等教育方面已领先全球，即使德国、英国和其他欧洲国家也都有许多著名高校。然而，虽然现在美国在高等教育领域是登高绝顶，吸引了

---

21 American Association of University Professors website, *1940 Statement of Principles on Academic Freedom and Tenure.* Last accessed 1/7/2007 at: http://www.aaup.org/AAUP/pubsres/policydocs/1940statement.htm.

22 LAURENCE R. VEYSEY. THE EMERGENCE OF THE AMERICAN UNIVERSITY, University Of Chicago Press，（1970）: 384.

世界各地的优秀学生和学者，极大地帮助了美国学术的发展，但仍有许多人担心，"9·11"后美国能否继续保持其领先地位。

人们一致认为，学术自由以及对相左观点和思想的自由交流对高等院校及其中的人们，大了说社会，都非常有益。对于一种意识形态或哲学思想研精其理，以求至乎其极，而对可能包含争议观点或思想之人却排除在外，此举将非常不明智。二者须兼听兼事方能通明世人日常所遇之问题。虽然写于一个世纪以前，大法官福尔摩斯（Holmes）在《艾布拉姆斯与美国》反对观点自由交流的雄辩发言时至今日仍有意义：

> 因为表达意见而受到迫害在我看来似乎很是正常。如果对你的假设或力量不怀疑，而且希望全力得到一种结果，那就道出你的愿望，排除一切阻碍。如果允许反对声音存在，可能表明你认为其意见不足挂齿，就像一个人说他能够化圆为方，或者你并不真心在乎结果，或者你怀疑无论你的能力或假设。但是，当人们意识到时间会磨平他们的斗志，这时才会更加相信自己行为的根本原因，通过思想交流能够达到最佳效果——检验真理的最佳办法就是看思想是否能够竞争市场中为人接受，真理才是其愿望赖以存在唯一基础。这就是我们的宪法理论。[23]

现在许多学者认为，由于"9·11"后美国最近减少了在政治思想、意识形态领域的交流、对话、理解，因此，美国现在处境非常危险，世界上没有几个国家会羡慕美国现在的境况。2003年3月布什政府发动伊拉克战争之时，美国和另外一些人都认为，伊拉克人会将美国人视为解放者，战争结束后会受到伊拉克人夹道欢迎。直到最近，政府重要人物才公开承认情况远非如此。战争开始后人们欢呼的口号，诸如"功成身退"，"坚持到底"和"不做逃兵"等等，现在再次在全球散播开来。现在，美国人开始对这些问题和战争本身进行深入地反思。[24]拉马丹（Tariq Ramadan）教授表示，包括美国在内的西方国家应该通过与伊斯兰世界对话而非加强审查，从而找准自己的定位，拉马丹教授在说这些话时是有其根据的。拉马丹教授担心，对持不同意识形态的人在出入境时进行外部审查可能会导致美国境内和美国

---

23 *Abrams v. United States*, 250 U.S. 616（1919）.
24 CNN POLL: *61 Percent of Americans now oppose the War in Iraq（August 2006）*. CNN website. at: http://i.a.cnn.net/cnn/2006/images/08/21/rel20b.pdf.

学术界对意识形态的审查。[25]

　　根据美国宪法第一次修正案规定，在美国的个人都有权听取和讨论有争议的观点和意识形态，无论其来自何处。[26]如果国外学者或留学生持有不同观点，根据美国的民主制度，仍允许这些学者和留学生进入美国，只要其不对美国构成安全风险，或除意识形态外其他方面都符合准入条件。

第三节　"无为而治"下的美国留学生教育特色

　　美国留学生教育的发展真正始于二战结束。二战使得美国的经济实力达到了世界第一的水平；大量接受外来避祸的科学家、知识分子使美国科技得以高速发展。经济、科技的吸引和美国联邦政府的开放政策造成了赴美留学生的持续增加。赴美留学生除了数量上迅速扩大外，生源结构、学科结构和层次结构均取得了发展。

一、总体规模：突飞猛进

　　赴美留学生在冷战期间，实现了总体性规模发展。受益于二战后一系列移民法案及教育交流法案的保障，美国迅速成为各国学者汇集之地和国际学生教育中心。[27]如前所述，在 1950 年赴美学习的外国学生有 3,000 人，而到 1969 年增到 134,959 人，1976 年为 203,068 人，1989 年则达到 386,851 人。[28]1991 年其美国正式成为第一大留学生接收国。而且，整个九十年代，赴美留学生数量连年攀升，不断突破直至"9·11"。

二、生源结构：广纳博收

　　美国留学生发展的半个多世纪中，变化的不仅是赴美留学外国学生数量的稳步增加，还有就是留学生来源地的不断变化。

---

25 Tariq Ramadan. Why I'm Banned in the USA. THE WASHINGTON POST.（Oct 1, 2006）. at: http://www.washingtonpost.com/wpdyn/content/article/2006/09/29/AR20060 92901334_pf.html.

26 W. Aaron Vandiver. Checking Ideas at the Border: Evaluating the Possible Renewal of Ideological Exclusion. 55 EMORY L.J. 751, 765（2006）.

27 陈学飞：《高等教育国际化——跨世纪的大趋势》[M]，福州：福建教育出版社，2001 年。

28 A 38 The Chronicle of Higher Education. Nov.10, 1995.

表 2-4　20 世纪 50 年代-80 年代赴美留学生统计（以洲为单位）

年份\地区		非洲	亚洲	欧洲	拉美	中东	北美	大洋洲	其它	共计
1954~1955	数量	1,234	10,175	5,205	8,446	4,079	4,714	337	133	34,323
	百分比	3.6%	29.6%	15.2%	24.6%	11.9%	13.7%	1.0%	0.4%	
1964~1965	数量	6,855	30,640	10,108	13,657	9,977	9,338	1,265	205	82,045
	百分比	8.4%	37.4%	12.3%	16.6%	12.2%	11.4%	1.5%	0.2%	
1974~1975	数量	18,400	58,460	13,740	26,270	23,910	8,630	2,650	2,520	154,580
	百分比	11.9%	37.8%	8.9%	17.0%	15.5%	5.6%	1.7%	1.6%	
1984~1985	数量	39,520	143,680	33,350	48,560	56,580	15,960	4,190	270	342,110
	百分比	11.6%	42.0%	9.7%	14.2%	16.5%	4.7%	1.2%	0.1%	

数据来源：Places of Origin of International Students. Open Doors Report on International Educational Exchange. http://www.iie.org/opendoors.

图 2-1　20 世纪 50 年代-80 年代赴美留学生统计（以洲为单位）

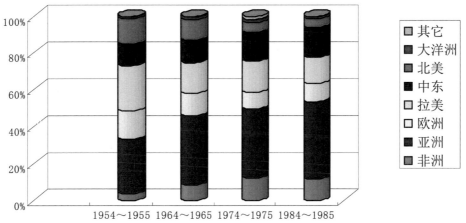

二战前赴美留学生主要来自欧洲和拉丁美洲。二战后，学生流动开始多样化。1954-1955 年，赴美留学的外国学生主群体仍然是欧洲、北美和拉美地区，占到全部留学生的半数以上。20 世纪 60 年代，这种长期的"圈内流动"的态势被打破，学生的流动开始了从第三世界国家向发达国家全球流动的趋势，美国更多地成为首选。60 年代中期，亚洲取代欧洲和拉美，成为美国留学生最大的来源地，印度、台湾和中国大陆开始成为留学美国的主要的来源

国家和地区；与此同时来自非洲的留学生也在增长，在全部留学生的比重由50 年代的 3.6%上升至 8.4%。

20 世纪 70 年代到 80 年代是美国留学生教育的振兴期。70 年代，亚洲、非洲、拉丁美洲和中东的赴美留学生数量占据前列。相比较而言，非洲和中东地区增幅最大，分别从 1964/65 年度的 6,855 人和 9,977 人飙升至 1974/75 年度的 18,400 和 23,910 人。80 年代中期，来自东亚和南亚的留学生数量激增，占据了赴美留学生总人数的一半；来自中东地区石油输出国组织成员国的留学生继续保持增长态势，所占比重日益扩大；而欧洲赴美留学生数量却一直下滑，从五十年代的 15.2%下降至 9.7%。

九十年代起，亚洲的生源一直稳居各地区的第一位，以印度、中国和韩国留学人数为最。但是，随着苏联的解体，美国一国独大。赴美留学的国家几乎遍布世界各地，生源结构有了很大变化：

首先，随着东欧剧变，苏联解体，原属苏联阵营的东欧诸国及前苏联诸共和国成为赴美留学生的新来源，而且规模不断壮大。1994/95 年度，俄罗斯向美国派出 4,832 名留学生，是前一年的 3 倍多；哈萨克斯坦向美国派出 267 名留学生，而前一年仅为 40 人；乌克兰派出 792 人，前一年为 313 人。[29]

再者，非洲和中东的赴美留学生人数锐降。80 年代后期，受美国开始减少对留学生的资助，美国高等教育机构普遍开始寻求自费留学生，同时由于非洲高校内部自身的因素，双方的作用使得非洲大学和美国高校间建立起来的几十年的联系逐渐中断，导致赴美的非洲留学生锐降。中东地区的伊朗和沙特保持了美国中东地区留学生的主要来源国地位，但是数量大为减少；而与之形成对比的是，埃及学生开始涌入美国。这些赴美的埃及留学生多半是自费或在埃及政府的资助下赴美从事博士后的研究工作，到 1995 年，埃及在美留学生人数升至 1,577 人。

第三，欧洲传统的赴美留学国家的学生更多在欧洲各国流动，赴美比重下降。究其原因当然首先是欧洲的高等教育二战后在英、法、德等欧洲强国有了很大发展，实力大增；更为重要的是欧洲一体化进程、"博洛尼亚进程"（Bologna Process）和"伊拉斯莫"（ERASMUS）大学交流项目的有效开展加速了欧盟各国学生在欧盟内部的流动，直接冲击了欧洲学生赴美的愿望。

---

29 夏亚峰：《美国的留学生教育现状及其比较研究》[J]，比较教育研究，1997（4），
　　第 39-44 页。

与冷战阶段赴美留学生教育的生源结构相比，该阶段赴美留学生教育呈现出来的吸纳世界各国学生，尤其是以亚洲国家为主体的特征没有发生太大变化。不同之处在于赴美留学生的生源地区分布更为广泛。来自非洲和中东地区学生的数量迅速减少，来自欧洲和大洋洲的学生数量增长缓慢，来自亚洲的学生依旧是赴美留学生数量增长的主力军。

三、学科结构：理、工、管科为主

从上世纪 50 年代至 80 年代中后期，赴美留学生在学科分布上呈现出如下特点（见图 2-1 和 2-2）：

（一）工学、自然科学／生命科学

工学、自然科学／生命科学这两个领域在 1954/55 年度共计接收赴美留学生占到所有学习科目的 32.7%（22.3%＋10.4%）；一直到 1982/83 年度这一比例仍然达到 31.1%（23.1%＋8.0%）。从统计数据上看，这两个学科的赴美留学生占到相当的比例，而且一直居高不下。

（二）应用性学科

随着时代的发展，一些应用性学科中留学生的比例迅速上升。比如数学和计算机科学以及商务管理科学。50 年代初期学习数学和计算机科学和商务管理科学的赴美留学生分别只有 1.3% 和 8.6%，到 80 年代中期，两者比重已分别上升到 7.6% 和 18.1%。

（三）农业、教育学

在农业、教育学领域，留学生人数在量上每年都有增加，但是，整体上所占比重呈现下降趋势。1952/53 年度分别有 3.5% 和 4.3% 的赴美留学生就学于农业和教育学领域，到 1982/83 年度两者比重分别减少至 2.5% 和 3.6%。

（四）人文、社科和保健

人文学科、社会科学和职业健康等学科的留学生在全部留学生中比重明显减弱。人文学科的留学生从 50 年代的 16.1% 减少到 80 年代的 3.6%；社会科学的留学生则从 14.7% 减少了一半，为 7.1%，职业健康学科的留学生从 9.3% 减少到 3.6%，降幅相当明显。

表 2-5　1954/55 年度、1982/83 年度赴美留学生主要学科分布

学科 年份	工学	人文	社会科学	物理和生命科学	职业健康	商务管理	教育	农业	数学和计算机科学	其它
1954～1955	22.3%	16.1%	14.7%	10.4%	9.3%	8.6%	4.3%	3.5%	1.3%	9.5%
1982～1983	23.1%	3.6%	7.1%	8.0%	3.6%	18.1%	3.6%	2.5%	7.6%	22.8%

数据来源：International Students by Field of Study. Open Doors Report on International Educational Exchange. Retrieved from http://www.iie.org/opendoors

图 2-2　1954/55 年度、1982/83 年度赴美留学生主要学科分布对照图

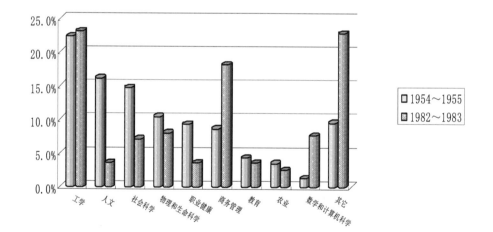

20 世纪 90 年代至今，赴美留学生在学科结构上基本延续前面的分布特点：

首先，赴美学习工学、数学和计算机科学、物理和生命科学、商务管理的留学生占据了留学生总数的大多数。2007/08 年度这些专业的留学生占到全部赴美留学生总数的 49.1%。

其次，学习社会科学和人文学科的留学生比重继续减少。赴美学习社会科学、人文学科的留学生比重从 1999-2000 年度的 11.3%减少到 2003-2004 年度的 9.7%，到 2007-2008 年度略有回升为 10.7%。

　　再次，赴美留学生学习教育学和农学的数量依然相对少，比重小。赴美留学生在教育学领域所占比重基本维持在 2.7% 左右，农学在 1.4% 左右。

　　很显然，工学、数学和计算机科学和物理科学以及生命科学这些实用性强、毕业前景看好的学科依旧是接纳外国学生的主力军。商务与管理备受赴美留学生的青睐的原因在于经济全球化态势下跨国公司的人才需求增加，而且，美国的经济领导地位、国际贸易中心地位吸引着留学生的目光。而农学、教育学、人文、社会科学等领域因学习周期长、经济收益和就业回报相对较低等因素则不能引起留学生的更多重视，见表 2-6。

表 2-6　1999-2008 年度美国高校学科中外国留学生分布

年份 ＼ 学科		工学	人文	社会科学	物理和生命科学	职业健康	商务管理
1999～2000	数　量	76,748	16,686	41,662	37,420	21,625	103,215
	百分比	14.90%	3.20%	8.10%	7.30%	4.10%	20.10%
2001～2002	数　量	88,181	18,367	44,667	41,417	24,037	114,885
	百分比	15.10%	3.20%	7.70%	7.10%	4.10%	19.70%
2003～2004	数　量	95,183	16,593	54,083	44,605	25,693	109,187
	百分比	16.60%	0.30%	9.40%	7.80%	4.50%	19.10%
2005～2006	数　量	88,460	16,480	46,132	50,168	27,124	100,881
	百分比	15.70%	2.90%	8.20%	8.90%	4.80%	17.90%
2007～2008	数　量	96,133	17,460	49,375	52,867	29,163	110,906
	百分比	15.40%	2.80%	7.90%	8.50%	4.70%	17.80%

年份 ＼ 学科		教育	农业	艺术与设计	英语强化	数学和计算机科学	其它
1999～2000	数　量	12,885	7,729	32,479	21,015	57,266	86,157
	百分比	2.50%	1.50%	6.30%	4.20%	11.10%	16.70%
2001～2002	数　量	15,709	7,950	33,978	21,237	76,736	96,652
	百分比	2.70%	1.40%	5.80%	3.60%	13.10%	16.50%
2003～2004	数　量	15,888	7,276	31,817	14,971	67,736	104,474
	百分比	2.80%	1.30%	5.60%	2.60%	11.80%	18.20%
2005～2006	数　量	16,546	7,883	29,509	17,239	45,518	117,448
	百分比	2.90%	1.40%	5.20%	3.10%	8.10%	20.90%

2007～2008	数　量	17,775	8,945	31,727	25,856	46,313	138,313
	百分比	2.80%	1.40%	5.10%	4.10%	7.40%	22.10%

数据来源：International Students by Field of Study. Open Doors Report on International Educational Exchange. Retrieved from http://www.iie.org/opendoors

图 2-3　美国高校学科中外国留学生分布图

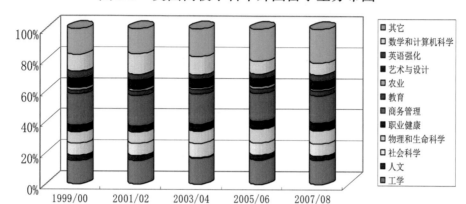

四、学位层次结构：高级学位者数量快速增长

按赴美留学生攻读学位的层次划分，赴美留学生在 20 世纪 50-60 年代以攻读初级学位者居多。比如 1954/55 年度，赴美留学生的 61.2%攻读初级学位，攻读高级学位者只占 35.8%；到 1981/82 年度，二者比重分别为 65.4%和 34.6%。但是攻读高级学位的留学生日趋增多，到 1987/88 年度，在 356,190 名赴美留学生中，攻读研究生学位的就有 156,190 人，占 48.9%；攻读学士学位的有 137,280 人，占 38.5%[30]。

20 世纪 90 年代以来，赴美留学生在学位层次结构维持了 80 年代末的态势（见图 2-4），具体如下：

1. 研究生层次比例较高，在 1994/95 年度为 48.9%，1998/99 年度为 48.1%；其次是本科生，大体维持在 44%左右。

2. 2005/06 年度研究生和本科学历层次的留学生比例接近 88%，但比重略有下降。同研究生 1.5%和本科生 2.8%的年均增长率相比，在美学习语言、参与实践培训等非学历教育的留学生数量平稳增长，到 2006

---

30 注：1988 年美国教育协会的门户报告数据统计口径与以往存在差异，将攻读准学士和学士学位的留学生数合并。

年，非学历教育平稳升到了 12.2%，比 1996 年增长了 1.5 个百分点。

图 2-4　1994/95-2005/06 年度赴美留学生学历层次分布情况

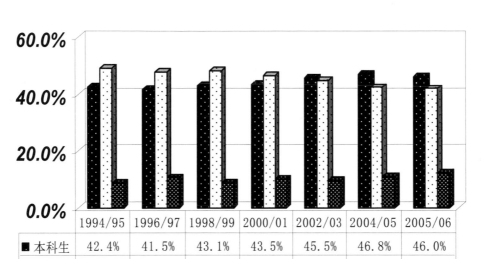

	1994/95	1996/97	1998/99	2000/01	2002/03	2004/05	2005/06
■ 本科生	42.4%	41.5%	43.1%	43.5%	45.5%	46.8%	46.0%
□ 研究生	48.9%	47.8%	48.1%	46.4%	44.7%	42.3%	41.8%
■ 其它	8.7%	10.7%	8.8%	10.1%	9.8%	10.9%	12.2%

数据来源：International Students by Academic Level. Open Doors Report on International Educational Exchange. Retrieved from http://www.iie.org/opendoors

　　培养高学历层次的留学生显示的是美国的经济实力和科技水平为表征的教育的先进。留学生在美国学习到的不只是科技知识和管理技能，同时，更多的是耳濡目染的美国文化价值观和美国意识形态的行为训练。因此，可以讲，发展外国留学生教育是在为自己培养他国的"我们的人"，是一种外交与文化战略思维下的无形资产。在美国招收外国留学生的百年发展历程中，联邦政府实现的不仅是经济利益，同时也为跨国公司生产了无数的精英人才和为世界各国培养了诸多美国意识的领导者，从美国同世界各国的政治关系、外交战略和美国远大的帝国主义战略来看，意义非同一般。

第三章　美国联邦政府对留学生监管的制度形成

第一节　"9·11"之后——美国联邦政府对留学生教育监管的产生

一、背景：恐怖袭击与爱国主义

长期以来，人们对爱国主义的行为有某种约定俗成的认识，尽管不同的国度可能有所不同。较为普遍的共同接受的行为包括，正确展示国旗、国徽，歌唱爱国主义歌曲，阅读爱国主义出版物，悼念国家英雄等等。"9·11"之后美国人民的爱国主义高涨，主要表现为两方面：行为上，对象征国家的标志的热爱；态度上，对与维护国家安全的政治襄有热情。据报道，"9·11"之后的一段时间里美国人对布什总统的支持率达到前所未有的高度，对其他政治机构的信心程度也大为提升，甚至对地方性或社区性的政治活动都变得更为积极。

（一）对象征国家的标志的热爱

在"9·11"恐怖袭击发生后，一幅消防队员在双子塔废墟上奋力升起一面美国国旗的图片，迅速地成为"9·11"后的标志性图像。这幅画面传递给人们一种坚强的信息：恐怖主义袭击之后，美国人民并没有被击垮，星条旗依然"飘扬在这片自由的国度，勇士的家乡"。这面灾难中的飘扬的美国国旗给美国人民带来了勇气和希望，也成为凝聚人心的一种强大精神力量。

美国人自发地以各种方式展示国旗。结果造成国旗的大范围脱销。据统计，9月11至13日，沃尔玛总计售出国旗45万面。而在2000年的同一时期，销售量只有2,000面。[1]而在恐怖袭击的重要目的地纽约，位于该市宾汉姆顿（Binghamton）的传统国旗和供应公司（Heritage Flag & Supply），仅9月13日的国旗销售量就增长了400%。[2]由于对国旗的需求量猛增，美国国内生产商根本无法满足市场需求的情况下美国不得不创纪录地从国外进口了5,170万面国旗。国旗不能满足美国国人的爱国热情的需要的时候，在全国各地，所有带有红白蓝颜色的东西的销售量都大幅上升。除此之外，国旗或其他类似图片被人们制作成电脑的屏保、纪念品、文化衫而广为销售；被人们粉刷在房屋的墙壁上、草坪上，染在他们的头发上、脸上、汽车上乃至宠物身上……一时间，美国弥漫在国旗颜色的流动中，美国人用这种方式表达着着他们高涨的爱国主义精神和空前的团结。[3]

美国人在"9·11"后对国旗展示的热潮也为各种民意调查报告的数据所证实。皮尤研究中心于2001年9月15日出版的一份调查报告说，"在袭击后的两天中，有近1/3（32%）的美国成年人在他他们的家门外挂起了国旗；具体数字大约是6,000万人。"[4]而一个星期之后（9月22-26日）在新泽西州进行的一项调查也显示，在895名受访者中，有80%的说在汽车或家里挂着美国国旗；61%的曾与其他人一起唱过爱国主义的歌曲。[5]

（二）对国家政治开始葆有热情

"9·11"事件后，美国人民对政治的态度变得比之前远为积极。有人认为，之所以美国人在"9·11"之前的相当长一段时间内相对更少地参与政治，对政治的态度变得不积极，很大原因是因为美国人在相当长一段时间内都丧

1　CNN.com., "Sales spike for red, white and blue," September 14, 2001, http://www.cnn. com/2001/US/09/14/flag.sales/. Deskflag.com.

2　CNN.com., "Sales spike for red, white and blue," September 14, 2001, http://www.cnn. com/2001/US/09/14/flag.sales/. Deskflag.com.

3　《"9·11"让美国去年进口5170面国旗，一半中国造》，新浪网，http://61.144.25. 114/news/international/gjkd/200209090915.htm.

4　Lee Rainie, "How Americans Used the Internet after the Terror Attack," http://www. pewinternet.org/reports.asp.

5　Cliff Zukin and Monika McDermott, "New Jersey Reacts to September 11, 2001: Patriotism & Prayer; Anger & Attack, " The Star Ledger/Eagleton-Rutgers Poll, http://slerp.rutgers.edu/releases/133_1.htm.

失了危机感，尤其是冷战的结束加剧了这一状况。但"9·11"改变了这一趋势，因为它是目前这一代人所面临的全新危机。例如，弗吉尼亚州参议员约翰·沃勒尔（John Warner）说这是"我们的第二个珍珠港"，内布拉斯加州的参议员哈格尔（Hagel）则说袭击是"这一代人的珍珠港"。[6]而普特纳姆（Robert D. Putnam）也改变了其观念，认为美国人民几乎是立即改变了他们对政治的态度：重新发现了朋友、邻居、公共机构以及我们共享的命运。[7]"9·11"后美国人更加积极的政治态度主要体现在国家自豪感上升，对总统与国家机构的支持率上升，以及更关心社区团体等方面。

根据美国芝加哥大学 NORC 民意研究中心专门设立的国家悲剧研究项目（National Tragedy Study，NTS）调查，"9·11"事件后美国人在几乎所有的国家自豪感的指标上都有了大幅上升。近一半（49%）的受访者认为，"如果其他国家的人更像美国人，世界将会更好"，比之前增加了 11.1%。反对"美国的某些方面使他感到惭愧"的观点的受访者从之前的 18.4%上升到 40%，上升了近 22 个百分点。甚至赞同"哪怕国家是错误的也应当支持国家"的人数也略有增加，从 30.9%上升到了 32.7%。[8]

除国家自豪感上升之外，美国人对具体的政治组织，尤其是对他们的总统的态度有了非常积极的变化。众所周知，小布什总统尽管在 2001 年的竞选中胜出，但他的选票事实上还要比阿尔·戈尔少，小布什的胜选优势非常微弱，明显的标志就是支持率很低。但到了 2001 年 9 月 14 日，他的支持率飙升至 86%，7 天之后，他的支持率达到 90%，创下美国有记录以来总统支持率的最高点。而"9·11"之后的第一次总统人选，即 2004 年总统大选中，美国人的投票率也有了大幅上升，达到了二战结束以来的次高点。据统计，2000 年，全美有投票权的人数为 205,815,000 人，登记投票的人数为 156,421,311，实际投票人数为 105,586,274，投票率达到了 51.3%的高点；4 年后，这些数据更增加至 221,256,931，174,800,000，122,294,978 和 55.3%。[9]

6　*Honolulu Advertiser*, September 12, 2001, p. A-1.

7　Robert D. Putnam, "Bowling Together," The American Prospect, online edition，Vol. 13, Iss. 3（Feb 11, 2002），http://www.prospect.org/web/printfriendly-view.ww?id= 6114.

8　Smith, Rasinski, and Toce, "America Rebounds," p. 1.

9　"National Voter Turnout in Federal Elections: 1960-2004," http://www.infoplease.com/ ipa/A0781453.html.

不仅如此，美国人也并未因为恐怖袭击的发生，就对国家的发展状态表示特别的不满。恰好相反，美国人在发生恐怖袭击之后对国家的满意度反而有了上升。根据盖洛普公司的数据，在 2001 年 9 月 7 日至 10 日期间，表示满意的受访者为 43%，不满意的受访者为 55%。但到一个月之后，即 2001 年 10 月 11 日至 14 日，表示满意的受访者达到了 67%，不满意的下降到了 29%；到 2001 年 12 月，表示满意的受访者比例更是上升到了 70%，而不满意的进一步下降到 28%。[10]

在"9·11"事件发生后，美国人对所有的国家公共机构的信心度都大大上升。仍然引用前述的两次 NTS 调查的数据作为证据。在第一次 NTS 调查中，几乎所有国家公共机构的信心度都有大幅上升。其中增幅最大的是军队，相当有自信的受访者比例达 77%，比"9·11"事件前增加了 27%。居第二位的是联邦政府行政机构，为 52%，上升了 38%。国会（43%，上升了 31%，也几乎上升了 3 倍）。几乎所有公共机构的信心指数都是近 30 年来最高的。对行政机构和国会的信心都比 1973 年高点要高出将近一倍，当时的信心分别为 29%和 23%。[11]在从 2001 年 10 月中旬到 11 月中旬进行的全国性调查中，普特纳姆发现，美国人的政治意识和参与度有了明显提高，而且这些数字可能高于"9·11"之前 30 年内的所有数字。

二、手段："异己"留学生的身份构建

2001 年 9 月 11 日的恐怖主义袭击"对美国来说，这是自 1812 年战争以来国家领土第一次遭到攻击或威胁"。[12]这场袭击的影响不仅被该袭击的极端恐怖、残酷性以及袭击的象征性光彩所放大，而且也因其击碎了美国长期持有的美国远离世界恐惧的高度安全感而被放大。[13]而美国联邦政府恰好以此为引子，在识别出可予以还击的敌人，团结美国人民，使其支持政府的各

---

10 Gallup Poll, "General Mood of the Country, " Feb 14, 2005, http://poll.gallup.com/content/default.aspx?ci=1669&pg=1.

11 Smith, Tom W.; Rasinski, Kenneth A; and Toce, Marianna, "America Rebounds: A National Study of Public Response to the September 11th Terrorist Attacks, "NORC Report, Chicago, IL, October, 2001. http://www.norc.uchicago.edu/projects/reaction/pubresp.pdf, p.5.

12 Noam Chomsky, 9-11（New York: Seven Stories Press, 2002），pp.11-12.

13 巴里·布赞：《美国例外论、单极和"9·11"——理解唯一超级大国的行为》，刘永涛译，《国际问题论坛》，2004 年春季号（总第 38 期），第 40 页。

项政策的同时，利用国民的爱国热情，实现其政府权力的最大化，为其帝国主义全球化的实现而谋划。而且，根据美国一贯的作风，凡有危机处，必先问教育。美国高等教育因为袭击者中的留学生的出现而恰好又给了美国政府施展权力干预、控制高等教育的机会。而其行为的实施也正是以爱国主义为依托，采用的"忤逆为贼"，"不顺即忘"的强权进行了隐性的"中央集权"。在布什政府的大战略谋划中，对美国高等教育的"局部占领"或许是其最大收获中的一项。布什政府借用的就是对"敌人"建构的隐喻。

（一）美国政府对"敌人"构建的隐喻

布什政府通过对爱国主义和国家主义的操作，一方面将恐怖主义符号化、恐怖分子非人化，彰显其"邪恶"，另一方面则藉此反观鉴照美国自身的"善"。从而在美国国民中构建起与美国对立的、势不两立的"它"的符号。在布什总统的多次演讲中，可以看出其对于美国国土安全的"敌人"的构建中这种隐喻的存在。"敌人"不断由具体而抽象，由实体而符号，由恐怖而邪恶，由分子而"暴政"。其"敌人"隐喻的构建过程显示了美国政府防御国土安全理念后面的美国权力的世界宣誓——"敌人"的符号化、系谱化；政府权力的扩大以及美国的"善"。

将敌人逐步符号化的过程是在对恐怖分子的多人——基地——多个国家隐藏——渗透在开放社会中的一种系谱化的认知过程中得以完成的。2001年9月20日的国情咨文做了如是描述："恐怖头子命令下属屠杀基督徒和犹太人，干掉所有的美国人，不分军民，亦无论妇孺。这个组织和它的头目本·拉登和多个国家的多个组织关系密切……在全世界的多个国家藏匿了数千的恐怖分子。他们从阿富汗的训练营，在那里接受恐怖训练。这些人要么回国，要么进入世界各地，图谋作恶和破坏。基地的头目在阿富汗影响巨大，支持塔利班政权，控制了大半领土……"[14]通过美国政府的国情咨文，恐怖主义分子不再只是分子那么简单，也不再如同黑手党那样具体，而是具有相对于想象的更大的、更为抽象的、符号化的组织。

将符号化恐怖主义加以散播引发共鸣与达到政府目的的话语是在在2002年9月17日发表的《美国国家安全战略报告》中：这些敌人"渗透在开放社

---

14 林国荣，赵晓力：《布什总统的修辞和意图——对布什"9·11"事件重要演讲的评注》，《战略与管理》，2001年第5期，第103页。

会中……并使用现代技术的力量来反对我们"。非常显著地，这是全新的敌人，他们有获得最危险的武器的潜力，由全球渴望和激进的改变世界的理想所驱动。"这些敌人不能通过谈判或让步或呼吁理性来阻止。在这场战争中，只有一种选择，那就是胜利。"[15]再一次："我们面临着一种全新的敌人……这个敌人藏在山洞中，在暗处实施阴谋……。先于这一敌人一步，打断他们的计划，是我们的情报机构前所未有的挑战……我们的敌人一直在研究我们的防务并相应地调整其战术实力。"[16]

这样，在美国国民的爱国主义热情还没有退去的时候，美国政府已经将"敌人"符号化的过程完成，并且指出就在美国每个国民中间，美国处在危险中。所以，我们有必要防备敌人的侵袭，同时，警戒身边的恐怖。这就为留学生作为"潜伏的敌人"打下了坚实的基础。

而布什总统进入第二任期后，美国的敌人符号化的扩大才算真正完成。在布什的第二次就职演说中，敌人已经演变成为最广泛意义上的暴政："所有生活在暴政和绝望下的人都会知道：美国不会无视你们所受到的压迫，不会饶恕你们的压迫者。当你们支持自由时，美国将和你们站在一起"；"自由国家之间的不和是自由之敌的首要目标。自由国家共同努力推动民主是我们的敌人走向失败的前奏。"[17]正如《纽约时报》在布什的"自由演说"后刊登的一篇社论所说："布什已经看到了敌人，它不属于我们。它也不只是一个国家团体（邪恶轴心）。也并非采用恐怖主义手段的主要敌人。总统在这一演说中有六次谈到了敌人，而且不像尼克松用'对手，那样来强调它。自由的主要敌人，一如既往地，是暴政。"[18]正如 2006 年《美国国家安全战略报告》所说，"暴政是野蛮、贫困、动荡、腐败以及灾难的集合体，在专制者和专制制度的统治下形成。……所有专制统治威胁着在世界范围内推广自由，

---

15 George W. Bush, "President Discusses War on Terror at Naval Academy Commencement," Office of the Press Secretary, May 27, 2005, http://www.whitehouse.gov/news/releases/2005/05/20050527.html.

16 George W, Bush, "President Discusses War on Terror at FBI Academy," Office of the Press Secretary, July 11, 2005, http://www.whitehouse.gov/news/releases/2005/07/20050711-1.html.

17 George W. Bush, "President Sworn-In to Second Term, " January 20, 2005, Office of the Press Secretary, http://www.whitehouse.gov/news/releases/2005/01/20050120-1.html. 译文参考《布什第二任期就职演说全文》，《参考资料》，2005 年 1 月 24 日，第 3 页。

18 William Safire, "Bush's 'Freedom Speech'," New York Times, January 21, 2005, p. A23.

一些专制政权寻求发展大规模杀伤性武器或者支持恐怖主义，也威胁着我们的切身安全利益。"[19]

随着美国对敌人的构建日益深入，美国的敌人变得日益符号化：从一个实施袭击的实际存在的组织，到暗杀许多无辜者的谋杀者，再到那些站在最抽象的"自由"对立面的或"憎恨"自由的人。美国的敌人开始了一个演化过程，形成了一个连续的谱系，从实在的、可见的留着大胡子、斜挎着冲锋枪的恐怖主义分子，到熟练地利用全球通讯技术和寻求核武器的恐怖主义网络，直到最后的极具威胁的暴政。

因此，从外国来的留学生，特别是来自"邪恶轴心"这些国家的学生可能都是不怀好意，都必须加以警惕。针对留学生的任何安全措施都是必须的，因为敌人就在身边！

就"9·11"事件本身来看，自然是一起恐怖主义袭击，美国最直接的敌人是恐怖主义分子。但是，美国政府对恐怖主义分子的属性并没有做出具体的表述："现在所收集到的证据都指向了一个叫作基地的松散的恐怖主义组织，他们在坦桑尼亚、肯尼亚袭击过我国使馆，科尔号潜艇也可能是他们袭击的。黑手党只是犯罪，基地则是恐怖。它的目标不是钱，而是在于重塑世界，并将其极端的信仰强加于全世界的人民。"[20]这是布什总统在 2001 年 9 月 20 日的国情咨文中对于恐怖主义组织的界定，但是，作为一国总统却用了一个"可能"来确定并增强"敌人"的罪恶，通过将恐怖主义组织与黑手党相对比，使得美国国民对于恐怖主义一下子变得非常实在、相当具体，而且从一个本身并非如同国家那样有形的对手，上升为对美国而言有着完全相背目标的非常实在的敌人。这个敌人可能伤害了我们。这迎合了布什总统在 2001 年 9 月 11 日晚上 8 点 30 分发表的自"9·11"袭击发生后的第三次演说所谈到的如何处理恐怖主义的问题。尽管他也谈到了如何处理恐怖主义的问题，但显然他的目的是讨论一场更大的、含糊的、可能是长期的反恐战争，而不只是有针对性的报复行动。[21]而正是总统的这些正式的演讲中的"可能"与"含糊"印证了尼布尔当时所识别的"9·11"后美国的爱国主

19　The National Security Strategy of the United States of America, March 2006, p.3.

20　The National Security Strategy of the United States of America, March 2006, p.3.

21　Dan Balz and Bob Woodward, "America's Chaotic Road to War: Bush's Global Strategy Began to Take Shape in First Frantic Hours After Attack, " The Washington Post, Jan 27, 2002, p. A1.

义及其民族主义化便呈现出的三个层次——官方的虚伪、文化人的欺骗和大众的激情。[22]美国国民的爱国主义成了美国政府实施权力的假借。

（二）留学生——"可能潜伏的敌人"

"9·11"之后的美国，留学生的犯罪化一般来说是同恐怖主义联系在一起的。在这个过程中媒体起到了推波助澜的作用，因为留学生已经被更多地渲染为"9·11"攻击的罪犯的代名词。但是，具有讽刺意味的是，"9·11"恐怖袭击分子中只有一个是持有学生签证进入美国的。甚至一些事件根本同恐怖主义没有任何联系，但首先会同留学生联系在一起。恰当的例子是2007年春弗吉尼亚理下大学一位烦恼的留学生的暴怒。在秋素惠（Cho Seuyn-hui）被确认自从小学起就已经是美国永久居民之前，现场电视新闻媒体就已经将其同留学生相联系了（CNN，2007.4）。从这件事就可以看出谨小慎微的公众很容易受到媒体的影响。类似弗吉尼亚理丁大学这样的悲剧，尽管跟留学生没有任何的关系，但是还是逃脱不了公众时刻对他们的监督和其他类似恐怖主义分子监管的策略。

现在的事实是 SEVIS 目前已经置于联邦移民与海关强制执法局（Immigration and Customs Enforcement，ICE）的掌控之下，ICE 作为国土安全部（Department of Homeland Security，DHS）的一个执行机构明确地表明了一个在美国政府内部的意识形态上和权力结构上的重要转变。不论是移民还是非移民，凡是外外来者都已经被置于法律行为的范围之内，这容易让人回忆起在美国历史上的某些时期，当有人企图危害国家安全时的情况。土著的美国人和日裔美国人会进入脑海。现在那些人都已经从潜在的危险名单中删除了：能同犯罪相联系的一些人现在有了一个普遍的特征：他们是留学生。

对留学生定罪是有根据的同社会安全列举事实一样相联系。在 2004 年"社会安全号码保护法案"的架构下的法规变化中外国学生明确的身份定位看起来显示两样东西：外国学生要对 SSN 列举的欺诈行为负责的观念和美国政府的集中关注限制他们每日的活动，尽可能如同一些非移民一样：留学生是主体部分。再者，权力话语是有证据的在控制，或者至少是限制在美国社

---

22 [美]莱茵霍尔德·尼布尔：《道德的人与不道德的社会》[M]，蒋庆等译，贵阳：贵州人民出版社，1998年，第76-77页。

会的常规阶层的移动，通过消除留学生中大部分的群体的 SSN 申请。不但遭受伤害而且备受侮辱会是一种事实，如果没有一个 SSN 将会使留学生群体在自我寻找工作中更为容易受到攻击，因为他们不断被迫为生活中的住宿、公共设施的使用和其他项目比如手机等支付更高的费用。按照监察主任办公室（Office of the Inspector General，OIG）的话，立法提供了对于社会安全号码的批判性保护，这种保护导致了"2004 年智力改革和预防恐怖主义法案"（Intelligence Reform and Terrorism Prevention Act of 2004）。将所有这些所作所为放到一句话对于从美国政府的角度将留学生看作潜在的恐怖主义者就不能再有什么怀疑了。

在美国以前犯罪的群体的环境同 SEVIS 监控下的留学生和访问学者是完全不同的，但是，恐惧产生的力量是相同的。在当前的美国政治环境中恐惧的权力话语可能是正在不断升级的，像留学生、访问学者、研究者都有可能被拒于美国国门之外，而原因可能只是因为他们的民族身份或者政治信仰。当来自 150 多个国家的留学生被要求在 NSEERS 中进行特殊注册，目的是为了保证美国现在的安全状态，如果这样做的不是国土安全部或者是因为一场战争而不是恐怖主义的话，那看起来是有道理的；但是就是因为恐惧造成了这样的现实。那么恐惧的根源何在？是恐怖工作的留学生和访问学者。因此，如果留学生是恐怖主义首要的怀疑对象的话，SEVIS 应该缓和了美国政府和公众的恐惧心理。然而，仍然是具有讽刺意味的是，SEVIS 仅仅是监控在学术性机构中的国际非移民群体。同美国政府将怀疑的眼光投向留学生和访问学者，将他们看作潜在的恐怖主义者，当前却没有监控系统用来监控每年进入美国的成千上万的其他国际移民和旅游者。更为矛盾的是，与美国政府加强监管力度的同时又不吝欢迎留学生和访问学者赴美的言辞，坚称在美国可以获得最好的学术自由和可预期的高等教育经历，美国的虚伪可见一斑。

三、动因：美国联邦政府监管留学生的利益取向

潘懋元先生曾经提出教育外部关系规律："教育要受经济、政治、文化等的制约，并对社会的经济、政治、文化等的发展起作用"。[23]此规律为我们深刻理解留学生教育现象和其中的问题提供了理论基础。留学生教育政策作为高等教育的一部分，其本质必然要同经济、政治、文化等因素相协调一致，

---

23 王伟廉：《高等教育学》[M]，福州：福建教育出版社，2001 年，第 33 页。

服务于国家的利益需求。唯有洞悉这些关系，我们才能深刻理解并对留学生教育政策的制定和变化等方面做出合理的解释和说明。

（一）经济因素

美国联邦政府对留学生政策的制定最直接的驱动力就是看到了留学生教育带来的可观的经济利益。而且，留学生教育带来的经济利益并非只是表面现象中的留学生经济这么简单，留学生学习对美国经济的拉动虽然可观，但是，这似乎是美国大学的期望所在，美国联邦政府更看重的这些高素质的人力资源可能为本国带来更长远的经济利益，这是难以用任何经济指标来加以衡量的。

1994 年《服务贸易总协定》（General Agreement on Trade in Service, GATS）的签署，正式将教育纳入"服务贸易"的范畴，确立了高等教育国际化的国际服务贸易性质，并使之成为世界通行的 13 种服务贸易之一。[24]而在目前的高等教育国际市场中，留学消费是最主要的部分。

美国是招收留学生最多的国家，近十多年来每年的留学生都有五十万人左右，约占全球留学生总数的 1/3。20 世纪 90 年代起，美国联邦政府明白了留学生教育的"一本万利"的经济经。留学生的学杂费以及留学生在求学期间的生活消费构成了一笔很可观的收入。据资料显示，1993 年美国以研究生为主的留学生教育净收入约达 55 亿美元，约为中美贸易总额的 1/10；1994-1995 年度，美国高校从外国留学生中得到的学费收入达 70 亿美元，另有在美国开销的生活费约 35 亿美元。而到了 1999-2000 年度，在美留学生达到541，723 人，其中 67%的学生依靠个人和家庭资助完成学业，74.7%的学生的读书费用来自美国国外，总计为美国经济贡献了约 123 亿美元，留学生教育成为美国继军火、电子等行业之后的第五大从海外获取利益的产业。[25]2017-2018 学年，赴美留学生共有 1，094，792 人。[26]。2017 年，赴美留学生为美国经济的贡献高达 424 亿美元。[27]

---

24 任巧珍：《美国高等教育国际化的策略研究》[D]，广州：华南师范大学，2005 年。

25 Sharon Withell. Record total of 547,867 international students on U.S. campuses enrollment rise 6.4%, largest increase since 1980 [EB/OL]. http://www.opendoorsweb. org/Press/International_Studes_in_the_U.S.htm.

26 IIE.Open Doors 2018 Fast Facts[R/OL]. https://www.iie.org/Research-and-Insights/ Open-Doors/Fact-Sheets-and-Infographics/Fast-Facts.

27 IIE. Open Doors 2 018 [R /OL]. https://www.iie.org/Research-and-Insights/Open-Doors/Open-Doors-2018-Media-Information.

同时，近十年来赴美留学的学生中接受本科以及学历教育的人数超过90%，这样高层次的留学生，显然节省了大量的前期教育投入成本，其中相当一部分学生毕业后就充实进美国的科研机构和高等院校，为美国提供了宝贵的智力资源。[28]这被美国称为"引进留学生，深加工'半成品'"战略。美国通过实施"绿卡制"来吸引国外留学生定居美国，1995年在美中国留学生25万多人，其中近10万人滞留美国或加入美国籍。[29]而且美国高校每年从全世界招收数十万留学生赴美求学，其中3.5%的优秀本科生、8.5%的优秀硕士生、30%左右的优秀博士生留在美国为其科技、文化、教育部门服务。留在美国工作的留学生，有相当一部分人成为美国科技领域的顶尖级人物。[30]可以说，美国的著名大学、著名的科研机构和几乎所有的科技领域都活跃着大量外国人，他们为美国经济的发展发挥着不可替代的作用。

通常来说，一个国家的经济运行态势良好、经济实力较强的时候，该国或该地区的留学生教育就会呈现出良好势头。上世纪90年代美国能招徕众多的留学生，与其经济运行态势有着直接关系。正是在强大的经济利益驱动下，美国制定了一系列留学生接收相关政策，该政策对美国经济的发展又起到了良好的促进作用。

经济利益的驱动贯穿了赴美留学生从签证、日常消费、奖学金申请等各个环节：

签证政策上，美国强化了能够提供"经济担保"这一原则。申请者能够提供"经济担保"，就表示他们的资金足够支付在美留学期间的各项费用，而不需要通过勤工助学的途径来赚取。由于这是一笔很可观的收入，因此美国政府自然青睐那些自身经济条件好，不用对美国提出经济要求的学生。"9·11"事件发生之后，国家安全主义凸显，使得美国缩紧了签证政策，导致赴美留学生数急剧下降。但这并不表示经济利益失去了主导地位。近年来，美国又逐步放宽对签证的要求，赴美人数开始有所上升。

高额的学费政策，也体现了经济利益的驱动。自上世纪80年代美国遭遇

28　中国留学生缘何吸引国外奖学金。[EB/OL] http://abroad.163.com，人民日报海外版。

29　韩正忠：《不尽人才滚滚来——谈美国的人才机制》[J]，经营与管理，2001（2），第42-44页。

30　邓秀华：《高等教育国际化背景下的留学生教育研究》[D]，长沙：湖南大学，2003年。

经济滞胀期，积极招收国外留学生，收取全额学费开始，不管是公立的还是私立的高等院校，不论是两年制还是四年制院校，美国高等学校的学费不断攀升，资料显示，93/93-03/04 十年间，美国两年制公立院校学费（本州学生）从 1566 美元涨到 1905 美元，增长了 22%；四年制公立院校学费（本州学生）从 3188 美元涨到 4694 美元，增长了 47%；而四年制私立院校的学费从 13844 美元涨到 19710 美元，为 42%。[31]由于在学费征收上，美国对外国学生采取了一种"公平"的态度，公立院校留学生的学费与来自其他州的美国学生一样，私立院校留学生的学费和美国学生一样。学费的不断攀升，全自费学生数量的不断增多，使得美国由于留学生教育而带来的经济收入越来越丰厚。2006 年，外国学生给美国带来了 134 亿美元的收入。2008 年开始至今外国留学生每年给美国带去近 180 亿美元的收入。[32]

奖学金政策上更能体现美国的资本主义国家本质。利益至上的资本主义者不能提供免费的午餐。奖学金政策的实施原理如同抽水机在电机转动前必须先往抽水泵注入部分水以消除水泵内的"真空"状态。如果水泵内没有注入一定的水，抽水时的电机只能空转，结果是电机烧毁而不能抽水。而一旦注入了一定量的水，地下水便可以源源不断地被抽出。美国的奖学金正是这样的一个"水引子"。首先，奖学金虽然是由美国政府或者某些基金会、学校提供给留学生的一种经济资助，但这部分资助很大部分都在美国境内消费掉了，而且，消费的同时，留学生会补充更多。即便不能自我补充，通过服务美国社会而成为廉价的劳动力也可以变相地促进美国的经济发展。再者，奖学金并非人人皆得，只是一个招牌，一个"民主"的招牌。名目繁多的奖学金政策有助于美国吸引更多的留学生赴美学习。奖学金之外，群体效应之下，自费留学的学生便会蜂拥而至，给美国带来更大的经济回报。"9·11"之前，美国的留学生市场地位已经奠定，奖学金的发放便出现的紧缩的情况，商品的利润最大化的资本主义思维在正常运转。奖学金的"水引子"效应从外国留学生的费用首要来源的统计中可以一目了然（见表 3-1）。与奖学金政策一样，打工政策亦然。

因此，我们可以看出，经济利益的驱动是美国制定留学生接收政策的直接动因。

---

31 The college board. Trends in college Pricing 2003[EB/OL]. www.collegeboard.com.

32 外国留学生每年给美国带去近 180 亿美元的收入。http://www.taisha.org/abroad/usa/application/200912/20091201152938.html.

表 3-1　外国留学生费用首要来源 2008/09-2009/10

费用首要来源	2008/09 外国留学生	所占百分比%	2009/10 外国留学生	所占百分比%	百分比变化
个人和家庭	435,879	64.9	427,567	61.9	-1.9
所申请的大学、学院	152,457	22.7	166,369	24.1	9.1
国家或单位公派	24,850	3.7	31,451	4.6	26.6
美国政府	4,030	0.6	4,660	0.7	15.6
美国个人资助	7,388	1.1	6,685	1.0	-9.5
国外私人赞助	6,043	0.9	9,458	1.4	56.5
国际组织	1,343	0.2	1,730	0.3	28.8
打工	33,581	5.0	36,201	5.2	7.8
其它来源	6,045	0.9	6,802	0.8	12.5
总计	671,616	100.0	690,923	100.0	2.9

数据来源：International Students by Primary Source of Funding，2008/09-2009/10. Open Doors Report on International Educational Exchange. Retrieved from http://www.iie.org/opendoors.

图 3-1　2008-09 学年外国留学生费用首要来源

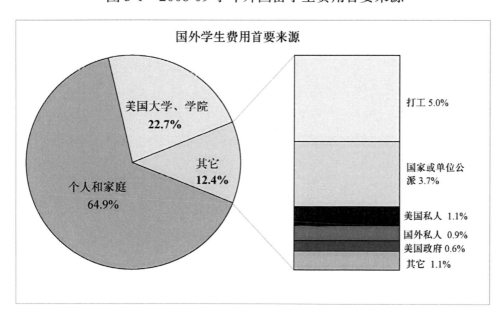

（二）政治因素

留学生教育本身就是外交行为，它不可能脱离于政治之外。于一国而言，教育具有维系国家和社会稳定，选拔人才，促进社会发展的功能。留学生教育则体现着国与国的关系，一国的国际利益需求。因为，一方面，教育可以为国家培养专门的政治人才，直接为巩固政治制度服务；[33]另一方面，教育具有知识的传播机制。按照福柯的知识-权力理论，知识的属性中即体现着统治者的政治观点、意识形态和法律规范，是权力的体现，受教育者在接受知识的同时，实现着对统治者的规训认同。

影响留学政策制定的政治因素主要涉及国际关系，所谓国际政治关系主要指国家与国家之间的外交关系。美国学者威廉·K·坎明斯（William K. Cummings）在"亚洲留学生为什么特别喜欢美国"一文中，就把政治上的密切关系作为第一个因素[34]，可见政治关系对留学生政策的影响有着举足轻重的作用。在政治上，留学接收政策主要受国家对外政策的影响，因此，从一定意义上还可以把它看成是国家对外政策的某种体现。当前，发展留学生教育的动力主要来自经济一体化进程和文化多元化还是价值普世的斗争，不管从哪方面讲，其中最主要的推动力量就是政治因素。

此外，美国人还认为招收留学生有利于国家的长远利益，他们认为许多留学生是来自该国最有能力的那部分人，他们学成后回国，很有可能处于重要领导或具有社会影响的位置上。因此，他们在美国留学时学到的知识以及在生活中受到的政治观点、价值观念等方面的影响，将会对美国的对外关系产生有利的作用。美国著名高等教育家阿特巴赫（Althach）曾经一针见血地指出，在所有发达国家，接受外国留学生都与该国基本的政治外交政策联系在一起。接受留学生最多的国家都是世界强国，它们都把接受外国留学生视为保持它们在第三世界之，影响的重要手段。[35]

再如，克林顿总统于 2000 年 4 月 19 日签署的"国际教育政策"备忘录中曾明确提到"美国的领导者地位也仰仗于那些在将来将引导其国家的政治、文化和经济发展的人物建立联系。……继续吸引并教育来自海外的领导

---

33 方展画：《高等教育学》[M]，杭州：浙江大学出版社，2000 年，第 50 页。

34 William K. Cummings. The preference of Asian overseas students for the United States: an examination of the context[J].Higher Education, 1985, 14（4）：403-409.

35 任巧珍：《美国高等教育国际化的策略研究》[D]，广州：华南师范大学，2005 年。

人。"36

可见，政治因素对美国留学生接收政策影响主要表现为国际间政治关系的影响，而且一定程度上表现为美国对外政策的某一方面，主要表现在签证政策和奖学金政策上。

90 年代初，随着苏联的解体，历时近半个世纪的美苏两大集团对峙的局面终于以美国的胜利、苏联的失败而告终。随着冷战的结束，苏联对美国的军事威胁不复存在；同时，经济全球化成为一种突显趋势，为世界各国所关注。因此，美国的外交政策的重心逐渐由军事向经济方向转移，经济与贸易在美国外交政策中日益占据重要的地位。由于苏联对美威胁不再，因此，上世纪 90 年代初，美国在签证和奖学金政策上向东欧国家和前苏联诸共和国倾斜，划拨专款用于支持这些国家的学生赴美留学。从 1990 年开始，这一比例开始逐渐上升，至 2001 年，来自东欧的留学生已占所有留学生的5.1%，人数也从 90 年代初的四千多人上升到 2002 年的三万人左右。37再如，99 年中美关系因为以美国为首的北约轰炸了中国驻南斯拉夫的大使馆而有所恶化，受此政治关系影响，仅 2000 年上半年中国留学生赴美签证被拒率高达 80%。

"9·11"事件爆发以后，反恐和加强国土安全成为此时美国政治上的主要目标，对外推行反恐外交，主要针对的是支持恐怖主义的国家和地区，体现在签证政策上，则是美国对来自这些国家的留学生另类相待，签证过程极为严格，拒签率高，导致这些国家（地区）赴美留学人数骤减；对内加强保障国土安全，强化对入境外国人的监督，体现在留学政策上，则是启动了 SEVIS监管系统，加强对留学生的监督和管理。

此外，移民政策从一定程度上说也体现了国家的对外关系。因此不同阶段移民法的颁布也使留学政策作了适当的调整。1965 年移民法所体现的开放性精神一直延续到八九十年代。九十年代新颁布的移民法在原有移民法的基础上扩大了非限额移民范畴，拓宽了技术类移民的范畴，以吸引更多的外来人才为美国服务。然而，此时期，美国也加大了打击非法移民的力度，非法移民问题在 90 年代更为严重。于是，顺应这一移民政策，留学接收政策体现

36 任巧珍：《美国高等教育国际化的策略研究》[D]，广州：华南师范大学，2005 年。
37 IES. Digest of Education Statistics 2005[DB/OL].U.S. Department of Education, 2006-030.table408.

为签证审核上，要求申请者能够提供充分的证据说服签证官学成后会离开美国，而不会非法长期滞留。到了"9·11"事件爆发后，移民政策有了新的变化，国家安全成为重中之重，《加强边境安全与签证登记改革法案》的颁布，从法律上明确了国土安全的重要性，以及加强对境内外国人的追踪监管。这在对外国留学生身上体现的就是 2002 年 SEVIS 系统的应用。

（三）文化因素

随着全球一体化趋势的加剧，和平与发展的共同愿景要求各国之间增进相互理解，文化交流是这种相互理解的重要基础。高等教育国际化便具有这种文化交流的功能，留学教育作为高等教育国际化最重要的形式，也具有这种功能。可以说，留学教育是不同文化与意识形态相互融合的过程，留学生通过对各种文化的了解和比较，可以更深更好地认识自己的传统和文化，并获得开阔的眼界。

文化渗透历来都是美国文化外交政策的一方面，美国政府把留学生教育看成一种文化输出的重要手段。它以领先全球的科学技术、强大的政治优势和经济地位，吸引着大批量留学生。留学生在学习先进科学技术的同时，其自身也会受到美国的意识形态、价值观念、思维和生活方式的影响。回国后，他们无形中就会把这种异国文化的影响更广泛地传播开去，从而在某种程度上造成潜在的文化殖民。

因此，美国一向都认为留学生是建立和发展国际友谊的使者，是传播和交流科技成果的重要力量，是增进美国与其它国家了解与相互信任的重要桥梁。通过招收留学生，让他们在美国的学习生活中亲身经历美国的文化，包括政治、哲学、道德等方面的观念，从而形成一定的认识。正如移民局代理副局长麦克·贝卡瑞夫特所说的，"传授民主没有比让学生们亲身经历更好的方法了"。[38]

第二节　联邦政府对留学生监管的制度性政策

就"9·11"后民族主义化的美国爱国主义而言，其与美国历史上的民族主义化的爱国主义的一个重大区别在于：布什总统充分利用了美国民间和官

---

38 姬虹：《"9·11"事件与美国移民政策》[J]，国际论坛，2002 年 4 月（5），第 56-62 页。

方对于外部威胁的认知的高度一致，极力开发民族主义化的美国爱国主义的潜力，以"团结在国旗周围"、共同抵御外部"敌人"为名，强化了自己和行政部门的权势，建立了一系列的新机构，从而使民族主义化的爱国主义得以系统的制度化。这些制度化努力所导致的后果，不仅是将对特定政府的支持置于对作为一种伟大事业的祖国的忠诚之上，而且还造成了政府利用"国家安全"、"爱国主义"等话语来欺骗它的公民，来剥夺它的公民的自由。也就是说，与美西战争、第一次世界大战、越南战争等几个历史时期不同，布什政府在"9·11"后以国家面临外部威胁为由，强调防范国内的"外部敌人的内应"的重要性，通过建立国土安全部等措施使民族主义化的美国爱国主义不仅迅速占据主导地位，而且实现了制度化，其目的在于确保这些对公民自由有极大妨碍、原本主要是应对危机的措施能够永久化，并与布什政府推行的对外政策相互呼应。

奥巴马政府时期，美国经济虽然从经济危机中缓慢复苏，但经济增长动力不足，贸易赤字日趋加大，产业空心化，工人失业问题愈演愈重，尤其近些年，美国在全球化中的优势日益降低。[39]2017年1月20日，美国共和党总统候选人唐纳德·特朗普（Donald J.Trump）成功当选美国第45任总统，标志着"特朗普时代"的到来。特朗普从竞选到上任一直高喊着"美国优先"（America First）的口号，声称要"让美国再次伟大"（Make America Great Again）。为刺激经济增长、创造工作机会和加强中低收入群体利益，特朗普采取"美国优先"原则，于2017年4月发布"购买美国货，雇用美国人"行政命令（Presidential Executive Order on Buy Americanand Hire American）[40]，引发了反全球化和贸易保护主义的浪潮和趋势。作为"美国优先"的应对，反全球化成为特朗普政府的政策指向。特朗普在竞选演讲中就提到要把"打击非法移民"作为美国移民政策优先考虑的内容。2017年2月28日，在当选总统后的首次国会演讲中，特朗普再次重申加强移民管理，并于2017年8月2日宣布支持由两名共和党议员提出的《改革美国移民制度强化就业草案》（Reforming American Immigration for Strong Employment Act，RAISE）。这份

---

39 Wanning Wang. A Tentative Analysis of the Deglobalization Trend--Taking USA as an Example[J]. Atlantis Press, 2018: 431-433.

40 The White House. Presidential Executive Order on Buy American and Hire American[EB/OL].（2017-04-18）. https://www.whitehouse.gov/presidential-actions/presidential-executive-order-buy-american-hire-american/.

草案以减少移民数量和取消绿卡抽签制为主要内容，被特朗普称为"美国半世纪以来最大的移民改革"[41]。2017 年 12 月 18 日，特朗普政府公布了任内首份美国国家安全战略报告，其中再次强调"美国优先"的核心信念，并提出"加强边界管制和移民政策"、"在研究、技术、发明和创新方面领先"、"吸引和留住发明家和创新者"、"收紧签证程序"等一系列具体政策导向与措施。[42]移民政策已经成为特朗普政府进行社会改革的重要内容，而这也直接影响到美国国际高等教育的发展。

一、美国联邦政府对留学生监管的制度化过程

"9·11"事件后，美国政府各部门都在自身的职权范围内做出了相当大的努力来团结国民，打击外部敌人，从而形成了一种美国的总体性的对民族主义化的爱国主义的制度化努力。

作为立法机构，美国国会在"9·11"后近乎实现了团结一致，为美国官方的爱国主义得以制度化作出了重大努力。这首先可以从议员们的投票行为的较大变化中看出。自 20 世纪六七十年代美国"新政联盟"逐渐解体，美国国会内部的党派极化现象就日益加剧。议员们往往根据自己的党派立场、意识形态立场进行投票，而不是根据所要投票的问题本身进行判断。上世纪 60、70 年代（1961-1980），共和党和民主党众议员相互投反对票的比例为 40%，参议员的比例为 42%；到 20 世纪 90 年代（1991-2000），众议院有 58%的是党派投票，参议院有 57%的是党派投票。但是，"9·11"事件改变了这一切。根据党派投票的现象大大减少，尤其是涉及与恐怖主义相关的问题时，一项议案的通过有时会有高达 90%或者更多的赞成票。[43]

"9·11"事件发生后，美国国会迅速地将注意力转移到如何保证国家安全、抵抗恐怖主义的问题上。根据一项研究，在"9·11"事件发生后的第 107 届国会（2001-2002）中，美国国会关注最多的是国内议题，它占据了众议院

---

41 Sara Murray, Dan Merica. Trump backs plan that would curb legal immigration[EB/OL].（2017-08-02）. http://edition.cnn.com/2017/08/02/politics/trump-skillsimmigration-plan-cotton-perdue/index.html.

42 安亚伦，谢佳：《特朗普政府留学生接收政策对美国留学教育的影响》[J]，国际经济合作，2019（2），第 142-152 页。

43 Barbara Sinclair, "Patriotism, Partisanship and Institutional Protection: The Congressional Response to 9/11, " Paper prepared for delivery at the conference on "The Presidency, Congress and the War on Terrorism: Scholarly Perspectives, " University of Florida, Gainesville, FL, February 7, 2003.

议事日程的 74%，参议院议事日程的 78%。但"9·11"事件发生后，国内议题在参众两院所占的比例都下降到了 60%。

在 2001 年 9 月 11 日后的近 4 个月中，美国国会几乎一直都把注意力放在反恐立法上，并且通过了 24 项以上的新法案。9 月 14 日两院通过一个决议《使用军事力量授权法》（Authorization to Use Military Force，AUMF），并于 9 月 18 日由布什签署成为法律（公法 107-40）。该法赋予行政机构以下权力："为了阻止任何未来的这些国家、组织或个人发动针对美国的国际恐怖主义，总统被授权使用所有必要的、恰当的力量来对抗那些策划、授权、承诺或帮助 2001 年 9 月 II 日的恐怖主义袭击的国家、组织或个人，或藏匿这些组织或个人的国家、组织或个人。"[44]同一天，两院还通过一笔危机拨款法案，拨出 400 亿美元用于反恐。参议院以口头表决的方式通过了先前搁置的任命古约翰·内格罗蓬特（John Negroponte）为联合国大使的任命。许多先先前对这一任命表示质疑的民主党参议员也不再表示反对。先前反对缴纳联合国会费的共和党众议员也不再表示反对，目的是为了推进布什的建立一个反恐联盟的努力。[45]为了体现出美国是"自由"和"善"的代表，美国国会在"9·11"事件发生后 4 天就提出了一项决议，谴责"以恐怖主义袭击名义进行的针对阿拉伯裔美国人、穆斯林美国人、南亚裔移民而来的美国人的偏见（bigotry）和暴力"，该决议在国会两院都轻松通过。到 10 月底，两院又通过一项法案，授权总统为阿富汗的妇女和儿童提供教育和医疗援助。

所有这些法案中，最为重要的可能是 2001 年 10 月 25 日国会通过的《通过为拦截和阻止恐怖主义犯罪提供适当手段来团结和加强美利坚合众国法》（Uniting and Strengthening America by Providing Appropriate Tools Required to Intercept and Obstruct Terrorism Act，法案号为 H·R·3162），因首字母缩写为"USA PATRIOT"，因此又称为《美国爱国者法》或《爱国者法》或《反间谍法》。[46]这部法律可说是美国国会两院送给布什的一件大礼，在恐怖袭击

44　Congressional Quarterly Weekly, September 15, 2001, P 2158. Public Law 107-40, 107th Congress, September 18, 2001.

45　Barbara Sinclair, "Patriotism, Partisanship and Institutional Protection: The Congressional Response to 9/11, " Paper prepared for delivery at the conference on "The Presidency, Congress and the War on Terrorism: Scholarly Perspectives, " University of Florida, Gainesville, FL, February 7, 2003.

46　该法案的全文获取地址为 http://frwebgate.access.gpo.gov/cgibin/getdoc.cgi?dbname= 107_contLbills&docid=f:h3162enr.txt.pdf.

发生后短短 6 个星期之内，国会，便决定授权行政部门诸多权力，允许窃听、全国性的搜查许可，对被怀疑为恐怖主义的移民进行拘留，抬高犯罪惩罚，因特网监控，以及在情报部门和执法机构间的信息共享。[47]或许这部法律的意义还不限于行政与国会之间的职权的关系，更重要的是在于它使老百姓对恐怖主义的警惕达到了前所未有的程度，起到了一种制度上的全民动员的作用。

当然，这种影响并不一定都是积极的、正面的，也有一些议员在这一过程中表现出了对穆斯林、阿拉伯人的民族主义态度。例如，来自路易斯安那州的共和党众议员约翰·库克希（John Cooksey）因其歧视性言辞遭到全国性的批评，也遭到布什总统的指责，对于他竞争参议员的选举影响也极大。[48]尽管库克希之后作了道歉，但仍坚持他对种族区分的支持。[49]而国会也提出了一项基于民族主义的提议，即限制学生签证的发放占这一提议自最初版本起就一直被修改，但仍因其种族文化主义立场而遭到批评。加利福尼亚州民主党参议员戴安尼·费因斯坦（Senator Diane Feinstein）最初提议延迟批准所有学生签证。但到该议案被提出时，这一措施已经发生了实质性的变化。就后来通过的版本来说，该议案禁止批准来自于美国政府认为是恐怖主义发起国（伊朗、伊拉克、苏丹、利比亚、叙利亚、古巴以及朝鲜）的学生签证，除非背景调查证明申请人并不构成对美国的安全威胁。[50]

与立法部门相比，行政部门对爱国主义的制度化措施更为有力。就在"9·11"事件发生至 2001 年年底的短短 4 个月间，布什总统就签署了 12 项行政命令，大多数都旨在阻止未来在美国国内所发生的袭击。从 2001 年 1 月入主白宫至 2003 年 9 月 11 日，即"9·11"事件发生两周年，布什总统总计签发了 87 个行政命令，其中有 22 个某种程度上与恐怖主义有关。可以说，在相当长一段时间内，恐怖主义、对爱国主义的动员等问题在美国总统和行政当局的议事日程中居于主导地位。

2008 年国际金融危机爆发后，美国国内经济不景气、失业人员增多。虽然奥巴马在任期间通过增加就业岗位、推进医疗改革等举措来促进美国经济

47 Congressional Quarterly Weekly , October 27, 2001 , p. 2533.

48 B. Alpert, "Cooksey's Senate Campaign Plagued by Gaffe About Arabs," The Times Picayune（New Orleans）, April 4, 2002, p1.

49 S. Ritea, "Republicans Say Cooksey Used Poor Choice of Words," Times-Picayune（New Orleans）, September 21, 2001, p3.

50 该议案的法案号为 S.1627，可从托马斯网站（http://thomas.loc.gov）下载。

的复苏，但是效果并不显著。在此背景下，特朗普在竞选时提出让美国"再次伟大"的战略目标，上台后推出了"美国优先"系列政策，新移民政策即是其中之一。

特朗普当政后，在国会演讲提到"美国中产阶级正在消失"，"开放美国边境让毒品在美国国土泛滥"[51]。为了解决这些问题，特朗普政府提出了"让美国更加安全"和"让美国人重返工作"的执政理念。正如美国白宫所言，"美国必须采取一个服务于国家利益的移民体系，恢复法治，保障边境，保护工人，构建边境墙，快速清除非法移民者，促进美国的安全与繁荣"[52]。特朗普抵制全球化、蔑视多元文化主义的立场，也得到了美国右翼势力的支持。基于对美国国情的认识和保守主义政治的影响，特朗普政府推出了以限制移民为主要特征的新移民政策。

二、美国联邦政府对留学生的监管政策

"9·11"发生后，美国联邦政府基于《美国爱国者法案》实施并制定了一系列的针对美国国土安全的应急措施和政策，并以立法形式固定下来。这些政策历经小布什政府、奥巴马政府，在特朗普当政时由于特朗普的"美国优先"原则，以及《国家安全战略》的实施，美国联邦政府对留学生的监管又有进一步的发展，更为直白地展现在世界面前。

（一）美国联邦政府对留学生监管政策的推出

法律是美国治理国家的基石，国会是美国的立法机构。美国国会议员通常以四种不同的形式提出新立法——"法案"（Bills），"联合决议案"（Joint Resolution），"共同决议案"（Concurrent Resolution）和"简单决议案"（Simple Resolution）。在参议院和众议院，大部分的立法都是以"法案"的形式提出，同一版本的法案在众议院和参议院表决通过后，经总统签署后才能成为法律。"联合决议案"得到众议院和参议院三分之二多数通过后直接送至总务管理局局长，由局长送交到各州征得批准即可执行，不需经过总统批准。但"联合决议案"成为美国法律的方式与"法案"相同。"共同决议案"和"简单决议

---

51 The White house. Remarks by President Trump in Joint Address to Congress[EB/OL].（2017-02-28）.https://www.whitehouse.gov/briefings-statements/remarkspresident-trump-joint-address-congress/.

52 The White House. Immigration [EB/OL].（2017-02-28）. https://www.whitehouse.gov/issues/immigration/.

案"与制定美国法律无关，只与两院议事规则、运作和表达两院对事情的看法有关，不会递交给总统，所以没有法律约束力。美国宪法的"修正案"，也必须以"联合决议案"的形式提出。这样就足以看出，一项法案的出台，需要经历多次反复，多方权衡，时间往往拖很久。但是，《美国爱国者法案》是"9·11"后一项由行政部门起草制定的法律，几乎未加讨论就在"9·11"之后一个月由国会一致通过。直至 2006 年，国会听证会才对其立法缺陷进行全面评估，听证会上出示了 2005 下半年《美国爱国者法案》更新期间的证据和证词。[53]该法案为建立或重新开发多套监视跟踪非移民出入境信息处理系统提供了法律根据。其中包括国家安全出入境登记系统（NSEERS）、美国访问学者和移民身份显示系统（US-VISIT）以及留学生与交流访问学者信息系统（SEVIS）。《美国爱国者法案》第 414 条中规定 1996 年出入境系统将以"审慎的速度"实施。第 416 条中规定全面实施 SEVIS 系统。第 422 条是法案的宽容章节，提供由于"9·11"事件不能更新签证的非移民延长的递交换签时限，或者延长其逗留时间。法案中还有一些排除条款针对恐怖主义、恐怖分子和恐怖分子支援国问题。其他有关高等教育的条款见"家庭教育权利和隐私法案"（FERPA）。[54]其中一条规定，禁止图书馆揭露联邦调查局是否从图书馆搜查信息。法案进一步规定允许访问有关外国留学生和学生信息，包括个人身份信息等。第 414 条重申了 1996 年出入境系统。第 416 条规定全面实施 SEVIS 系统，指 1996 年法案。第 422 条规定延长"9·11"遇难者家属的逗留时间。

依托《美国爱国者法案》对外国留学生的监管政策在法案生效时立即开始执行，从留学生入境美国到离开，整个学习过程都受到美国联邦政府的全程监管。

1. 安全检查

即使在"9·11"之前很多年里，签证申请需要通过不同级别的安全检查。但是自"9·11"以来，检查级别从未像现在如此之高、如此广泛。以下为申请签证必须接受的安全检查类型；有些是强制性的，另一些领事馆官员自行决定选用。[55]

---

53 USA PATRIOT Act renewal was signed into law by President Bush on March 9, 2006.
54 The Family Educational Rights and Privacy Act（FERPA）（20 U.S.C. § 1232g; 34 CFR Part 99）.
55 IRA J. KURZBAN. IMMIGRATION LAW SOURCEBOOK. Chapter 5 § II（A）（8）.

CLASS、CCD、NCIC 和 IDENT。领事监察和支持系统（CLASS）[56]及领事综合数据库（CCD）[57]是驻外领事馆安全检查使用的主要签证信息系统。CLASS 系统包含联邦调查局的全国犯罪信息中心（NCIC）[58]记录、其他法律执行机构的数据库以及 SEVIS 信息。[59]如果签证申请者申请签证，领事官员处理申请过程中遭遇袭击，领事官员停止处理申请，直到事件结束再派发签证。如果袭击显示来自 NCIC 数据库，联邦调查局必须对袭击有效性做出最终判断。[60]领事综合数据库（CCD）包括 SEVIS 系统、国土安全部生物自动识别系统（IDENT）及其他信息数据库中的信息。NCIC 和 IDENT 是联邦调查局使用的两套不同系统。"IDENT 包括两套数据：（1）"审查列单"指纹记录包括移民违规者及联邦调查局（FBI）包括恐怖分子和重罪定罪个人的指纹数据库子集，以及（2）先前在美国入境口岸或美国领事馆申请签证时被录入系统的人员的指纹和照片记录"。[61]因此，所有申请签证的人都将输进 CLASS 系统，任何合法进入美国境内的个人都将输进 CCD 信息系统。

2. 签证螳螂

签证螳螂，技术警示清单（TAL）。签证螳螂安检依据 1996 年《非法移民改革和移民责任法案》实施。该安检措施自 1998 年开始实施。签证螳螂是 CHINEX（施行于中华人民共和国签证申请者）以及 SPLEX（施行于前苏联签证申请者）关于敏感技术商品及服务出口的产物。"螳螂方案已在全世界范围内实施，取代了 SPLEX 和 CHINEX…"，[62]后者现在已经被美国使领馆弃用。国务院按照技术警示名单（TAL）建议的可应用技术修订和扩充了涉及技术名单。[63]任何涉及传播禁止技术的签证申请者都将接受附加的安检措施，

（9th ed. 2004）

56　9 F.A.M. Part IV Appendix D, 200. at: http://foia.state.gov/masterdocs/09FAM/09 D0200.PDF.

57　9 F.A.M. 41.103 notes. at: http://foia.state.gov/masterdocs/09fam/0941103PN.pdf.

58　FBI. National Crime Information Center. at: http://www.fbi.gov/hq/cjisd/ncic.htm.

59　American Immigration Lawyers Association. *DOS Answers to AILA Questions*（Oct 15, 2003）. AILA Doc. No.03102043.

60　IRA J. KURZBAN. IMMIGRATION LAW SOURCEBOOK. Chapter 5 § II（A）（8）. （9th ed. 2004）.

61　GAO. BORDER SECURITY, *State Department Rollout of Biometric Visas on Schedule, but Guidance Is Lagging.* September 2004. at: http://www.gao.gov/new. items/d041001.pdf.

62　NAFSA ADVISOR'S MANUAL. § 10.12.4.

63　Harvard University website, New Technology Alert List. Last accessed 12/17/2006 at:

如安全咨询意见（SAO）。[64]另外，领事官员自由裁定时也许要求 SAO。以上由位于华盛顿特区的国务院发布。SAO 未通过并回复到领事之前，签证不能签发。鉴于"9·11"后的请求量，正如以下第三节所述的那样，由此引发了许多延误。

3. 签证秃鹫

"9·11"之后，新增一套安全程序。签证秃鹫是为监视来自指定安全风险国的签证申请者而设计和开发的，如伊朗、叙利亚、朝鲜、利比亚、苏丹和古巴以及其他可能支持或协助恐怖主义或恐怖组织的国家。[65]以上国家的申请者每次申请签证时都需要接受国务院的 SAO 安检。[66]

4. 签证办理延迟

人们对繁多的安全和背景实施检查或更改最主要的抱怨就是办理签证的时间。"9·11"之前，即使领事审查签证时对华盛顿特区的国务院和／或联邦调查局做出电话请求，只要没有相关不予受理情况的负面信息或事件发生，签证仍会在 30 天内签发下来。这意味着如果美国境内机构，如联邦调查局或者美国国务院，工作迟缓，未在 30 天期限内完成请求审查，那么可以认为不存在负面信息。

这种做法被认为是不可接受的，因为不知道是否安检机构太忙而无法在 30 天内及时回复，还是可能仍在审理请求。国务院后来修改了政策，安全检查结果回复给领事馆并显示无负面信息时，方可发放签证。现在签证申请者必须等待，直到领事官员收到美国安检机构的信息。如果该机构太忙无法回复，签证申请者仍须等待，领事馆官员也会将申请暂时搁置一边。延迟可能长达数周，甚至数月。[67]签证审批延迟让学生无法赴美学习，造成了沮丧、焦虑、很多时候导致学生误了开学，有些人甚至完全错过课程。[68]政府责任办公

---

http://www.hio.harvard.edu/students_scholars/travel/technology_alert_list.php.

64 USDOS cable. *State Dept. Updates Guidance on Technology Alert Checks*. August 2002. Original document posted at: www.bmorinaka.net/UNLPhD/DOS147566_Aug 2002.doc.

65 USDOS website, *Special Visa Processing Procedures*. at: http://travel.state.gov/visa/temp/info/info_1300.html.

66 NAFSA ADVISOR'S MANUAL § 10.12.5.1.

67 *Committee on Science, Hearing: Before the House of Representatives*. Testimony of Robert J. Garrity, Jr., Deputy Assistant Director, Records Management Division, FBI （February 25, 2004）. at: http://www.fbi.gov/congress/congress04/garrity022504.htm.

68 Daniel Walfish.（November 15, 2002）. *Kept Out: Foreign students find it a difficult*

室几个美国大使馆 2003 年 6 月间对理科学生和学者的签证审查时间进行了随机调查，并在 2004 年 2 月发布一份报告。[69]调查结果证实，成千上万的留学生和学者对此都颇有怨言。从 2888 例申请中抽出了 71 例签证申请，自从电报发至国务院起到回复给领事馆的平均时间为 67 天。[70]这还不包括安排面试和邮寄签证的时间。此外，抽样中有 7 位申请者的申请延迟长达 150 天甚至更多，其中一人等待超过 240 天。[71]

5. 签证安全审核程序

目前的审核程序对各方而言都极其耗费时间，包括管理保安措施的政府机构等。过去，学生一般申请学生签证后一两天就可拿到签证。一旦提交申请并输入到 CLASS 和 CCD 信息系统，如果没有不良信息，则可以签发签证。而现在的审核程序可以说过于复杂、时间漫长。

6. NSEERS-US-VISIT 系统

"9·11"之后一年执行的一项政策变化就是建立国家安全出入境登记系统（NSEERS），最初只针对 16 至 45 岁的穆斯林和阿拉伯男子。尽管符合登记条件的首批外国人都是"伊朗、伊拉克、利比亚、苏丹或叙利亚公民或国籍人、男性、1986 年 11 月 15 日前出生"，政府通过美国移民及海关执法局（USICE）对外称，未根据基于种族或宗教信仰进行登记。[72]

无可否认，NSEERS 登记不仅对穆斯林和阿拉伯男子产生直接影响，而且也可能对美国高等教育系统产生了深远的影响，因为许多外国留学生可能已经到其他地方学习或研究了。[73]即使参加到美国高校留学的穆斯林和阿拉伯男子

---

year to win the State Department's favor. Department's favor. THE CHRONICLE OF HIGHER EDUCATION.

69 GAO. BORDER SECURITY, Improvement Needed to Reduce Time Taken to Adjudicate Visas for Science Students and Scholars. February 2004. Report No. GAO-04-371.

70 GAO. BORDER SECURITY, Improvement Needed to Reduce Time Taken to Adjudicate Visas for Science Students and Scholars. February 2004. Report No. GAO-04-371.

71 GAO. BORDER SECURITY, Improvement Needed to Reduce Time Taken to Adjudicate Visas for Science Students and Scholars. February 2004. Report No. GAO-04-371.

72 USICE, *NSEERS Fact Sheet, 12/1/2003.* at: http://www.ice.gov/pi/news/factsheets/NSEERSFAQ120103.htm.

73 ACE Issue Brief. Students on the Move: The Future of International Students in the United States. P. 5.

的人数历来很低，但由于受 NSEERS 影响或担心，这一数字会更少。[74]

7. US-VISIT 系统

美国访问学者和移民身份显示系统（US-VISIT 系统）为信息安全保障系统，最终将取代国家安全出入境登记系统（NSEERS），对所有旅客的出入境进行记录，包括来自免签证计划（VWP）国家的旅客。[75]来自免签国家的旅客进入美国前不必申请签证或从美国使领馆签证盖章。[76]根据 1986 年制定法律，免签证计划旨在使危险较低国家的居民跳过签证申请程序，只根据其国籍和持有必需的护照就可进入美国。例如，持有日本护照的日本国民或持有英国护照的英国公民无需签证就可进入美国。

如果 US-VISIT 系统完全运行，来自低风险国家的个人就需要一个电子护照，但他们仍然不必进行签证申请。[77]其间接结果就是，像 Richard Reid 之类的人（又称"鞋子炸弹携带者"）（一名英国公民，生于英国伦敦，被起诉并定为恐怖主义），未办理新的签证申请程序仍能进入美国。[78]如果美国联邦调查局、美国移民及海关执法局（USICE）、美国海关边防局、美国移民局、中情局或其他执法机构和情报收集机构不了解某特定外国人的背景，登上飞往美国的航班仍能轻松办到。

司法部长及其代表说，虽然还不完整、不准确，NSEERS 系统已纳入 US-VISIT 系统。[79]例如，如果一名阿拉伯大学生从伊拉克、伊朗、利比亚和叙利亚等指定国家进入美国，他必须遵守 NSEERS 系统、US-VISIT 系统和 SEVIS 系统规定。未遵守上述出入境系统之一的，则视为违反移民法律，学生将成为美国非法的非移民人士。由于 US-VISIT 系统全面实施，就不再需要

---

74 TRAM NGUYEN. WE ARE ALL SUSPECTS NOW, Introduction XVIII（2005），"A total of 290,526 people registered, including 83,519 men already living in the U.S. as well as port-of-entry registrants. Of the total number, 13,799 were placed in deportation proceedings and 2,870 were detained."

75 USDHS website, *US-VISIT Program.* at: http://www.USDHS.gov/USDHSpublic/display?theme=91.

76 8 C.F.R. § 217.1.

77 USDOS website, *Visa Waiver Program.* at: http://www.travel.state.gov/visa/temp/without/without_1990.html.

78 *United States v. Richard Reid* indictment, see at: www.bmorinaka.net/UNLPhD/Rich Reid.pdf.

79 Speech, Attorney General Ashcroft, Niagara Falls, *Implementation of NSEERS*, New York, November 7, 2002, stated, "Congress has mandated that a comprehensive entry-exit system applicable to virtually all aliens be built by 2005. NSEERS is the first, crucial step toward that goal" with the comprehensive system being US-VISIT.

NSEERS 系统对阿拉伯和穆斯林男子进行跟踪了，这无异于"以貌取人"，目前在美国也是非法的。

8. SEVIS 的运行

到目前为止，对外国留学生、学者和研究人员而言，最大的政策变化就是 SEVIS 系统的实施。也许是受高等教育投诉最多的就是 SEVIS 系统的实施了，比其他任何移民政策或法规都多。原受 1996 年《非法移民改革和移民责任法》(IIRAIRA) 管辖，现由《美国爱国者法案》批准授权。所有外国学者、研究人员和留学生现在进入美国都必须遵守 SEVIS 规定。虽然该系统的实施在 1996 年获得立法通过，但国会从未给其足够的财政拨款，移民归化局也从未打算全面实施该系统，直到发生"9·11"之后。

新的留学生和交换访问学者信息系统的前身是试行的留学生管理跨部门协调 (CIPRIS) 系统，原由《非法移民改革和移民责任法》(IIRAIRA) 管辖。[80]最开始有 21 所高校参加，1999 年 10 月结束。[81]这为 SEVIS 系统提供了框架，《美国爱国者法案》2001 年为其设定最后实施期限。

该法案以及 2002 年《加强边境安全和签证入境改革法案》明确要求根据新系统规定加大信息数据收集。[82]根据新 SEVIS，有资格招收外国留学生和交换访问学者的学校必须完全遵守其规定，其中规定 2003 年 8 月 1 日前所有学校和学生信息必须录入系统。[83]因此，属于"F"、"M"、"J"类等各类签证的留学生和访问学者必须了解登记程序并完成登记，该系统不仅比以前系统更复杂，而且时间更长。此外，未进行 SEVIS 处理，美国移民局将不再受理访问学者类签证到学生签证的变更。

要在 SEVIS 注册，学校必须先提交一份"批准学校招收非移民学生申请书"，由美国移民及海关执法局 (USICE) 批准。[84]学校收到证明及适当移民检查后，将获批准并正式录入 SEVIS 系统。录入 SEVIS 系统后，学校才能制作、颁发"资格证书"，"资格证书"为外国留学生收到的登记学校正式录

80　Illegal Immigration Reform and Immigrant Responsibility Act of September 30, 1996, 110 Stat. 3009, Pub. L. 104-208.

81　NAFSA ADVISOR'S MANUAL, § 6-3.

82　Enhanced Security and Visa Entry Reform Act of 2002. H.R.3525, Pub. L. 107-173.

83　USICE website, *FACT SHEET – Student and Exchange Visitor Information System (SEVIS)*, December 11, 2002. Last accessed 1/7/2007 at: http://www.ice.gov/pi/news/factsheets/0212FINALRU_FS.htm.

84　USCIS form I-17.

取信。[85]

按程序，外国留学生必须先正式申请到美国上学。被录取后，学校将学生信息录入 SEVIS 系统，并给学生打印一份 SEVIS I-20 表或交换访问学者 SEVIS DS-2019 表。[86]收到 SEVIS 证书后，外国留学生须到美国驻外使领馆申请、通过领事馆官员面试，然后支付 SEVIS 费，100 美元／人，无论是否发放签证。[87]如获批准，将向申请者发放签证。国外申请时的新程序规定，申请者先经过安全检查预审，预审由美国驻外使领馆进行，预审通过后再批准签证。各美国使领馆都能访问 SEVIS 系统。如果留学生或交换访问学者已持其他类非移民签证进入美国，例如，有效的访问签证（B-1 或 B-2），他或她可以申请更改非移民签证，不必离开美国。更改时向主管美国移民局办公室提交所需证明／文件以及 SEVIS 证书。[88]

总之，学校或美国境内资助机构必须先得到批准，然后再到 SEVIS 系统登记。此后，就可以向学生发放 SEVIS 合格表，合格表在面试前须连同签证申请和所有证明文件一起提交到美国使领馆（或 USICE）。为安全起见，美国使领馆将对申请者进行预审，如果所有证明文件和程序都正确，签证将获准并在申请者护照背面加盖签证印章。截至 2005 年 12 月 31 日，还规定，任何人申请签证必须出示一份机读护照。[89]

三、美国联邦政府对留学生监管政策的调整

据统计，过去几年中赴美高校留学的外国留学生和学者人数下降有诸多因素。而且，尽管已有不少困难，其中许多来自美国政府行政部门的政策，但是还有许多法律规定阻碍人们移民美国。美国"9·11"之后移民政策最明显的政策变化就是美国国务院对非移民签证的发放数量。例如，1998、1999、2000 财年分别发放非移民签证 5,814,153，6,192,478 和 7,141,636 份，每年平均增长 8-9%。[90]

---

85 USCIS form I-20 for students and DS-2019 for Exchange Visitors.

86 NAFSA Advisor's Manual, Generating and printing a SEVIS I-20 or DS-2019, section 6-18.

87 Each student must pay a $100.00 SEVIS fee and file form I-901 via the Internet. See *SEVIS I-901 fee.* At: http://www.ice.gov/sevis/i901/index.htm.

88 8 C.F.R. § 248, form I-539.

89 *See* U.S. Department of State website *Machine-Readable Passport Requirement.* At: http://www.state.gov/r/pa/ei/rls/36114.htm.

90 USDOS Statistics, *Nonimmigrant Visa Issued*, Table XIX.

2001 财年，非移民签证数量历史最高 7,588,953。九月为美国政府的财政年度统计的最后一个月；因此，"9·11"事件发生时，该财年只有两个多星期的时间发放签证。"9·11"之后的下一财年，非移民签证签发数量大幅下降。例如，2002 财年只发放 5,770,060 份非移民签证，下降 180 多万份（下降七个百分点），扭转了 90 年代末不断上升的趋势。布什政府立即命令转变政策，未经国会批准，因为美国国务院及其政策制定都属于总统职权范围。同意或拒绝签证由美国使领馆决定，这实际上是美国国务院及政府行政部门职能的延伸。显然该项政策主要是针对"9·11"制定，因为所有恐怖分子都是持访问签证或学生签证进入美国的。

尽管前景比较暗淡，但在外国留学生和学者移民政策方面也采取了一些积极举措。下面介绍一下直接影响高等教育比较重要的政策决定。

（一）留学生和交换访问学者优先

也许留学生和学者签证申请过程中最重要的政策改变就是程序，留学生和学者优先、基本来到签证办理的最前沿。[91]国务院已实施一项新政策：优先办理留学生和交换访问学者的签证申请，再办理其他非移民的签证申请。此外，国务院通过驻外使领馆建立专门的网站，可以通过互联网查询办理签证的次数以及面试安排。2006 年 5 月，国务卿赖斯表示："CA 积极努力，优先通知学生对其进行签证面试，公告通知不断根据需要加快留学生和交换访问学者的签证申请"[92]。这与前国务卿鲍威尔"商务旅行"签证优先办理的说法有些冲突。[93]希望新的教育政策能够胜过之前的重商政策，鼓励外国留学生和学者赴美留学，对美国欢迎外国公民产生良好的看法。

（二）签证发放时间问题

行政部门通过国务院制定的另一项政策决策就是延长签证领取时间，由开课前的 90 天延长至 120 天。[94]这使留学生和交换访问学者可以提前 30 天

---

91 DOS Cable. Secretary Rice, *Student Visa Processing.* May 2006. at: http://travel.state.gov/visa/laws/telegrams/telegrams_2926.html#.

92 DOS Cable. Secretary Rice, *Student Visa Processing.* May 2006. at: http://travel.state.gov/visa/laws/telegrams/telegrams_2926.html#.

93 DOS Cable. Secretary Powell, *Facilitation of Business Travel*, October 20, 2004. Also see earlier cable, *Initiative to Facilitate Business Travel*, July 30, 2004.

94 9 F.A.M. 41.61 N14.2, as amended by DOS cable of February 9, 2006. AMDOC#200602006.

申请签证。

（三）安全措施

近期实施的政策决策中，最为明显的就是加强安保措施：加快安全检查，如果检查延误，采用更新办法继续跟踪。[95]此外，一份 NAFSA（国际教育工作者协会）报告指出，

> 2004 年，联邦调查局、国务院和国土安全部一致认为，美国联邦调查局可以履行执法功能，不必定期审理螳螂案件。根据"不反对政策"，国务院不必等联邦调查局回复即可处理螳螂案件，但联邦调查局继续根据特别检查（螳螂检查）获取有关签证申请者信息。变化之前，国务院的政策是等联邦调查局回复后方可处理特别签证。如果联邦调查局要求国务院"插手"个人特别签证案件，国务院无法就案件回复领事馆，直至放手。这一政策导致签证申请大量积压、申请者等待时间延长。

> 负责处理螳螂案件的其他机构也同意 10 个工作日内回复领事事务局（the Bureau of Consular Affairs）。在此同意前，各机构有 15 个工作日时间回复国务院。因此，螳螂签证办理时间至少 20 多天（包括周末）。国务院现希望螳螂签证办理时间减至 15 到 17 天。[96]

上述政策应加强和帮助签证申请程序，使判定更有效、更快捷，申请者更满意，从而帮助改善人们对"9·11"后美国的看法。

四、美国联邦政府对留学生监管政策的收紧

2017 年 8 月 2 日，特朗普政府宣布支持通过《改革美国移民制度强化就业法案》（Reforming American Immigration for Strong Employment Act，简称 RAISE）。这项法案以减少移民数量和取消绿卡抽签制为主要内容，被特朗普称为"美国半世纪以来最大的移民改革"。特朗普以此为由修建美墨边境墙、颁布旅行禁令、实施极严的签证审核政策。

据美国的国际教育协会（IIE）2020 年《Open Doors 数据统计报告》看（图 3-2），在疫情爆发前，美国的外国留学生人数的增幅度已经在减缓，不

---

95 DOS cable. Secretary Powell, *Revision to Visa Mantis Clearance Procedures*. June 5, 2003.
96 NAFSA. NAFSA ADVISOR'S MANUAL. § 10.12（2006 Release）.

过仍然连续多年增加。在 2018/19 学年美国的国际学生人数创下历史新高，连续第四年超过 100 万国际学生。虽然国际学生的总数在 2019 年前都是逐年递增的，但是，美国大学里外国留学生注册人数(Enrolled international students)并不是一直在增加。以 2015 年为分界线，2015 年以前，外国留学生人数和注册学生人数都在增加，而且学生总数的增幅越来越大；而 2015 年以后，我们可以看到学生总数的增幅明显下降，而且，注册学生人数每一年都是在减少的。就在 2018 年，出现了十年之间第一次的注册入学人和外国留学生人数都减少的情况。这种趋势在去年并没有扭转，到了 2020 年，外国留学生的总数出现了史上第一次的负增长！当然，注册人数也在减少，相较去年减少了 2 万多。

图 3-2　赴美留学生的总数出现了史上第一次的负增长

Enrollment Trends

INTERNATIONAL STUDENT DATA
FROM THE 2020 *OPEN DOORS* REPORT

Year	Enrolled Int'l Students	OPT	Total Int'l Students	Total U.S. Enrollment*	% Int'l	Annual % Change
2019/20	851,957	223,539	1,075,496	19,720,000	5.5	-1.8
2018/19	872,214	223,085	1,095,299	19,828,000	5.5	0.05
2017/18	891,330	203,462	1,094,792	19,831,000	5.5	1.5
2016/17	903,127	175,695	1,078,822	20,185,000	5.3	3.4
2015/16	896,341	147,498	1,043,839	20,264,000	5.2	7.1
2014/15	854,639	120,287	974,926	20,300,000	4.8	10.0
2013/14	780,055	105,997	886,052	21,216,000	4.2	8.1
2012/13	724,725	94,919	819,644	21,253,000	3.9	7.2
2011/12	679,338	85,157	764,495	20,625,000	3.7	5.7

数据来源：IIE 2020 Opendoors Report. 转引自续航教育，中国赴美留学生人数调查报告[R/OL].（2021-7-12），https://www.forwardpathway.com/16600.

从图 3-3 可以看到 2019 至 2020 学年，在美外国留学生本科（Undergraduate）学生人数减少了 2.9%，研究生及以上（Graduate）学生人数减少 0.9%，非学位学生（Non-degree）学生减少 6.6%。而在过去的几年，虽然本科学生数量减少，但研究生人数都在保持增长。2020 是史上第一年，所有学位的学生人数都在下降。总体上，赴美留学生人数较去年减少了 1.8%。留学生人数锐减一方面和疫情脱不了关系，但是，考虑到美国各大高校对留学生还是十分重视的，纷纷推出网课，支持学生在家上课，很多留学生因此选择在自己的国家参加学校的网上课程，因此，可以说疫情并非是外国留学生人数锐减的主要原因。主要原因就在于总统特朗普上台后对留学生签证政策的步步收紧，以及对 H-1B 工作签证政策的调整，这些政策性举措很大程度地打击了留学生赴美留学的决心。

图 3-3　2020 年不同学位的赴美留学生减少情况比较

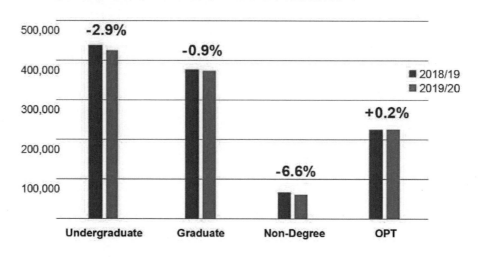

ACADEMIC LEVELS OF INTERNATIONAL STUDENTS

Undergraduate students made up the largest proportion of international students in the United States.

数据来源：IIE 2020 Opendoors Report. 转引自续航教育，中国赴美留学生人数调查报告[R/OL].（2021-7-12），https://www.forwardpathway.com/16600.

（一）严格签证审核，减少移民数量

《改革美国移民制度强化就业法案》提出，未来 10 年内将合法移民人数从现阶段的 100 万人减少至 50 万人，难民合法人数限制在每年 5 万人，并采取在边境修筑隔离墙等方式严防非法移民。这一系列新举措大大拓宽了签证申请的审查范围。申请者要求在入境表格（DS-5535）上填写长达 15 年（是之前要求的 3 倍）的旅行、住宿和工作历史记录，以及近 5 年的社交媒体和电子邮件账户信息。即便经过严审拿到签证，也不能保证顺利通关，申请者在入境时还有可能要求检查手机等移动设备。针对与国际学生密切相关的 F1 留学签证，特朗普政府也出台了一系列政策加强该签证的审核条件和审核程序。2018 年 7 月 13 日，美国公民与移民服务局(U. S. Citizenship and Immigration Services，USCIS) 更新政策指南，规定自 2018 年 9 月 11 日起，美国移民局收到的所有移民／非移民申请，以及身份转换请求，如果一开始提供的材料不符合要求，或者没有提交全部的证明文件，移民官可以直接拒绝，不用事先寄发补件或否决意向通知书，这一措施将阻止申请人利用政策漏洞占位。另外，对留学生签证也增加了电话调查，调查内容涉及学习计划、费用预算、毕业设计等问题。很多学生签证（F）、学术访问签证（J）和外籍高科技从业者签证（H-1B）申请人都经历了长达数月的行政复核期，即签证申请既不直接通过，也不直接拒绝，而是被大使馆等单位标注，交由美国公民和移民服务局（U.S. Citizenship and Immigration Services，简称 USCIS）进行后续的行政复核（administrative processing）。

2018 年 7 月 13 日，美国公民与移民服务局(U. S. Citizenship and Immigration Services，USCIS) 更新政策指南，规定自 2018 年 9 月 11 日起，美国移民局收到的所有移民／非移民申请，以及身份转换请求，如果一开始提供的材料不符合要求，或者没有提交全部的证明文件，移民官可以直接拒绝，不用事先寄发补件或否决意向通知书，这一措施将阻止申请人利用政策漏洞占位。2018 年 10 月 18 日，美国移民和海关执法局（U.S. Immigration and Customs Enforcement，简称 ICE）提议针对包括 F1 学生签证在内的非移民签证，设立一个在美国的最长停留时间。据《华盛顿邮报》报道，美国国土安全局的高级官员正在商议一项提案，取消原有"每位留学生只需向主管国际生的 SEVP（Student Exchange Visitor Program）缴交 200 美元的一次性费用"的规定，要求国际学生每年重新申请美国签证，才能继续呆在美国，并且每年都需要缴交这笔费用。该提案如果获得通过，将意味着在美留学生不仅需要支付更高的申请费，还将花费更多时间准备申请材料，同时接受更为严格的审查。

（二）关于留学生滞留政策规定

1. 加强专业实习（OPT）申请审核制度

专业实习对申请人数不设年度上限，通常可以为留学生申请 H-1B 签证提供较长的缓冲时间。这同样有利于雇主，由于 H-1B 签证比较稀缺，雇主可以大量雇用 OPT 人员，再从中择优提供长期合同，为其申请 H-1B 签证。由于奥巴马时期对 OPT 持宽松态度，OPT 人数从 2010-2011 学年的 76,031 人增加到 2017-2018 学年的 203,462 人，7 年间增加了近两倍。这主要是由申请 OPT 的 STEM 专业人员迅猛增长所至，其中也不乏部分学生通过"签证工厂"，如非正规大学的虚假操作获得 OPT 机会。

针对这种情况，2018 年 1 月美国公民和移民服务局发布了新的 STEM OPT 政策，不再允许 OPT 学生在雇主营业地点以外的场所就业，但是此政策颁布前并未广泛告知，可能导致很多学生在不知情的情况下违反规则，从而丧失继续在美国工作的机会。2018 年 8 月，DHS 进行了澄清，明确 OPT 人员只要符合要求，可以在雇主营业地点以外的场所参加培训，但必须是真实的雇佣关系，DHS 将对其实际情况进行核查。这种严格的审核制度无疑会增加留学生申请 OPT 的难度。

2. 留学生毕业后的非法滞留规定

2018 年 8 月，DHS 颁布了"持有 F、J、M 非移民签证人员非法滞留时间计算"（Accrual of Unlawful Presence and F，J and M Nonimmigrants）的政策，为美国公民和移民服务局工作人员计算持 F、J、M 签证的留学生和访问学者的非法滞留时间提供依据。据以往政策，个人合法居留到期时会收到美国公民和移民服务局明确告知，并开始计算"非法滞留"时间。计算的起始日一般是在政府正式告知"处于非法滞留状态"的第二天。这种政策下，个人清楚非法滞留时间到底是多少天。而根据新规定，DHS 可以在以下任一情况下开始计算非法滞留时间：个人学位课程完成后的第二天、参与非授权活动的第二天或签证到期后的第二天，而"完成全部学业"和"授权活动"中有许多因素取决于教育项目水平，其具体结束时间难以确定。且根据规定，非法滞留超过 180 天，出境后 3 年不得入境；非法滞留超过 1 年，则 10 年内不得入境。因此，新规可能造成大量人员在不知情的情况下被纳入黑名单。新政颁布后，哈佛大学、耶鲁大学等 65 所美国高校签署了一份法庭之友简报，认为新政策在计算非法滞留时间方面具有相当大的不确定性，让那些因为各种不可控原因、意外失去合法身份的留学生受到无辜牵连。这将使成千上万的 F、J 和 M 类签证持有人遭遇 3-10 年的重返禁令，而且没有任何申辩机会。

3. 留学生毕业就业政策

H-1B 签证是美国最主要的工作签证类别，发放给美国公司雇佣的外国籍有专业技能的员工，属于非移民签证，持有 H-1B 签证者最长可在美国工作 6 年，是美国留学生申请绿卡的最常见通道。

2018 年 2 月，美国公民和移民服务局颁布了"涉及第三方工作场所的 H-1B 申请者的合同和行程要求"（Contracts and Itineraries Requirements for H-1B Petitions Involving Third-Party Worksites）的政策。要求 H-1B 受益人必须在申请书约定的全部时间内从事特定职业，雇主必须在有效期限内与受益人保持雇佣关系。2018 年 7 月，美国公民和移民服务局出台"打击 H-1B 签证申请欺诈行为"（Combating Fraud and Abuse in the H-1B Visa Program）政策，要求对 H-1B 申请者必须进行实地访谈和调查，以此来严格审核程序。

特朗普政府从以下方面对 H-1B 签证进行了重点调整。首先，实施 H-1B 抽签电子注册计划。2019 年 1 月 30 日，美国国土安全部（The Department of Homeland Security）公布了 H-1B 抽签改革新政策，要求所有 H-1B 申请雇主必须于当年 4 月 1 日递交申请之前在线为员工办理 H-1B 电子注册，需要注册的信息包括雇主和雇员的基本信息。如果注册数量在 4 月 1 日之前就超过配额，就关闭注册，然后从这些电子记录中抽签。H-1B 抽签电子注册计划将有利于特朗普政府加强对签证申请者的信息审核。其次，新的政策修改了专业职业（specialty occupation）的定义。以往要求申请人拥有美国正规大学的本科学位或更高学位即可，但是，现在规定 H-1B 签证专业职称限定为工程师、护士、教授、研究员、计算机程序员和其他专业人才。2019 年 1 月 30 号美国国土安全部同时提出"加强 H-1B 非移民签证分类计划"（Strengthening the H-1B Nonimmigrant Visa Classification Program），提议通过修改专业职称定义的方式来限制 H-1B 的申请和发放，同时要求雇主向 H-1B 持有者支付合理的工资，避免 H-1B 签证的滥用，确保将工作签证发放给"最聪明、最优秀的外国人"。这一提案从职业类型、雇佣关系、工资水平等方面提高 H-1B 的门槛，如果最终实施，将成为自 1990 年以来对 H-1B 签证最大规模的改革。第三，新的政策改变了 H-1B 抽签规则，提高准入门槛。将原先"先抽取高学历名额，后抽取常规名额"的顺序进行调换，改为"先将所有申请人纳入 65,000 个常规名额进行抽签，如果达到上限，再从剩下的硕士及以上学历申请者中抽取 20,000 个名额。"

根据 NFAP 最新数据，H-1B 的拒签率在逐年上升。其首次申请者拒签率从 2016 财年的 10%上升到 2017 财年的 13%，至 2018 财年为 24%，2019 财年第一季度为 32%。其延期申请者拒签率也从 2016 财年的 4%提高到 2018 财年的 12%。同时，美国公民和移民服务局要求越来越多的 H-1B 申请人提交补充证据，其比例在 2019 财年第一季度高达 60%。

另外，新的政策废除了 H-1B 签证持有者的配偶在美国的工作许可。在 2017 年秋季监管章程中，特朗普政府提出取消 H4 签证持有者的合法工作许可（Removing H-4 Dependent Spouses from the Class of Aliens Eligible for Employment Authorization）。H-1B 工作签证的配偶原本可获得 H4 签证，2015 年 2 月奥巴马政府颁布了一项总统行政令，允许部分 H4 签证持有者合法在美国工作。相比 H-1B 工作签证，H4 签证持有者工作许可受到的限制少很多，这与特朗普政府"雇佣美国人"的宗旨相悖，为此提出取消 H4 签证持有者的合法工作许可。

（三）鼓励"优质移民"

特朗普政府通过《改革美国移民制度强化就业法案》之前，美国一直采取一项绿卡抽签制度。该制度是 1990 年美国通过的《移民与国籍法案》（Immigration and Nationality Act）中的"多样化签证项目"（Diversity Visa Program）内容，指的是每年美国国务院通过抽签的方式在移民申请者中随机抽取 5 万名额，给予抽中者移民美国资格，以达到促进美国种族多样性的目的。但《改革美国移民制度，强化就业法案》认为绿卡抽签制涉及欺诈，且不符合经济效益或人道主义原则，应予以取消，转而效仿加拿大采取积分制，通过对申请人的受教育程度（根据最高学历计算）、英语评估测试成绩、杰出成就、工作机会、在美投资、亲属移民等内容进行评估和积分，总积分达到 30 分即可申请职业移民，实现吸引"优质移民"的政策目标。

所谓优质移民，即是能对美国经济有所贡献，并且自身经济实力能够支撑个人和家庭生活的人。比如，在美国就读 STEM 专业的学生多数是留学生，其中大部分是博士，远超美本土学生。全部赴美留学生中约 49.8%就读 STEM 专业，而中国的这一数字高达 46%。[97]STEM 人才对美国经济发展至关重要，一个地区所雇用的外国 STEM 员工越多，其专利申请率、生产率增长值和国民收

---

97 IIE. Open Doors 2018 [R/OL]．（2018-11-13）．https://www.iie.org/Research-and-Insights/Open-Doors/Open-Doors-2018-Media-Information.

人水平就越高。据美国国家政策基金会（National Foundation for American Policy，以下简称 NFAP）2017 年的统计，自 2000 年以来，共有 85 位美国人获得诺贝尔化学、医学和物理学奖，其中 33 位（近 40%）是来自其他国家的移民。因此，美国在大幅收紧外国留学签证和工作签证的同时，加大了对高技术人才的吸引和优惠政策。例如，美国国土安全部公布的 H-1B 抽签改革新政策给予持有美国硕士及以上学历的申请者两次抽签机会，大幅提高他们的中签率。此外，针对就读美国高校科学、科技、工程和数学（STEM）专业的留学生，一方面规定就读 STEM 专业的毕业留学生可在获得一年专业实习（Optional Practical Training，简称 OPT）的基础上，额外获得两年的 OPT 延期，即总共获得留美 3 年的缓冲期，而普通专业的留学生只能申请 12 个月的 OPT。另一方面，加强对 STEM 专业留学生获得 OPT 的审核标准，要求参与 OPT 计划的留学生和雇主应及时向管理部门提交书面报告，并禁止 STEM 专业学生在 OPT 延期阶段在第三方公司工作，以确保留学优化政策真正落实到美国最需要、最优秀人才的吸引上。正如特朗普多次提到，"美国只欢迎最聪明最优秀的人移民"，这一战略导向有利于美国引进更多的杰出人才，保留优质的劳动力、提高员工工资收入和促进国民经济发展，同时为留学生提供一个高质量的留学环境。

对于留学生毕业后欲留美工作的 H-1B 签证来说，2017 年 4 月，特朗普颁布"购买美国货，雇用美国人"的行政命令，并指示 DHS 与其他机构协调推进政策，确保 H-1B 签证只向公司内最熟练的技术工人或贡献最大的高收入者颁发。2019 年 1 月，美国公民和移民服务局宣布将在 4 月改革 H-1B 抽签规则，新规则下高学历申请人（硕士学位及以上）的中签比例将提高 16%。这些政策意味着 H-1B 签证抽签机制的彻底改革，本科学历的申请者中签难度加大。

但，与"优质移民"政策同时执行的还有"链式移民"的取消，《改革美国移民制度强化就业法案》规定只有美国公民和绿卡持有者的配偶和未成年子女才能申请获得绿卡。直系父母可以获取临时签证，但不能获得相应的社会福利。非直系亲属及成年家人不能再申请亲属移民。

第三节　联邦政府对留学生的监管机构

一、国土安全部的建立

"9·11"给美国人上了可怕的一课。美国在自己的土地上未能有效防范那些有能力制造大规模屠杀和恐怖的罪恶而冷血的敌人，如果不采取行动加以防范，那么美国人难以获得安全感。这既是"9·11"后美国民间和官方对于外部威胁的共同认知的来源之一，也是布什政府用以使民族主义化的美国爱国主义得以制度化的重要理由之一。正是在这样的氛围中，当布什总统以应对外部威胁的名义成立国土安全部时，他所遇到的阻力是很小的。其中的很重要的一个原因在于，"9·11"事件是发生在美国本土的恐怖袭击，布什政府可以非常肯定地对美国公众声称，由于敌人已经渗透到了美国本土，或者是在美国本土有了内应，所以美国才会遭受如此沉重的打击。因此，"攘外必先安内"：要取得对外部敌人的胜利，就必须首先团结美国自身，将渗入美国的敌人或敌人在美国的内应找出来，至少也要阻止他们再制造悲剧，因此建立国土安全部便是合理的。而这也正是布什政府在建立国土安全部及其他部门的过程中反复使用的话语。因此可以说，成立国土安全部也是布什总统使民族主义化的爱国主义实现制度化的最重要、最成功的努力之一。

国土安全部的创建是自 1947 年杜鲁门政府以《国家安全法》将作战部与海军部合并组建国防部以来最大规模的联邦政府重组。新成立的国土安全部机构颇为庞大，它将分散在 8 个部下面的约 22 个相关机构合并在内，包括移民和归化局、海岸警卫队、特勤局、海关总署、移民局、边境安全部门、运输安全管理局、情报分析机构和总统安全保卫处等，人员总数达 17 万，年预算额为近 400 亿美元。这一新部门可以说是无所不管，其主要功能集中在六个关键领域：情报与预警、边界和交通安全、本土抵抗恐怖主义、保护关键设施和重要资产、防卫会造成灾难性后果的恐怖主义、应急准备和响应。[98]

之所以说创建国土安全部是布什总统使民族主义化的爱国主义实现制度化的最重要、最成功的努力之一，这可以从以下三个方面看出：

第一，布什政府于 2002 年 7 月提出的美国第一个国土安全战略提出了"国土安全"这样一个（对于美国人而言）新的任务，同时也是一个新的概念。美国国土安全战略专门对"国土安全"进行了界定："国土安全是防止恐怖分子在美国境内发动袭击、减少美国对恐怖主义袭击的薄弱环节、最大限度地减轻恐怖分子袭击造成的破坏、尽快从袭击中恢复过来的一项举国一

---

98 阎守邕编译：《国家安全和反对恐怖主义的美国战略思想》，海洋出版社，2005 年，第 4 页。

致的国家行动。"[99]这个定义，特别是"举国一致的国家行动"的提法，是对爱国主义实施民族主义化操作的最明显的话语。通过这种话语，布什便可以要求国会、州和地方政府、私营部门以及美国人民共同承担责任，"团结在国旗周围"、共同抵御却外部"敌人"，因为预防广泛的破坏和颠覆活动、保护公民不遭受任何敌对行动的伤害的责任将是未来保卫国家的首要问题。

第二，尽管在国土安全部成立之前，对于这一机构的名称有着很大争议，但最终仍采纳了"国土安全部"这一名称。美国民间和官方由于在外部威胁认知上有共同立场，因此对于成立一个新机构保护国家安全并未产生异议。但由于将敌人抽象化、非人化，贬低为"恶"，而美国是"善"、"自由"的化身，相应地很多美国人都认为，对新的国家机构的命名也必须能够体现这一道德立场。因而在新机构的命名问题上颇费周折，尤其布什政府却认为，美国成立这一新机构的职能是出于对美国所遭受的本土攻击的反应，必须要体现出对保卫美国国内公民与领土的强调，由于美国代表了善，而且道德二元论的逻辑允许美国代表整个世界，因此即使用"国土"这个词也是无碍的。"现在，威胁可能会迅速出现……在这一意义上，'9·11'教会我们，针对美国利益的恐怖主义不再是'在那里'，而是'在这里'。同样意义上，美国的国土就是整个世界。"[100]最后显然是民族主义化的爱国主义的力量取得了胜利，因为"国土安全部"的名称一直沿用到了现在。

第三，布什总统建立国土安全部的计划并未遭到美国国会的过多阻碍。换句话说，前文所讨论的"9·11"后的"帝王式的总统"在这一问题上有着相当明显的体现。就该部门创建之前的形势来说，以布什为首的行政部门试图利用美国人民的爱国主义热情、利用他们对国土安全的关注，迅速在袭击后的第10天成立一个隶属总统的新的国土安全办公室，而非一个内阁级的国土安全部。[101]原因相当简单，如果只成立一个新的隶属总统的国土安全办公室，那么布什总统在国土安全力面的权力就是任意的；而且，由于这一职位事实上相当于总统顾问，所以无需国会任命，国会也没有监督权。

---

99 阎守邕编译：《国家安全和反对恐怖主义的美国战略思想》，海洋出版社，2005年，第1页。

100 美国"9·11"独立调查委员会：《揭秘"9·11"：美国遭受恐怖袭击国家委员会最后报告》，黄乐平、蔡永强、张龙秋等译，中央编译出版社，2005年，第291页。

101 张焱宇：《反恐固邦"大手笔"——布什组建国土安全部》，中国网，2002年6月8日，http://www.china.org.cn/chinese/2002/Jun/156993.htm.

尽管美国国会试图使自己在国土安全部的成立上拥有更大的发言权，但由于布什总统成功地建构了外部威胁，并以阻止、寻找外部威胁在美国国内的表现——包括外部敌人对美国的渗透、外部敌人在美国的内应等——为由获得了美国公众的高度认可，因此总体上国会对布什建立国土安全部并未施加太大的阻力，从而支持了布什政府将民族主义化的美国爱国主义进行制度化的努力。国土安全部的成立是"9·11"事件后美国民族主义化的爱国主义的制度化的一个重大表现。该部门将先前22个部门的权力整合到一个新的、单一的部门手中。

当然，也有许多人对这一民族主义化的爱国主义的供给制度化持怀疑态度。他们认为，恐怖主义袭击的确为美国带来了明确的威胁，但国土安全并非对恐怖主义的正确的回应。恐怖主义是一个名词、一种战术选择，而美国却以战争、国土安全进行回应。[102]而且这一回应是无法判断其成功还是失败的。因为对国土安全部来说，唯一明确的成功标准是没有袭击发生。而这又导致了一种悖论：一个方面是其预防性民防和警察行动，另一方面是公共关系与公民教育战。第一项政策是高度机密的，并以反恐为名义的；另一项政策则是公共关系与公共宣传。[103]因此，这一制度的成效必然是存在疑问的。

二、交通安全管理局的创建与发展

很显然，成立交通安全管理局（Transportation Security Adminis-tration, TSA）也出于与成立国土安全部相同的逻辑。"9·11"事件的发生可以说是对美国交通安全管理制度的一个打击和讽刺，作为世界唯一超级大国的美国居然会有如此多的飞机会同时遭劫持并用于恐怖主义目的。因此，要保证美国的"安全"，弥补交通安全管理的漏洞也就迫在眉睫。如果说目标仅限于此，那么很大程度上这是对于"9·11"恐怖主义袭击的一个制度上的爱国主义反应，但问题在于布什总统利用了由此带来的恐惧心理，大大集中政府权力，对美国及外国公民的人身权利加以限制，甚至是侵犯，从而使得爱国主义被民族主义化。

在恐怖主义袭击之后，媒体和国会立即呼吁联邦政府接管空中安全。[104]

---

102 Eric Schmitt and Thom Shanker, "Bombings in London: Hearts and Minds; New Name for 'War on Terror' Reflects Wider U. S. Campaign, " New York Times, July26, 2005, p. A7.

103 Dean E. Murphy, "Security Grants Still Streaming to Rural States, " New York Times, October 12, 2004, p. Al; Editorial, "Homeland Security Oversight, " Washington Post, December 28, 2004, p. A18.

104 Daniel Eisenberg, "How Safe Can We Get? The System has been Vulnerable for Years.

在这样的背景下，2001 年 11 月 19 日，美国国会讨论通过了《航空和运输安全法》。根据该法案在美国运输部内设立"交通安全管理局"。交通安全管理局的职责是负责所有运输系统的安全，重点是航空安全。[105]在国土安全部成立后，从有利于国家安全战略考虑和便于统一管理的角度出发，布什政府决定把 TSA 从美国运输部分离出来，归国土安全部领导，目的是保护国家运输系统，确保人员和商业活动的安全。

（一）交通管理局被赋予过大、过于随意的权力

根据《航空和运输安全法》的设计，交通安全管理局下辖两个重要部门，一个是运行部门，向各机场派遣"钦差大臣"，为全美机场提供共计 150 名联邦政府的安全主任，由他们负责管理机场安全；另一个是总支持系统办公室，办公室由一名交通安全管理局副局长领导。TSA 承担的工作非常繁重，美国境内有 449 个机场和 97 家航空公司，750 个爆炸物扫描检查点以及 1,800 个通道（一个通道需配备 5 名 TSA 安检人员，1 名监督员），而每年搭乘飞机的旅客有 6.5 亿人次，托运的行李达 14 亿件，按 4% 年增长率，预计未来旅客、行李数量还会进一步增加。[106]因此，这一新的联邦机构必然需要雇用大量员工，其人数可能会超过劳工部和住房与城市发展部之和。因此，众议院共和党议员们通过了一个议案，只授权联邦政府对私人合同的航空保安进行监督，而不是将整个航空业全盘国有化。[107]尽管如此，2001 年 10 月 11 日，参议院仍然以 100：0 的比例投票支持航空保安的联邦化。

（二）对美国和外国公民的自由都构成了较大威胁，甚至是侵犯

对于崇尚自由主义的美国人来说，要将联邦政府的行政权力无限扩大，甚至因而损及个人利益和个人自由，显然是不符合爱国主义精神的。交通安全管理局的建立恰恰严重侵犯了两类公民的自由。第一类是来自美国及世界各地的乘客。自 2003 年 3 月开始，交通安全管理局开始实施的"第二代计算机辅助

Marginal Improvement aren't Enough," Time, September 24, 2001, http://www.time.com/time/covers/1101010924/bsecurity.html.

105 Daalder and Lindsay, "Whose Job Is It?" p72.

106 辛文锋：《浅谈"9·11"事件后美国机场的安全构建》，《民航管理》，2005 年第 4 期，第 65-66 页。

107 该法案号为 H. R. 3150, November l, 2001, "The Airport Security Federalization Act, " http://frwebgate.access.gpo.gov/cgi-bin/getdoc.cgi?dbname=107_cong_bills&docid=f:h3150eh.txt.pdf.

旅客预安检系统"（CAPPSII 项目）被用于收集旅客信息、标志旅客的"危险系数"。这一系统将对旅客的"危险性"进行甄别分级，并用绿、黄、红三种颜色进行标识。绿色表明旅客"可信度高"，只需进行例行检查；黄色表明"危险系数较高"，需要进行特殊检查：红色表明"危险系数高"，旅客将被终身禁止航空旅行。[108]关键的问题在于，交通安全管理局的第二代计算机辅助旅客预安检系统除了收集旅客的姓名、出生年月、家庭住址、电话号码等基本信息之外，还收集旅客的信用卡使用记录、银行账户等情况，并将之与政府所收集的黑名单进行对比。显然，交通安全管理局某种程度上已经成为一个情报收集系统，超出了管理交通安全的职责范围。如果说出于安全而进行检查是必要的、符合爱国主义精神的，那么这样的行为显然是民族主义化的美国爱国主义的表现，把旅客视为可能的潜在的"敌人"而侵犯了其隐私权利。

第四节　联邦政府对留学生监管的组织

　　联邦政府对留学生监管的组织是在国土安全部和交通安全管理局的协作下完成的。其中交通安全管理局只涉及留学生出入境检查。相对讲，对于留学生的赴美留学，主要的监管在国土安全部。国土安全部的监管行为又可以分为两大部分，一部分时签证申请期，一部分时在美学习期。相对应的监管组织形式有：签证流程的筛查和 SEVIS 的全程监管。

一、签证流程的复杂筛查

　　"9·11"之后由于联邦政府对留学生监管的加强，留学生签证申请变得较之以往复杂了很多。根据美国给定的不同类型的国家，签证程序有繁有简。简单的程序为友善的国家留学生所用，可以很快获签成功。繁琐的是为那些美国认为是危险来源国甚至是"邪恶轴心国"所设立的。一般国家的留学生可能经历的第一道关是 SEVIS 的信息检查处理，通过技术警戒名单对照和 STEM 专业情况审查后进入到常规检查。但是，如果留学生来自中东、非洲，有可能先以国家安全为理念接受国家信息中心和联邦调查局审查（政审），之后，如果不是来自安全风险国家，则可以进入到签证申请环节。如果是，则需要通过再次审查。

---

108 辛文锋：《浅谈"9·11"事件后美国机场的安全构建》，《民航管理》，2005 年第 4 期，第 68-69 页。

常规的签证申请一般是签证官根据申请人提供的信息和面试提问来观察申请者的意愿，寻找能驱除或者拒绝的可能，比如是否同自己的国内有着紧密的联系，是希望学成回国还是有移民倾向等，最后是看是否有足够的资产保证。如果一切皆备，符合签证官的意思，签证才能通过。具体的签证流程见下图。

图 3-4　签证申请流程图

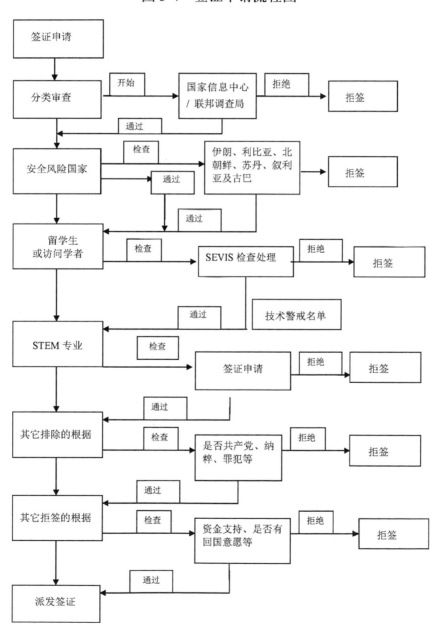

二、留学生教育管理中的监视

外国留学生在美学习期间要受到以 SEVIS 为核心的多方监管。这种监管是以边沁（Jeremy Bentham）的"全景敞式监狱"展开，依照福柯的微观权力理论来看，其监视是在人际关系中发生，一般不会引起很大的反抗，甚至是在不知情的情况下受到了监视。也因此，得以窥探留学生真实的情况，从而决定留学生的去留。

监视以 SEVIS 信息系统为核心，以"全景敞式监狱"的结构向外扩展，从中心塔向外有一层层的同心圆，其中包括联邦的和移民官员。另外一个圆环内是其他学术性机构：全景敞式监狱中的教职员、各部门的和规训的管理机构。最后，还有一个外围的圆环，属于被监管和观察的留学生。外面的环代表着外缘的留学生的潜在的边缘化内涵，总是被观察但是很少接触。联邦移民官员和联邦监管的法律法规之下是同留学生直接接触的学校指定负责人，由他们进行直接的监管。这些学校制定负责人虽然是学校指派，但是，直接对 SEVIS 负责，因此，实际上是一种官员性质。加上学校的管理者和教师的监督，留学生的行为很容易为 SEVIS 记录并传送到联邦监管机构——国土安全部的可能的部门进行分析，确定该留学生是否安全。

联邦政府对留学生监管的实施可以参下图所示：

图 3-5. 联邦政府对留学生监视的实施

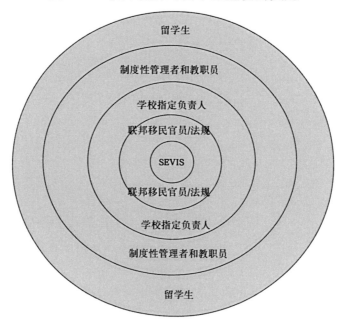

第五节　联邦政府监管的方式

联邦政府对留学生的监管包括监视和管理两部分内容，其监管力度在"9·11"初期几乎达到了监控的程度，因而，其监管的核心思想与方式直接体现了"全景敞视主义"理论。

边沁的全景敞视监狱基于这样的原理：四周是一个环形建筑，中心是一座瞭望塔。瞭望塔有一圈大窗户，对着环形建筑。环形建筑被分成许多小凶室，每个凶室都贯穿建筑物的横切面。各凶室都有两个窗户，一个对着里面，与塔的窗户相对，另一个对着外面，能使光亮从凶室的一端照到另一端。这样，只要在中心瞭望塔安排一名监视者，每个凶室里关着的人的一举一动都历历在目，而被监视的这些人却看不到监视者。这样，"在环形边缘，人彻底被观看，但不能观看；在中心瞭望塔，人能观看一切，但不会被观看到。"[109]全景敞视监狱是一个完美的规训机构，在此，凶犯处处可见，而监视者却是隐匿的。凶犯时时感觉到自己被监督，从而从心里形成一种自我监督。福柯认为，这种监督体系只需付出很小的代价。没有必要发展军备、增加暴力和进行有形的控制。只要有注视的目光就行了，每一人在这种目光的压力之下，都会逐渐自觉地变成自己的监督者。

福柯把监督看作是用来联结权力，知识关系的，他概念化了权力，知识机制在空间和时间中控制个体行为的手段。因为监督不是随随便便的、毫无目的的，它作为权力，知识机制的运作方式，必然是含有权力的。所以，在监视的过程中，权力关系维持着相对稳定的状态。规训权力在无形中被执行，同时，……在控制的行使中，规训权力，通常是，通过对物休本身的安排中体现它的效能。[110]

在理解边沁理论的基础上，福柯声称所有等级体系的结构基本都是全景敞式的：监狱、医院、对工人的监督和学校；都是制度性规训和控制的工具。保尔（Stephen J. Ball）指出"全景敞式监狱"是现代教育中的一种管理手段。[111]保尔认为福柯的"权力的技术"设定了一套"程序，用来投射权力所涉及

109 [法]米歇尔·福柯：《规训与惩罚》[M]，北京：生活·读书·新知三联书店，1999年，第 224 页。

110 Foucault, M. Discipline and Publish: The Birth of the Prison. Tr. By Alan Sheridan. New York: Pantheon Books, 1977:187.

111 Ball, S. J.（Ed.）. Foucault and Education: Disciplines and Knowledge. New York: Routledge. 1990:153.

的人或物，使之服从，作为那种话语的客体和那些程序的接受者，无论他们愿意与否"。[112]霍斯金（Keith Hoskins）认为"'全景敞式监狱'作为监督，同时也是一种判断的'洞悉一切的眼睛'，绝对不能使受监视者发觉"。[113]按照福柯的感觉运用监督的话，这种规训性权力的概念是批判性的。规训性权力从外部控制通过隐形观察主体，同时，传递自我控制和规则服从，这些大体来自被监视者的自我意识。

威姆斯（Lisa Weems）明确了福柯的"'全景敞式主义'概念——一个新的权力使用的技术，作为自我管制性监督的设备"。[114]换句话说，那些在隐性监视下的人实际上在监管他们自己，而不需要政策规定下的人为控制。

边沁的全景敞式监狱的描写提供了监视的主体，"一个疯子、一个病人、一个罪犯，一个工人或者一个学生"[115]被安置在环形建筑的外缘。朝外的灯光使得监视者在建筑中央对在外面的小房间中的这些人的监视很容易做到，而不会被受监视者发觉。

将全景敞式监狱的隐喻性结构引入 SEVIS，因为感觉 SEVIS 可以看作权力的眼睛，从中心塔向外观察。在记录在管理机构内部信息如何被过滤的时候，福柯讲到："这种监视是基于一个永久的注册的系统：从干事到监督官，从监督官到地方法官或者市长的层层报告"[116]。因此，SEVIS 变成了权力的眼睛，同时收集信息，认知关于留学生和访问学者的各种知识。[117]

112 Ball, S. J.（Ed.）. Foucault and Education: Disciplines and Knowledge. New York: Routledge. 1990:157.

113 Hoskin, K. Foucault Under Examination: The Crypto-Educationlist Unmasked. In Foucault and Knowledge.（S. J. Ball, ed.）（pp.29-56）. New York: Routledge. 1990:31.

114 Troubling Professionalism: Narratives of Family, Race, and Nation in Educational Reform. In Dangerous Coagulations? The Uses of Foucault in the Study of Education.（B. M. Baker & K. E. Heyning, eds.）.（pp.225-264）. New York: Peter Lang Publishing Inc. 2004:228.

115 Foucault, M. Discipline and Publish: The Birth of the Prison. Tr. By Alan Sheridan. New York: Pantheon Books, 1977:100.

116 Foucault, M. Discipline and Publish: The Birth of the Prison. Tr. By Alan Sheridan. New York: Pantheon Books, 1977:196.

117 Foucault, M. Discipline and Publish: The Birth of the Prison. Tr. By Alan Sheridan. New York: Pantheon Books, 1977:148.

第四章　美国联邦政府对留学生监管的价值取向

　　价值取向是价值主体在一定的价值观指导下所做出的选择行为和选择结果。价值取向是制度建构的基础，是制度规则目的所指，是制度本质特征的体现。美国联邦政府对留学生加以监管是美国联邦政府对留学生的招收、录取、学习过程的监督与控制的总称，是美国国家联邦政府就国家安全出发，针对赴美留学生施行的既有利于国内安全形势的需要同时又是提升美国霸权战略中的高等教育的国家服务的目的而制定的国家政府亲自掌控留学生情况而制定的留学生教育行为准则。它既可以看作美国高等教育制度的一次变革，又属于国家政治制度中的一项意义深远的动作，其有效运行立足于特定的价值和利益分配基础。就留学生教育这一高等教育的特殊形式来看，美国联邦政府不再只是利用法律法规进行高等教育的外围干预，而是直接涉及到其管理的内部，国家正在成为留学生教育制度的设计主体，并影响着美国的高等教育走向。随着美国的国家利益的全球化——文化帝国主义的全面展开，国家、高等学校与留学生之间的利益冲突将更多地体现美国联邦政府的主体作用和价值判断，也从而在留学生教育的一点显示美国的国家利益取向。

第一节　监管、价值取向与利益

　　目前，对制度的研究已引起了世界各国的共同关注。不同的学者从不同的学术立场出发，对制度的内涵作了不同的解读。美国经济学家安德鲁·肖特（Andrew Schotter）在《社会制度的经济理论》中指出，"一个社会制度是一种行为的规则，它被所有社会成员所赞同，它规定了在特定的反复出现的情况下的行为，它是自我维持的，或是被某个外在的权威所维持的，""社会制度，指的是社会的全体成员都赞同的社会行为中带有某种规律性的东西，这一规律性具体表现在各种特定的往复情境之中，并且能够自行实行或由某种外在权威实行之。"[1]新制度经济学的代表人物道格拉斯·C·诺斯（Douglass C. North）认为："制度是一个社会的游戏规则，更规范地说，它们是为人们的相互关系而人为设定的一些契约"，[2]他进一步解释："制度是人类设计的、构造着政治、经济和社会相互关系的一系列约束。制度是由非正式约束（道德约束、禁忌、习惯、传统和行为准则）和正式的法规（宪法、法令、产权）组成。[3]而且，"制度是一系列被制定出来的规则、守法秩序和行为道德、伦理规范，它旨在约束主体福利或效用最大化利益的个人行为。"[4]马克斯·韦伯（Max Weber）认为："制度应是任何一定圈子里的行为准则"。[5]从以上关于制度的定义与解释来分析，"制度"是在一定的社会范围内具有约束力的，带有特定的社会指向的，以契约或规则形式来对人与社会、人与人之间关系的行为加以规范的体系。

一、美国联邦政府对留学生监管的制度性理解

从上一章内容可以看出，美国联邦政府对留学生监管已经形成了制度化。虽然留学生教育属于高等教育范畴，而且，美国高等教育一直标榜着"自治"，但是，就留学生管理而言，从招收、录取到课程选择与生活安排，由于联邦政府权力的微观渗透，已经完全受控于美国政府，而不再是各高校自主的事情。而且，美国联邦政府以立法的形式和专有的行政管理部

---

1 [美]安德鲁·肖特：《社会制度的经济理论》[M]，上海：上海财经大学出版社，2003年，第15-17页。

2 [美]道格拉斯·C·诺斯：《制度、制度变迁与经济绩效》[M]，上海：三联书店，1994年，第3页。

3 [美]道格拉斯·C·诺斯：《制度、制度变迁与经济绩效》[M]，上海：三联书店，1994年，第3-4页。

4 [美]道格拉斯·C·诺斯：《经济史中的结构与变迁》[M]，上海：二联书店，1991年，第226页。

5 [德]马克思·韦伯：《经济与社会》（上卷）[M]，北京：商务印书馆，1997年，第345页。

门的直接作用，对留学生监管的制度性依然形成。美国各高校招收留学生和培养留学生的政策都要随着美国联邦政府的政策而变化，否则便是不爱国，将是国家的"叛徒"，随之而来的是留学生的停招，从而丧失自己高等教育国际化的机会。因为，联邦政府监管已经成为了留学生教育运转的首要行为准则。

二、美国联邦政府对留学生监管的价值取向

任何的制度形成都是在一定的价值取向上的完成。制度的价值取向是指制度主体在自身价值判断的基础上所做出的选择，是朝向主体意愿的内在的衡量和本质体现。其"选择"的意义涵盖并非单一的抉择，即不仅体现价值主体的价值目标选择，即"意愿的选择"——预设，还包括价值主体的实践活动选择，即"行为的选择"——效果。意愿的选择和行为的选择这两者成就了制度的价值取向的维度。对制度的价值分析只有把握了制度主体在制度中的价值取向维度，并对其维度的相关性加以明晰，才能了解制度主体真正想要的制度，才能弄清楚制度主体在各个不同阶段"选择了什么样的价值追求"、"为什么要这样选择"等基本问题的答案。

美国联邦政府对留学生监管的价值取向是站在美国联邦政府的角度，看待留学生监管的制度实施。其中自然有其产生监管的预设选择，同样也有监管效果的反馈。美国联邦政府作出对留学生的监管并非完全只是因为袭击美国的恐怖分子中有留学生的存在，也不仅仅是为了应对留学生签证的程序完善，其深层次的价值追寻是在美国国家层面的对留学生和美国高等教育的看待，是对二者在美国的国际战略、文化帝国形成的过程中的作用的思考。

三、美国联邦政府监管留学生的价值取向与利益关系

价值与利益不可分，价值的实质在于利益。利益问题一直是人类生活的价值追寻，一种自我寻找的根本问题。而人类社会的全部活动，熙熙而来，皆为利往。利益对于不同的人群来说可能有着不同的理解，因此，人类社会才有着既有共性又差异明显的社会活动方式。人类交往也是站在利益的沟通与交换的原则上的，因为，有利益就有冲突，而针对利益的契约与协调无不是基于利益本身的一种妥协，一种矛盾规避、各方利益最大化的产物，其本身依然体现着各自的利益关系。正如马克思指出："人们为之奋斗的一切，

都同他们的利益有关。"[6]就社会发展中的某一集团的利益看，利益是在一定的生产基础上获得社会内容和特性的需要，它反映着特定历史阶段中人与人之间的社会关系。脱离价值构架的利益是不存在的。制度的价值取向是一种利益倾向，这种利益倾向由制度主体本身的特点所决定。美国联邦政府对留学生监管是美国联邦政府对留学生的招收、录取、学习过程的监督与控制的总称，是美国国家联邦政府安内与攘外并举的大战略中的关键一步。它既可以看作美国高等教育制度的一次变革，又属于国家政治制度中的一项意义深远的动作，其有效运行立足于特定的价值和利益分配基础。就留学生教育这一高等教育的特殊形式来看，美国联邦政府不再只是利用法律法规进行高等教育的外围干预，而是直接涉及到其管理的内部，国家正在成为留学生教育制度的设计主体，并影响着美国的高等教育走向。随着美国的国家利益的全球化——文化帝国主义的全面展开，国家、高等学校与留学生之间的利益冲突将更多地体现美国联邦政府的主体作用和价值判断，也从而在留学生教育的一点显示美国的国家利益取向。

美国联邦政府对留学生监管是一种国家高等教育制度，也是一种国家政治制度。一方面，它是一种静态的，是借助权威得以维持的关于外国留学生招收、学习、生活规范体系；另一方面，它是一种有目的的、动态的行动过程，具有明显的利益相关性，是协调和维护不同利益主体间的关系的规则体系。该制度涉及的利益主体包括明确的三方：美国联邦政府、高等学校和外国留学生，美国联邦政府对留学生的监管是一种利益的重新划分，这种划分并非站在平等、民主的平台，而是基于国家利益最大化的，因而，相对讲，该制度的形成是基于单方利益的谋夺，是权力的实现。但是，在这过程中另外两方的利益同美国政府之间在监管制度的框架内存在着博弈，即有着一种利益主体的利益争取。因此，美国联邦政府监管制度的形成囊括了三方的利益博弈。更重要的是，任何制度的形成必定是双方或多方利益的协调与整合，纯粹单方的制度不可能存在，制度存在于社会活动，权力体现在利益主体间的关系。

6　《马克思恩格斯全集》（第1卷）[M]，北京：人民出版社，1995年，第82页。

第二节　联邦政府对留学生监管中的国家利益观

"从广义的概念上讲，政府就是国家。"[7]事实上，政府即是国家的代言人。基于这种理解，本文并没有严格区分政府和国家。国家利益是国家政治的核心概念之一，几乎所有的国际政治的理论都无法回避对国家利益的讨论。但是国家利益又是一个相当复杂的概念，人们对国家利益的解读可谓千差万别。从国家形态的发展和国际关系的演变看，"国家利益"是近些年形成的概念。据有关资料分析，第一个提出国家利益的概念并系统考察其起源和演变的是美国历史学家查尔斯·比尔德（Charles A. Beard）。他在于 1934 年出版的《国家利益的观念：对美国对外政策的分析性研究》一书中详细考察了国家利益概念的起源并追溯了国家利益概念在近代经历的演变。[8]根据他的考察，这一概念最初是以"君主意志"和"王朝利益"的概念形式出现的，意指每位君主都渴望维护并且尽可能扩大它的版图以及他对土地和人民的统治。随着版图中越来越多的集团将自己的具体利益和君主利益混为一体，王朝利益便让位于国家利益的概念。在我国，有学者认为："国家利益是指国家生存与发展的必要条件，具有客观性质，不是任意界定的"，还有学者则提出："国家利益的基本要素是国家安全、领土完整、社会制度和经济繁荣，这是国家利益在最高意义上的表现，是国家核心利益之所在，具有相对稳定性。"[9]综合上述，我们可以这样认为，国家利益是随着国家这一主体的形成而产生的。国家利益源于国家主权，它不仅是国家的最高目标，也是国家行为的出发点和归宿。国家既需要安全与发展，也需要国际社会尊重与承认。因此，国家利益是一个主权国家制定和实施国内、国际战略的根本依据和指导思想。美国作为典型的资本主义国家，无论其标榜的自由和民主多么"乌托邦"，在现实中，正是美国的高度发达的经济与科技实力支撑着美国的国家价值观，是在一种优越的经济生活下的相对的"自由"与"民主"，属于我国古代管子所说的"仓廪实而知礼节"的状态，而非真正的政治意义上的无阶级的人人平等的价值观。所谓的"自由"、"民主"脱离了美国的经济

7　罗必良：《新制度经济学》[M]，太原：山西经济出版社，2005 年，第 636 页。

8　Charles·A·Beard, The Idea of National Interest: An Analytical Study in American Foreign Policy. Westport: Greenwood Press, 1934: pp1-29.

9　俞正梁：《变动中的国家利益与国家利益观》[J]，上海：复旦学报（社会科学版），1994（1），第 37-42 页。

则会显示出其欺骗性和不可存在性。美国的国家利益核心恰正反应的是美国少数资本占有者、资本寡头的利益所在。当然，整体来看，作为一个国家，一国民族，其国家利益自然会有更多的民族意味，因而，即便美国的国家利益主要内容也会有：安全利益，如国家的统一、独立、主权和领土完整；政治利益，如政治、经济、文化等制度的巩固；经济利益，如国家资源利用的效益、经济活动的利益和国家物质基础的增强等。国家利益是国家生存与发展的必要条件，是客观存在的。

国家利益的实现有赖于先进的、真正能够救国、立国、兴国与强国的教育。作为人才培养为己任的高等教育机构应该是国家政治制度体系的重要组成部分。高等教育的现状折射出一个国家的政治信念、经济基础、文化理想和教育水平。也正因此，美国联邦政府对美国大学的管理一直有着觊觎，一直通过科研投资控制着美国大学的社会服务方向的国家倾向。而"9·11"事件的发生正好给了美国联邦政府一个天大的机会，在打击恐怖分子，保障国土安全的任务下，开展了一系列的增强政府权力的措施，其中，监管留学生变成为了美国联邦政府深入高等教育内部管理的引子。

每当国家处于危急时刻，公众往往都被假定会"团结在国旗周围"，并授以政府更大的支持以促进国家安全。[10]这一假定在"9·11"恐怖主义袭击之后在美国得到了证实。"9·11"以一种美国历史上前所未有的方式"打击了美国国土"，从而在引发了美国公众的爱国主义热情的同时激发了他们的愤怒，如有学者唐·德利洛则认为："我们世界的一部分，已经被他们弄得粉碎，这意味着我们生活在一个危险和愤怒的地方。"[11]两种情感的交织融合体现了美国公众情绪失控下的偏激的心态。对恐怖主义威胁的担忧使得美国人形成了冷战后少有的空前团结。美国民众都自觉地与政府保持同步，民众对政府的信任显著上升为国会赋予总统更广泛的新权力提供了合法性，也为布什政府借助爱国主义的名义脱开国会和最高法院的制衡而扩大政府职能，推行诸多不合理的内外政策提供了强大的动力。布什政府藉此将国内、国际事务同恐怖主义的持续威胁相联系，一方面将公众不满倒向恐怖主义威胁，积极修正自己的形象，一方面借机加强政府权力，迅速实现了对爱国主

---

10 John Oneal and A. Bryan, "The Rally 'Round the Flag Effect' in U.S. Foreign Policy Crises, 1950-1985," Political Behavior, Vol.17, No.4, 1995, pp.379-401.

11 Don DeLillo, "In the Ruins of the Future: Reflections on Terror and Loss in the Shadow of September," Harper's Magazine, December 2001, P.33.

义的民族主义化操作。对外政策：布什主义这种带有强烈的霸权气息的战略主张被推出，并长时间因维护国家安全的宣称而得到多数美国公众的支持，伊拉克战争即是明证；对内政策：布什政府迅速通过《爱国者法案》并建立相应的直接附属于政府的国土安全部等执法部门，扩大了自己的权力。以实现其"攘外"与"安内"并举，清剿海内的野心。作为"敌人"的代表，留学生由美国国家利益的创造者变为国家利益的可能危害者便不足为奇了。

美国联邦政府监管留学生的国家利益体现主要在以下几个主要方面上：人才安全的需要、教育安全的需要和美国大战略建构的需要。

一、人才安全的需要

美国联邦政府对留学生的监管以 SEVIS 监控系统为核心展开。SEVIS 是在"9·11"后 2003 年 1 月 30 日开始实施的对留学生及访问学者的信息跟踪系统。所以，SEVIS 的实施往往被认为是因为"9·11"恐怖分子中有 3 人持有签证留学生而引发的对留学生的监管。但是，事实上，"9·11"只是一个引子。SEVIS 系统实施的是 1996 年《非法移民改革和移民责任法》（IIRIRA）第 641 条款。这项法律要求移民局向有关学校和交换项目持续收集非移民外国学生和交换访问者逗留美国期间的最新情况。因此，可以看出，美国联邦政府在"9·11"之前就已经决定对外国留学生和访问学者实施监管，只是因为反对声过大而未能施行。而当时美国联邦政府进行立法提出对外国留学生监管的目的显然不是为了国土安全，而是国家利益，从美国的发展和国际环境的变化而做出的决定。

美国联邦政府对留学生监管的目的，即国家利益的体现在哪里？美国想保持全球的霸权地位就必须增强自身的权力：硬权力和软权力（又称软实力）。而"9·11"恐怖袭击使得美国注意到军事的"硬实力"不一定能保卫自己国家的国土安全，如果想保持美国在世界上的大国地位、领先地位，应该更多地发展自己在世界上的政治、经济、文化的"软权力"。而"软权力"的核心就是人才的竞争。但是，保证外来人才能服务于美国利益在"9·11"之前就开始考虑的问题。因此，借助"9·11"的契机，美国联邦政府开始对留学生及访问学者进行监管目的就在于充分利用以二者为主体的外国人才有效服务于美国的国家利益，SEVIS 即是对他们进行从签证申请到就业的全程信息跟踪，直接监视、控制他们的行动的电子系统。一言以蔽之，留学生人才对于美国的发展而言至关重要的。留学生的贡献在美国的核心战略中处于举足轻重的地位，美国联邦政府越来越看到美国世界霸权战略中的留学生的工具性。

（一）美国软权力的增强与国际人才的竞争

软权力这个概念最早是由哈佛大学肯尼迪政治学院院长约瑟夫·奈（Joseph Nye）教授于上世纪 80 年代末提出来的。他认为，实现目的的方式有三种：威胁（大棒）、利诱（胡萝卜）、吸引（自由选择）。其中第三种就是软权力，即通过吸引别人而不是强制他们来达到你想要达到的目的的能力。

约瑟夫·奈认为，美国想保持强大，就必须关注软权力——软性的同化权力，即"一个国家造就一种情势、使其他国家仿效该国发展倾向并界定其利益的能力"。[12]"如果一个国家可以使其权力被他国视为合法，则它将遭受更少对其所期望的目标的抵制。一国的文化与意识形态褒有吸引力，其他国家将追随依附。如果一个国家能够建立与其社会相一致的国际规范，则它无需被迫改变。如果该国支持使得他国按照主导国家的语气采取行动或限制自身行为的制度，它可能无需以高昂代价运用硬权力。[13]这样，在国际政治中得到所希望的结果，因为他国想追随它，欣赏其价值观，效仿其模式，渴望达到其繁荣水平和开放程度。从这个意义上说，在国际政治中通过制定议程来吸引他人，与通过威胁或使用军事或经济手段来强迫他人改变立场同等重要。[14]它可以拉拢他人，而不是胁迫他们。

时代发展至 21 世纪，随着经济全球化的不断深入，"硬实力"已经不那么有形或具有胁迫性，尤其是在先进的国家之间，因此，"软实力"在竞争中所占的份量明显增大。因为"软实力"引发的是仿效和膜拜，是一种无形的推崇，因而在别人看起来就是合法的、应该的，榜样的，那么具有"软实力"的国家便自然地拥有了话语权，也就会意味着更大的支配权——以自己的话语构建国际社会的行为规则，形成"以我马首是瞻"的国际秩序。而且，如果一个国家能够帮助支持一些机构，而这种机构又能鼓励他国用它偏爱的方式引

---

12 约瑟夫·奈著，门洪华译：《硬权力与软权力》，北京：北京大学出版社，2005 年，第 107 页。

13 约瑟夫·奈著，门洪华译：《硬权力与软权力》，北京：北京大学出版社，2005 年，第 97 页。

14 约瑟夫·奈著，陆斌编译：《解读美国大战略》，杭州：浙江人民出版社，2003 年，第 121 页。

导或者限制他们的活动，那么这个国家就不需要这么多代价高昂的胡萝卜和大棒。[15]克林顿政府的国家安全顾问塞缪尔·伯杰（Samuel R. Berger）对于奈的"软实力"做了很好的注脚："我们一定要牢记实力和权威之间是有着区别的。实力是借助武力和制裁进行强迫的能力，我们有时必须使用这种实力，因为总是存在着值得为之战斗的利益与价值观。权威是领导的能力。我们依赖这种权威实现我们试图实现的几乎一切。我们的权威建立在完全不同于我们实力的品质之上：我们价值观的吸引力、我们榜样的力量、我们承诺的可信以及我们倾听和支持其他国家的愿望。今天不会存在着对我们权力的真正威胁。不过，如果我们以激怒我们的朋友和不兑现我们之承诺的方式使用我们的实力，我们将失去我们的权威—我们的实力将会变得很少有意义。"[16]

所以，美国已经注意到了软权力的重要性，开始一种国际政治转向。因为"国际政治性质的变化常常使无形的权力变得更加重要。国家凝聚力、普世性的文化、国际制度真正被赋予新的意义。权力政治从'拥有雄厚的资本'转向'拥有丰富的信息'"。[17]未来国家与国家之间的较量与竞争不再是昔日的军事力量和征服，技术、教育和经济的因素在国际权力中的作用逐渐重要。这些软权力的构成核心是人才。人才是技术、教育、经济、意识形态、价值观等等的关键。留学生作为国际人才的功能发挥对于美国的国际大战略来说可谓意义非凡了。

（二）国际人才对于美国软权力增强的重要性

历史地看，世界各国凡达到一个繁盛时期必然都同时伴随着人才资本的先行追赶，人才资本追赶是经济追赶的先导。许多发达国家发展成为经济强国的过程中，无一不经历教育立国、科技兴国、人才强国的战略阶段。实践证明，在当今的世界经济竞争中，谁拥有大批高素质、高水平的专业技术人才，谁拥有众多的具有战略眼光、富有开拓创新精神的企业家，谁拥有一支高效率的国家公务员和其他行政管理专家队伍，谁能充分开发并有效利用人才资源，谁就能在国际竞争中立于不败之地。

---

15 约瑟夫·奈著，陆斌编译：《解读美国大战略》，杭州：浙江人民出版社，2003年，第78页。

16 Samuel R. Berger. "A Foreign Policy for the Global Age". Foreign Affairs, Vol.79, No.6 November/December 2000.

17 约瑟夫·奈著，陆斌编译：《解读美国大战略》，杭州：浙江人民出版社，2003年，第105页。

21 世纪，知识经济的发展是以经济全球化与信息科技为显著特征的，世界各国因而面临一个共同的问题就是高科技人才的严重短缺。美国移民政策专家斯蒂文·莫尔（Stephen Moore）指出："在 21 世纪的全球经济中，最缺乏的资源是人力资本。各个国家都面临世界级头脑与尖端技能人才的短缺。所有的国家都在寻求优秀人才。"[18]有统计显示，在美国，雇员在百人以上的高新技术公司有 36 万个计算机程序编制员和计算机系统分析员的位置空缺，从现在起到 2005 年，美国平均每年需要新增 9 万多名计算机专家。美国国家科技基金会按专业科目预测，2000 年，美国将缺乏 67 万名理工科大学毕业生，到 2010 年缺额将达到 70 万。[19]

美国国家自然基金会在 2003 年的一份报告中说："美国所面临的高科技人才竞争与短缺，正在挑战与危及美国长期的经济繁荣与安全。"[20]美国《底特律自由报》宣称："21 世纪已成为全球对脑力与知识的竞争。""吸引与教育来自全世界最优秀的人才，已成为国际竞争。"[21]新一轮高科技人才争夺战正在全球范围展开。这就使得美国，这个依靠移民发展起来的国家感到了莫大的人才竞争威胁。美国朝野就当前移民的可能危害与人才的必须之间展开了一场空前的移民政策大辩论，其着眼点自然是积极应对全球人才竞争的挑战，如何吸引并留住全世界最优秀的人才，使美国在 21 世纪继续以高科技与经济的绝对优势成为维护全球霸权的保证。

但是，按照美国培养人才的速度，无论如何也满足不了这个需求。这个缺口最好的补足途径就是接纳留学生和访问学者，以及进行大量的高科技人才移民。而这其中，在美接受美国教育的留学生则是首选。随即，留学生的安全问题便凸显出来。

（三）国际人才的美国属性——价值观认同的实现

国际教育作为一种最主要的国与国之间的文化传递活动，是文化价值观

---

18 斯蒂文·莫尔：《美国需要面对新经济的战略性移民政策》，移民研究中心，http://www.cis.org/articles/2001/blueprints/moore.html.

19 骆新华：《引进国外智力——世界各国采用的一项有效发展战略》，湖北社会科学，1999（8）：37.

20 见美国国家科学基金委员会 2003 年 8 月 4 日报告："科学与工程劳力——实现美国的潜力"。

21 约翰·恩格勒，彼得·麦克弗森：《美国为"脑力吸引"开放》[N]，底特律自由报，2006 年 4 月 2 日。

向外传播的最佳途径，留学生便是最好的载体。什么可以让美国的文化价值观最真切、最完整的展现在外国政府和公众面前并做到吸引而同化？答案很明显——国际教育交流。美国著名参议员富布赖特曾指出，"一代人之后，我们与其他人进行社会价值观念交流的好坏要比我们军事、外交优势对世界格局的影响更大。"[22]曾负责教育文化事务的助理国务卿菲利普·库姆斯把教育文化交流称为"对外政策的第四维"。[23]

让世界各地的学生来接受本国教育、感受本国文化是最有效的增强本国文化价值吸引力的途径。显然，美国在这方面是有优势的。德国记者约瑟夫·约菲（Josef Joffe）把美国的"软权力"说成就是"哈佛大学以及好莱坞、麦当劳和微软"[24]。他认为，美国的文化价值吸引力"比它的经济和军事资产看起来还要突出。美国文化的强度只有在罗马帝国时期才可以见到。罗马帝国和苏俄的文化影响只能达到其军事边界线，而美国的软权力却统治了一个日不落帝国。"[25]而且，美国在"软权力"的游戏中"显然是独一无二的。在牌桌上，中国、俄罗斯、日本甚至西欧都无望与美国手握的一堆筹码匹敌。人们在公海上甘愿冒死进入美国，而不是进入中国。很少有人想要在莫斯科大学获得工商管理学位或者像身着和服的日本人那样跳舞。令人悲哀的是，越来越少的学生想要学习法语或德语。美国口音的英语已经成为世界语言"。[26]在这其中，美国的高等教育尤其强大，以哈佛大学为代表的一大批优质的高等教育资源"激发他人的梦想和欲望"，"大批外国学生来到美国完成学业。"[27]

美国自己也意识到了它领先的高等教育体系是美国崛起中最重要的因素之一，也将是美国保持大国地位所需要的软权力中最具吸引力的一项内容。大卫·伊格内休斯说，"美国最有战略价值的资产或许并不是它的枪炮，而是他

22 Philip H. Coombs, The Fourth Dimension of Foreign Policy: Education and Affairs, New York, 1964.

23 Philip II. Coombs, The Fourth Dimension of Foreign Policy: Education and Affairs, New York, 1964.

24 Josef Joffe. "Soft Power Politics". Time Atlantic, Vol.155, No.23, June12, 2000.

25 Josef Joffe. "How America Does It". Foreign Affairs, Vol.76, No.5, September/October 1997.

26 Josef Joffe. "How America Does It". Foreign Affairs, Vol.76, No.5, September/October 1997.

27 Josef Joffe. "How America Does It". Foreign Affairs, Vol.76, No.5, September/October 1997.

的大学。"高等教育可以说是美国唯一一个还在世界范围内独占鳌头的领域。的确，随着全球政治力量均衡的变化，经济上资本的全球扩展，直接妨碍了以军事力量为代表的硬权力的有效实施。以文化价值为代表的高等教育的价值作用便凸显了出来。而在这个全球化的世界上，显而易见地，美国的大学仍然是最好的一块金字招牌。"美国伟大的高等学府实际上在变得越来越全球化了，它已经成为'卓越'的同义词，吸引了全世界最聪明的学生和教师，给予了他们独一无二的机会。"[28]坦率地说，美国大学摒弃了传统大学的"古典"，开创了美国式的开放和多元化典范，这种开放与多元的融合使得它赋予其中的学子思考和创造的自由，并让他们从中收益，这也正是美国大学对于全世界的人才极具吸引力的本质。大卫·伊格内休斯（David Ignatius）也看到了这一点，认为"这种'教育的力量'说不定正是美国对付它远期挑战中最好的工具。全球的很多民意测验都显示，当下的这个世界对美国和美国的价值观都持有怀疑态度，但在这些普遍的反美意见中有一个特例，那就是美国的教育。目前，构架美国式的大学、学院和学校在全世界很多地方方兴未艾。五角大楼的将军们总是在炫耀他们的'智能导弹'，而这些'导弹'也常常有走火的时候。实际上，美国的教育才是一个真正管用的智能武器。当我们在思考这些大学校长和许多人的努力的时候，我们应该把他们当作有利于国家安全的资产，只有他们才能让这个世界变得更安全，更有智慧。"[29]事实上，美国通过文化的渗透和吸引来达到维护国家地位的伟大想法了早已有之，"为了扩张精神上的影响而花些钱，即使只从物质意义上来说，也能够比用别的方法收获得更多，商业追随精神支配，比军旗更为可靠。"[30]背景不同，但是从教育交流产生文化渗透从而产生对文化价值观的吸引力来达到维护国家安全和利益的思路是一致的。

二、教育安全的需要

美国高等教育的发展历史总是同美国的国际利益相联系的，同样，也是同美国对高等教育的认知的加强而逐步监管的深入相联系的。"9·11"恐怖袭击使得美国联邦政府有了最佳的时机可以通过国家安全的理由深入到大学

---

28 大卫·伊格内休斯，张一帆译：《美国的智能武器》[N]，经济观察报，2007 年 3 月 26 日，《华盛顿邮报》提供中文版权。

29 大卫·伊格内休斯，张一帆译：《美国的智能武器》[N]，经济观察报，2007 年 3 月 26 日，《华盛顿邮报》提供中文版权。

30 田正平：《中外教育交流史》，广州：广东教育出版社，2004 年，第 677 页。

的管理内部，从留学生教育的监管入手，直接干预美国的高等教育。

美国联邦政府希望高等教育安全从以下几方面体现：

从规模发展来看，在教育全球化的推动下，学生的世界流动越来越广泛，高等院校的留学生多少的情况已经成为重要的高等教育国际化的指标。各国政府根据各自的利益追求融入到留学生市场，通过各种途径加大留学生的招收，包括提供有效的优厚待遇，比如奖学金资助、打工机会甚至满足毕业需求等来招徕留学生的目光。信息化时代的大学不再只是一国的大学，必定要成为有教育需求的全球公民负担得起的、高质量的终身学习机会的场所。大学的服务对象在不断扩大，大学影响的人群（包括国内国外学生）也就越来越大，大学的公众性程度大大提高，学术权威就会大幅度提升。美国优质的高等教育资源吸引着全世界的精英人才。美国对世界各国的精英人才一直是开放的，它希望通过开放的留学政策吸引世界各国的人才来到美国，感受美国的文化和价值观。美国认为这是维护国家安全和利益的最佳保证。

从学术自由来看，学术自由虽然是学者的一项基本权利，属于个人工作自由与私人领域，但现代大学的研究领域几乎触及了社会领域的各个角落，其影响的范围自然也扩展到世界社会生活的方方面面。大学在全球的影响力越来越大，地位越来越重要。大学对社会的生存和繁荣的作用力是如此重要，这足以使得美国联邦政府希望加大对大学的监管，在公共政策指导下服务于自己的利益。何况美国各高校都在努力招收更多的留学生，虽然他们都是经过美国选拔的世界各国的学生精英，但是他们掌握了这些学术知识是为美国国家利益服务还是"以子之矛戳子之盾"便不得而知。如果有了对留学生的监管，通过政府部门、学校、留学生服务部门和美国公众的监督，可以有效保障留学生教育的安全。

从市场调节来看，美国可以说是唯一作为完全市场经济的国家，就是因为高等教育自然也会体现出市场供求调节的作用。但美国联邦政府一早就意识到大学的重要性，作为国家发展的"发动机"，大学如果任意自由地发展，最终可能形成政府的虚设，市场主导下的无政府状态出现，那将是国家的危险。美国联邦政府一直试图干预大学，通过立法、科研资助等形式间接实施。特别是信息化社会的到来，现代大学可以通过控制社会生活中的核心部分——教育资源及文化资本，从而广泛而深入地影响到社会政治、经济、文化生活的发展方向，此时还不对大学进行适当的约束，随着全球经济一体化的进程加快，任由市场需求来左右高等教育的发展，必当受人以柄，危害到美国的国家利益。因此，联邦政府在维护大学在国际竞争中保持竞争力的同时，寻求政府干预市场，调节供求关系的平衡点，达到大学管理、学科建设和科学研究与政府的战略同步，朝着美国政府的国家利益的框架发展。

从知识与权力的关系上看，美国联邦政府认识到了大学知识与权力的相互作用而产生的能量。克拉克·克尔（Clark kerr）曾指出："大学在维护、传播和研究永恒真理方面的作用简直是无与伦比的；在探索新知识方面的能力是无与伦比的；综观整个高等院校史，它服务于文明社会众多领域方面所作的贡献也是无与伦比的。"[31]大学的知识膨胀造成的学术权威日益威胁到美国的政治权威，由于美国的教育传统的自治和学术自由，这种学术权威可能对美国的国家利益造成不可估量的损失。尤其是科学发展到教授们可以运用基因技术、克隆技术在实验室中就能影响或改变人类命运的时候，美国联邦政府对高等教育的干预如果再停留到对大学的立法和科研资助上，美国面临的危险就不再只是"9·11"袭击这么简单，对高等教育实施法制化管理和约束已经成为了美国联邦政府的当务之急，只是碍于大学的传统与现实的利益而等待时机罢了。除此，在国防研究领域，政府对大学干预的力度更急更大，毕竟现实利益是保证信息的安全，如美国政府敦促大学不得对有着某些国家的留学生开放此类的课程；不得使这些留学生接近相关研究的教授；设法阻止外国人以学生或访问学者的身份观察这类研究项目或参与此类研究工作；阻止邀请外国人参加此类的科学会议。

三、美国国家大战略建构的需要

美国的国家利益从没有只局限于国内政治、经济、文化的协调，国际的美国利益才是美国国家利益的根本。随着以美国为首的西方发达国家的兴起，美国希望能制定更多的世界规则从而形成所有国家遵照执行的秩序，这样，美国才能长久地维护其霸权地位。在美国大战略的构建中需要美国的教育特别是高等教育一直服务于国家的发展与扩张。

从历史上看，美国自二战之后，几乎无时不处在国家利益国际化的努力

---

31 [美]德里克·博克著，徐小洲、陈军译：《走出象牙塔——现代大学的社会责任》[M]，杭州：浙江教育出版社，2001年，第2-3页。

当中：二战后，要同苏联争霸世界；美国联邦政府紧扣着国家安危这个问题做文章，50 年代的《国防教育法》将高等教育和国防建设紧紧联系在一起；80 年代"国家在危险中——教育改革势在必行"的提出是为了与日本及欧盟国家争夺世界市场；90 年代"我们需要 21 世纪的教育革命"的呼声则是希望在 21 世纪美国能继续保持霸主地位。随着美国的国际需求的变化，美国高等教育是在激烈的国际竞争环境中不断发展，美国联邦政府调控高等教育的力度也在不断加大。

　　"9·11"之后，美国联邦政府在看到美国大战略构建的必要，但是同时，美国对国际规则的制定、国际秩序的形成的基础——知识不无担忧。美国的大学当前拥有国际规则和秩序的形成需要的知识，但是，美国的高等教育的自治与自由以及掌握这些知识的人才是否符合美国的利益观成了美国考虑的重点。美国决定对留学生监管，其中一个重要的目的就是希望保证美国的国际霸权地位的稳定。因此，美国对留学生的监管的前瞻就是美国对国际规则的建构。

　　当前，持有国际规则的建构与秩序的形成的论点中，主要有道德价值规范论、国家间利益趋同论和普世规范、文化、利益平衡论三种。英国学派学者马丁·怀特（Martin White）认为拥有共同的价值观和道德规范，处于共同文化之下的国家可以形成一个国际社会，并可在彼此之间建立秩序；[32]而罗伯特·基欧汉（Robert Koehane）则认为国际社会处于无政府状态，但无政府状态并非是无秩序状态，国际社会可以是一个无政府的有序社会。因为在国际关系中，大多数相互关系是既有利益冲突又有利益趋同，主流是非零合博弈，是行为体希望取得最优、但却又是非均衡解的博弈情形。所以，国际关系的实质是合作而不是冲突，可以通过国际制度来限制国家之间的利益冲突，突出国家之间的利益趋同；[33]第三，海德里·布尔（Hedley Bull）提出通过普世规范、自身文化和利益之间的平衡构建国际规则与秩序。他一方面坚持国际社会的道德多元主义，认为国家间不存在价值道德规范的统一性，另一方面认为国际社会成员能够就共同追求目的达成最小共识。[34]

---

32 Hedley Bull, The Anarchical Society: A Study of Order in World Politics, （NY.:Palgrave,2001），pp.11-12.

33 参见秦亚青著：《国际制度于国际合作》，载于《权力、制度、文化：国际关系理论与方法研究文集》，北京：北京大学出版社，2005 年，第 87-111 页。

34 Hedley Bull, The Anarchical Society: A Study of Order in World Politics,

无论从哪一种观点，都能看到美国的霸权思想与留学生监管之间的联系。美国联邦政府对留学生的监管一方面直接对留学生的学习、生活加以监视；一方面间接对美国的高等教育进行干预。希望美国大学中的留学生能接受美国的道德价值规范，其行为能服从美国的意识形态，在美国国家大战略中传播美国的文化、价值观，借助人才与高等教育这两个"软实力"的有力工具，争取世界的话语权。

第三节　美国联邦政府对留学生监管中的博弈

美国联邦政府对留学生实施监管并非是一帆风顺的。美国是一个以市场为主导的、标榜自由与民主的资本主义国家，并非是中央集权，但是，联邦政府对留学生的监管本质上是中央集权式的权力实施。因此，在政府对大学管理制度进行干预的时候，大学的利益同国家利益之间是有着博弈的；而另一方面，留学生面对美国的政策执行，也有着自己的留学取向的选择；再者，美国联邦政府的留学生监管措施的实施直接对全球留学生市场产生影响。

一、留学生与美国联邦政府的利益博弈

（一）留学生的利益追求

"人们所谓的利益，就是每个人按照他的气质和特有的观念把自己的安乐寄托在那上面的那个对象；由此可见，利益就只是我们每个人看作是对自己的幸福所不可少的东西。"[35]留学生在选择留学时的利益考虑主要包括两方面的利益追求：一方面是追求自身素质和知识水平的提高，力求自身主体全面发展的价值取向，以满足内在的精神利益（如个人能力、成就欲望、自信心等）；另一方面是功利性职业的价值取向，这是和未来的职业平台和经济收入联系的，更多的体现为职业准备需求，以满足他们的经济利益和成就实现的意愿。

1. 追求个人价值

留学生赴美留美留学更多地是希望借助美国大学的先进科技知识实现

（NY.:Palgrave,2001），pp.16-20.

35 [法]霍尔巴赫著，管士演译：《自然的体系（上）》[M]，北京：商务印书馆，1999年，第259-260页。

对自己个人价值的提升。这是留学生出国留学的首先也是基础性的目的。留学生明显受到个人经历、实现自身价值的理想追求等因素的驱动，冀望得到世人的认可与赞誉。如同科学家会寻找更好的大学、科研机构，以获取更高的科研预算以及团队科研合作实力，推动个人科研环境改善与个人发展空间的提升；大批从发展中国家赴美的留学生，也是为了寻求更好的发展空间，谋求自身价值的实现。从美国的大学毕业意味着可以轻松选择跨国企业或者发达国家就业，相对于来源国来说，发达国家提供的自我实现平台相对是高的。

2. 追求经济收益

经济学家们已经注意到，经济因素是影响流动决策的最根本因素。任何一项流动决策的做出都取决于流动主体对流动收益和流动成本的衡量。舒尔茨的人力资本理论指出，"薪金意味着价格，它们隐含着市场规律。对于特殊的高技术薪金，市场会扩展到国际范围。作为对该市场上薪金的一种反映，人们会在国际之间进行流动。因此，有些人才资源的配置是在国际范围内进行的"[36]。从长远来看，留学生在国际间进行的流动性选择，更多的是考虑到移居发达国家和地区以享受较高待遇的可能，这反映出人才的经济人本性。因此，追求更高的预期收益是留学生留学美国的一个根本动力。当然，这个预期收益不仅仅考虑的是薪金待遇，而是综合考虑了流动成本，留学后的就业概率，在迁移地生活的各种收益、成本和风险，包括心理因素等的综合结果。人才国际流动实际上就是由预期收益推动的一个"自我选择"的过程。

3. 追求自我成功

留学生在自我价值提升、就业后的经济收益、事业上的成功都是人才流动的重要因素。美国国家经济实力无人匹敌，对大学的各方投入让他国教育界渴望不可及，而同时，其对科技的巨大投入获得的丰富的科技和教育资源对其他国家尤其是发展中国家的科学家、学者和留学生形成了巨大的吸引力。不只在学生层面，在知识的更高层次引发着人才的流动，世界各地的优秀科学家同样被吸引着。在世界最著名的大学拥有世界上大部分的科技资源、汇

---

36 [美]西奥多·W·舒尔茨：《论人力资本投资》，吴珠华译，北京：北京经济学院出版社，1990年，第184页。

集世界顶级优秀科学家，这些光环是每一个学子心中圣殿的所在。同样是大学生，美国等发达国家毕业所拥有的是"金质"毕业证吸引着他们纷纷奔向美国。希望这些知识水平高、信息传播快、学术交流与合作频繁、具备知识生产最好的环境下自己能获得更大的价值。事实上，诺贝尔奖的大部分得主都是美国人就是一个最好的证明。

世界各国在个人收入与人才发展空间上的巨大差距，是国际人才流动最根本的经济动因。虽然经济全球化推动世界各国经济迅速发展，但由于不同国家、地区在工资水平及工作机遇上存在着短时间内难以弥合的鸿沟，吸引经济发展水平较低国家、地区的人才向发展层次更高的国家、地区流动，以期获得更多的工作机会与更高的经济收入。由于人类自身还无法在经济差异上做到真正的道德"中立"，因此，战后出现数次大规模的移民潮也不为奇怪。其中，以企业家、工程师、技师为代表的直接性生产人才对经济利益需求最为突出，而科学家、医师等专业人才则次之。

但是，美国开始对留学生加强监管后，赴美留学生开始了新的选择。美国的国家利益与留学生的个人利益之间的博弈就在留学生的选择动荡中体现。

（二）利益博弈中美国联邦政府的监管

美国国际教育研究所（Institute of International Education，IIE）于 2004 年 11 月 15 日公布了其 2004 年度的国际教育年度报告"OpenDoors 2004"。根据这份报告及其他有关部门发布的消息，2004 年度的美国高校国际教育有一个明显的特点：在美国就读的国际学生人数 30 年来首次呈下降趋势。在美国留学的国际学生人数在连续 5 年稳定增长后出现了下降的趋势。2003/04 年度，美国共有国际学生 572,509 人（占美国高校学生总数的 4.6%）。这一数字比上一年度减少了 2.4%，是过去 30 年来首次出现的负增长。在 15 个最大的留学人员派出国（地区）中，有 10 个国家（地区）在美留学生数字在下降。下降最明显的国家包括印尼（-14.9%，8,880），日本（-11.2%，40,835）和泰国（-10.5%，8,937）。特别是阿拉伯国家的留学生数量明显减少。2003/04 年度，来自中东地区的学生人数比上一年度又下降了 9%，其中沙特下降了 16%，科威特下降了 17%，阿联酋下降了 30%。[37]

---

37 中国驻美使馆教育处，2003～2004 年度美国国际教育统计分析．http://www.bjkw. gov.cn/n1143/n1240/n1435/n2021/476024.html．2004 年 11 月．

在美国留学生数量急剧下滑的同时，各发达国家开始加紧对留学生市场的争夺。正如 CGS 主席德巴拉·斯图尔特（Debra Stewart）所言，"美国研究生教育一直以来被认为是世界最好的，但是其他国家也开始和美国竞争，积极地招收国内和国际优秀学生"。[38]上世纪 80 年代到 90 年代，美国每年培养的博士人数占世界博士总数的大半。1998 年时，欧洲培养的科学与工程博士数反超美国。不仅如此，欧洲国家还不断对高等教育体制进行改革，其中，"博洛尼亚进程"（Bologna Process）是 29 个欧洲国家于 1999 年在意大利博洛尼亚提出的欧洲高等教育改革计划，该计划的目标是整合欧盟的高教资源，打通教育体制。[39]欧洲国家希望的是，"欧洲'博洛尼亚进程'签约国中的任何一个国家的大学毕业生的毕业证书和成绩，都将获得其他签约国家的承认，大学毕业生可以毫无障碍地在其他欧洲国家申请学习硕士阶段的课程或者寻找就业机会，实现欧洲高教和科技一体化，建成欧洲高等教育区，为欧洲一体化进程做出贡献。[40]再比如，英国的"记点积分制"签证体系将给留学生带来更多益处，不仅承诺保证留学生在英学习期间的安全性，而且对其日后的发展发挥良好的促进作用。欧洲的一系列举措使得欧洲各国的学生自由地在欧洲选择留学目的地，减弱了赴美留学生的数量。在吸引留学生方面，亚洲国家也没有放弃利益的争取。日本放宽留学生等外国专门人才在留资格的基准，将以往的在留期限的上限从 3 年延长到 5 年，从而方便外国留学生留日就职；澳大利亚重新修订了移民法，安排赴澳洲的外国留学生优先移民。

在留学生利益同美国的监管政策的博弈中，由于留学生流失的严重性直接影响到了美国的国家利益，美国开始调整其留学生教育政策。因为，虽然"9·11"事件之后美国决策者应激性地进行留学政策改革，严格限制国际学生签证的发放、对留学生申请专业加以限制、搜集留学生个人信息等措施整体上看是加强了美国的现实安全，但长远的国家利益也正是因为这种应激性的政策的矫枉过正正在流失。很多美国人开始慢慢认识到，美国的自大造成了在世界上的自我保守与孤立，产生了一系列负面影响，人才流失、经济减

38 International Graduate Admissions Rebound Continues［EB/OL］. http://www.cgsnet. org/portals/0/pdf/N_pr_IntlAdm07_II.pdf，2009-08-28.

39 百度百科，http://baike.baidu.com/view/1484999.htm

40 百度百科，http://baike.baidu.com/view/1484999.htm

速、文化交流不畅，这些正在限制美国自己的发展。美国教育委员会在《超越"9·11"：一项国际教育的综合性国家政策》中批评美国政府因为恐怖主义的袭击就对外国留学生关上美国的大门是因噎废食，非常缺乏远见。因为美国大学校园中的五十万留学生当中就有可能有一大批的下一代的世界领袖。美国国际教育者协会执行主任约翰逊女士则认为在全球化时代，国际教育和交流是国家安全不可分割的一部分。如同冷战，反恐战争从根本上讲也是文化和价值观的对抗。而美国的国际教育和交流项目就是赢得这场战争的资源。美国大学联合会主席尼尔斯·哈塞莫（Nils Hasselmo）说，"假如我们国家要保持在科学和创新领域的世界领导地位，那么就必须继续鼓励国际学生、国际科学家和工程师们做出贡献。"[41]2004 年 5 月 12 号，美国大学联合会主席尼尔斯·哈塞莫、美国科学促进协会首席执行官阿兰·莱斯纳（Alan Leshner）、美国教育委员会主席大卫·华德（David Ward）、国家科学院主席布卢斯·艾尔博斯（Bruce Alberts）、国家工程院主席华·沃夫（Wm. A. Wulf）、美国国际教育家协会首席执行官马兰尼·约翰（Marlene M. Johnson）、美国研究生院协会主席黛博拉·斯德华（Debra Stewart）等二十四个美国著名教育机构的领导联名发了一份报告。报告中指出，科学与安全并不相互排斥，相反，他们是相辅相成的。一些国际科学家和工程师们正在为帮助赢得反恐战争而做出贡献。目前有越来越多的证据证明美国的政策以及相关的问题正在把那些最优秀最聪明的想到美国来读书和工作的国际学生、学者、科学家拒之门外。假如不立刻改善这一系统，美国不欢迎国际学生、学者和科学家的误解将越演越烈。这将可能使美国不在他们的目标国选择之列。这会对美国的高等教育、科学、经济和国家安全造成无法弥补的损失。一旦被世界其他国家孤立，美国就不能期望保持它目前科学、经济的领导地位。所以，美国需要不妨碍国际教育交流与合作的相关政策。[42]

在美国实行紧缩的留学政策之后，就不断的有来自不同领域的人士发出类似的呼吁，要改善负面影响重重的美国留学政策，要增加留学生的数量，减少对留学生的限制，因为留学生教育对保持美国的软权力、维护美国的国

---

41 Ann Speicher（AAU），Earl Lane（AAAS）. Leading Academic, Science Group Propose Visa Reforms to Boost U.S. Economy Competitiveness and Scientific Leadership, May 18, 2005.

42 Statement and Recommendations on Visa Problems Harming America's Scientific, Economic, and Security Interests, May 12, 2004.

际关系、扩大美国的国际影响、以及提升美国国际地位都有着重要的作用。显然，美国这样一个应急的政策改革违背了美国一贯赋予留学政策的目标。背离目标的留学政策，它的价值势必会得到回归。2004 年美国助理国务卿写了一份报告《我们不想失去国际学生，哪怕一个》（We Don't Want to Lose Even One International Student）。在这份报告中明确提到，要努力平衡"边境安全"和"开放门户"。失去一个合格学生的损失对于一个国家来说，哪怕是一个学生也太多了。当一个学生去了其他地方，那我们不仅仅失去了这个学生，我们失去了他／她的家长，家长就很明确的决定把钱花在别的地方，我们还可能失去了他／她的小弟弟小妹妹们，他／她们会跟随他／她的足迹去到别处。对我们而言，更重要的是，我们失去了让一个学生用自己的眼睛看美国奇观的机会，而不是通过可能带有偏见的外国新闻媒体来看美国。当一个学生长大了，在家乡成为了一个社会、公民、政治或宗教领袖的时候，我们希望这位领导者有过在美国大学校园最完美的生活经历。年轻人的在美国的积极经历会增强和丰富我们的国家。[43]这段话成就了美国留学政策意义的最佳演绎。

2005 年迎来了美国留学政策的回归。政府方面调整"签证螳螂"政策、发出杜绝随意拒签，从宽处理申请的通知以及通过一系列法案来塑造美国欢迎外国学生的开放形象，改变招收国外学生下降的局面，把美国高校重新纳入世界竞争的轨道。高校方面采取积极主动的方法举办教育展，推荐教育资源，努力消除在世界留学生心中的误解。美国留学政策在这一年慢慢调整回归一直以来的目标轨迹。美国·如既往的欢迎国际学生的到来。美国驻华大使馆公使衔前新闻文化参赞裴孝贤做了一番邀请，他说，"如果您在为自己未来的教育做计划，我强烈建议您考虑来美国深造。美国拥有 3,600 多所经鉴定合格的高等院校，为外国学生提供了广泛的选择。随着您对美国高等教育的了解愈加精确和全面，您会发现美国不仅是一个好客、安全的游览之地，而且是学习的理想之地。"[44]

特朗普政府严苛的移民政策开始影响外国留学生的留美意愿。根据美国

---

43 Maura Harty, Assistant Sectary of State for Consular Affairs, We Don't Want to Lose Even One International Student, October 8, 2004 available at http://opendoors.iienet work.org/.

44 裴孝贤（美国驻华大使馆公使衔新闻文化参赞）：《美国是受教育的理想之地》，2004，available at: http://chinese.usembassy-china.org.cn.

国际教育协会（IIE）的统计数据，2016 学年以来美国留学生规模出现明显变化。2016-2017 学年，在美国高校就读的留学生人数为 903,127 人，同比仅增加 0.76%，相比 2007-2015 学年的 5.91%明显降低。[45]2017-2018 学年，就读美国高校的留学生总人数出现近 10 年来的首次负增长（-1.31%），仅为 891,330 人。[46]此外，每学年新入学留学生人数更是于 2016-2017 学年出现负增长（-3.29%），由 2015-2016 学年的 300,743 人降低到 290,836 人。[47]受到特朗普政府各项留学政策的持续影响，2017-2018 学年，美国高校新入学的国际学生人数进一步减少至 271,738 人，出现高达 6.57%的负增长率。[48]

据美国《门户开放报告》调查，在影响留学生人数减少的因素中，签证审核延迟或者拒签占到 83%，社会政治环境占 60%，感到在美国不受欢迎占 49%，选择其他国家高等教育机构占 59%，毕业后工作困难占 44%，人身安全占 44%。[49]从中可以看出，签证问题是影响留学生人数的第一重要因素。理想情况下，留学生希望毕业后找到工作并挣回学费，但特朗普美国人优先的原则，引起留学生巨大的焦虑和恐惧，加之签证原因，许多人开始认为在美国工作或学习是不值得的。[50]除此之外，有些学者认为反全球化政策唤起了美国的仇外心理和暴力倾向，加剧了美国国内的种族主义和本土主义思想，留学生日益成为怨恨的对象和刑事犯罪的目标。弗吉尼亚理工大学发现了"杀死所有穆斯林"的涂鸦威胁，北卡罗来纳大学教堂山分校有 3 名穆斯林学生被谋杀，都是典型事件。这些事件表明在政策导向的影响下，大学校园里的反穆斯林情绪和暴力行为在持续增长和恶化，极大地破坏了校园的安全环境。[51]就读于加州大学的波兰留学生雷古尔斯卡（Regulska）认为，特朗普政

---

45 安亚伦，谢佳：《特朗普政府留学生接收政策对美国留学教育的影响》[J]，国际经济合作，2019（2），第 142-152 页。

46 安亚伦，谢佳：《特朗普政府留学生接收政策对美国留学教育的影响》[J]，国际经济合作，2019（2），第 142-152 页。

47 安亚伦，谢佳：《特朗普政府留学生接收政策对美国留学教育的影响》[J]，国际经济合作，2019（2），第 142-152 页。

48 安亚伦，谢佳：《特朗普政府留学生接收政策对美国留学教育的影响》[J]，国际经济合作，2019（2），第 142-152 页。

49 IIE. Open Doors 2018 [R /OL]．（2018-11-13）. https://www.iie.org/Research-and-Insights/Open-Doors/Open-Doors-2018-Media-Information.

50 Showalter, Raven A. The "Trump Effect?" Challenges to the United States Hegemony in Higher Education Cross-Cultural Exchange: A Case Study of International Students at Old Dominion University[D]. Virginia: Old Dominion University, 2018: 46-47.

51 Showalter, Raven A. The "Trump Effect?" Challenges to the United States Hegemony

府的移民政策会限制不同经济、文化、学术碰撞下新知识的产生，影响文化的多样性和包容性。[52]

尽管美国留学生总规模增幅有所减小，但不同类型院校的留学生规模及其变化表现出明显的异质性。2017-2018 学年，美国博士类大学（Doctorategranting Universities）和本科类大学（Baccalaureate Colleges）的留学生规模总体扩大，分别同比增长 2.03%和 2.82%，虽然增长幅度小于 2016-2017 学年（分别为 3.96%和 4.19%），但总体规模呈现扩张态势。[53]因此，在留学生规模大幅收紧的背景下，博士类大学和本科类大学的留学生总体规模仍保持小幅增加，这体现出特朗普政府吸收创新和发明人才的留学政策导向。

利益双赢是美国留学政策期望传达给各国留学生的态度，通过开放而合适的留学政策来提升国家软权力，维护国家的安全、利益，保持它的领先优势和大国地位是美国留学政策期望达到的不变目的。

二、联邦政府与高校之间的利益博弈

随着知识经济的发展，知识对社会影响程度的增加与政府职能的扩张，美国联邦政府与大学间的活动边界开始重合，从而引发了政府与大学的博弈，二者之间的"权威博弈"生成首先对两个博弈参与者的行为策略有重大的影响，全球经济一体化步伐的加快，无政府状态的国际关系都使得知识的权力不断增大，乃至有超越政治权力的可能。这使得美国联邦政府看到一方面如果任由大学学术自由的发展有可能危害国家利益，美国不能保持在世界的霸权地位；另一方面在二者的博弈中，学术权威压倒政治权威对于国家的发展方向可能产生严重的偏离，走向一种无政府。因此，美国联邦政府不遗余力地要同大学的权威博弈，使学术服务于国家利益。"9·11"的恐怖袭击使得美国明白了这种恐惧并非多余，在世界四面树敌的情况下，唯有掌控高等教育的先进性，增强自身"软权力"才能保证美国的长治久安。因此，美国联邦政府宁可丢弃部分的留学生名额，也要匡正美国国家同大学的关系。

in Higher Education Cross-Cultural Exchange: A Case Study of International Students at Old Dominion University[D]. Virginia: Old Dominion University, 2018: 46-47.

52 EMILY DERUY. How Trump's Immigration Order Is Affecting Higher Education [EB/OL].（2017-01-30）. https://www.theatlantic.com/education/archive/2017/01/how-trumps-muslim-immigrationorder-could-affect-higher-education/514925/.

53 安亚伦，谢佳：《特朗普政府留学生接收政策对美国留学教育的影响》[J]，国际经济合作，2019（2），第 142-152 页。

（一）博弈中的美国联邦政府与大学

美国的高等教育的发展离不开国家的支持。国家为大学提供经济和制度上的保证，学术研究得以顺利展开，取得了不俗的成绩。同时，国家也需要学术的支撑，以提高国家的经济和科技水平，强化国家统治的合法性。从这个意义上说，学术自由与国家是相互支撑相互促进的。但国家以强权为支持实施对社会的控制，即国家演化为集权主义时则会阻碍学术的进步与繁荣。在"9·11"之后的美国联邦政府高度集权的政策实施不仅有国家实体的支撑，也受到国民的追捧。集权主义的这种教育干涉和控制不仅包含国家政权对大学的干预，也包括事物主体成员对国家的效忠和对国家侵犯的习以为常。从这个意义上说，国家侵犯也包含大学教授对集权主义的认可与推动。

学术自由同集权主义的较量就是美国大学同政府之间的利益博弈。"9·11"之后，美国联邦政府对留学生的监管引发了外国留学生下滑的局面，同时，许多学者从大学的经济利益、人才储备和美国的未来利益出发，呼吁放宽留学生的签证申请限制，乃至对引发"9·11"事件的漏洞出在政府部门的管理不利还是因为持有学生签证的留学生的身份等讨论。"9·11"之后的留学生招收政策的缩紧，使赴美人数逐年减少，而且高拒签率、繁琐复杂的审核程序也打击了外国留学生赴美留学的热情。在留学生同美国政府的博弈中，有些学生干脆放弃美国，转赴他国就读。美国大学的财政收入主要来自政府的拨款、企业赞助与科研经费以及学生缴纳的学费，而且学费所占的比重越来越高。赴美留学人数的减少，使许多学校减少了一大笔收入，如科罗拉多矿业学院曾表示，若12个签证受到延误的学生不报到，学校收入将损失10万美元；而当地官员说，该校若少收三美元学费，该镇就会损失四美元。[54]但是，美国联邦政府急于对留学生教育进行集权性的管理目的并非如学者们所理解的简单，因此，美国联邦政府"丢车保帅"的策略显示了其更大的利益追求。

美国联邦政府同大学之间多年的"对立"与"较量"总是在一种暧昧的状态中达到一种平衡："当大学最自由时它最缺乏资源，当它拥有最多资源时它则最不自由。……大学的规模发展到最大时，正是社会越来越依靠政府全面控制之日"[55]。大学同联邦政府之间的利益博弈就是这样的一种动态平衡。在

---

54 高鲁冀：《在美外国留学生金矿——"9·11"事件后的变化》[J]，世界教育信息，
 2003 年，第 1-2；82-83 页。
55 伯顿·克拉克：《高等教育新论——多学科的研究》[M]，杭州：浙江教育出版社，

这种都动态的平衡中，二者博取着自己的利益。而博弈的最终结果是：联邦政府与大学、政治与学术之间相互依赖的程度不断升级。正如马克斯·韦伯（Max Weber）所理解的"合理化"的新阶段的表述。马克斯·韦伯在对现代国家的专家与政治家的职能严格区分的同时，却把专业知识与政治实践密切地联系在起来。他的解释是专家的专业知识与政治家的权力意志二者融为一体又完美分工，才能实现政治的科学化。"专家依附于政治家的关系看来倒过来了——政治家成了有科学知识的人（所作的决断）的执行人。"[56]

博弈过程涉及"策略空间"，即博弈主体作为"理性的参与人"面临着在多个策略中进行选择的可能性。在政府与学府的博弈关系中，政府的策略就是一种稳步推进的战略："敌强我避，敌疲我进，敌弱我强"的干预态势。在大学自由和资源的不断调整平衡中，美国联邦政府的干预能力不断增强。因为，政府明白学术自由与物质资源都是大学所必须的，而且，美国的大学作为理性的博弈参与人，也明白自己之所以可以发展成世界一流大学，政府的支持作用是分不开的，即便是大学自治和学术自由也是国家的一种福利体现。因此，博弈下的动态平衡达到了"纳什均衡"，即"每个博弈参与人都确信，在给定其他参与人战略决定的情况下，他选择了最优战略以回应对手的策略"[57]。即政府在博弈策略的选择上，避开了极端的策略空间，在保持大学学术自由的同时对大学进行宏观指导与干预。这样，政府既能有效地控制大学的发展方向，又能保持大学自由的学术气氛，同时又能获取它所需要的知识与学术资源。在纳什均衡点上，政府与大学都认为，博弈中自己现有的策略是最好的策略，都不会单方面改变策略。由此，形成西方社会政治权威与学术权威的平衡态势。

"9·11"给了美国政府改变策略的"冲动"，可以说，"9·11"成就了美国政府对学府的直接管理的干预——通过对留学生的监管达到对美国高等教育的部分直接干预、控制。从这一点，纳什均衡点被便宜了重心。美国政府在这场政府和学府的博弈中占了明显的上风。招收留学生与财政支持是美国政府手中的两把新刃，对美国的高等教育很有效。美国的高等教育如果要有更大的发展，现在正是最好的发展机遇期，完成美国的高等教育国际化、

1988 年，第 24、70-71 页。

56 哈贝马斯：《作为"意识形态"的技术与科学》[M]，上海：学林出版社，1999 年，第 99 页。

57 厉以宁：《西方经济学》[M]，北京：高等教育出版社，2000 年，第 166 页。

全球化的进程。美国政府在"9·11"抓住了时机，顺全面爱国之势在此次博弈中起到了关键作用。大学不合作便是不爱国，受国民讨伐，而且利益受损，合作便是学校管理权力的开始丧失，学校的"完全自由"的不可能。其时，美国联邦政府占尽了天时（"9·11"）、地利（国土安全）和人和（民众的爱国情绪）。大学在其时其境只能依附。美国联邦政府同大学的关系由对等博弈发展成为一种"夫妻关系"[58]。

"夫妻关系"作为一个外交概念，体现了它已成为社会治理领域中组织间形成良好合作关系模式的建构框架。美国的政府与大学之间正在逐步形成这种较为稳定的制度化的合作关系，以共同致力于社会治理和共同发展。只是"9·11"的发生，使得美国政府将这种关系明确化、制度化。政府与大学之间"夫妻关系"，既体现了夫唱妇随，又给予了对方自由的空间。美国联邦政府与大学这一新型合作关系模式的建构表达了现代性的内涵。

（二）联邦政府与大学的利益趋同

全球治理委员会在《我们的全球伙伴关系》（1995）研究报告中说，治理是各种公共或私人机构管理其共同事务的诸多方式的总和。它是使相互冲突的或不同的利益得以调和并且采取联合行动的持续过程。它既包括有权迫使人们服从的正式制度和规则，也包括各种人们同意或以为符合其利益的非正式的制度安排。[59]全球治理委员会对"治理"概念的阐述所要传达的核心观念是：合作与共治。这一核心观念对于美国联邦政府同大学的关系上来看是适合的：合作强调了两者的不同权威的存在与自由，同时共治说明了二者责任的一致和利益的趋同。但是，二者的合作和共治的关系微妙在于谁的权威更大的问题。

然而，就当前的国际政治格局来看，无论在一国之内还是在国际上，国家政府的政治权威总是要占据中心地位，政府代表的是国家的统一。而同时，国家的发展必须依靠的是知识、科学。因为"现代国家的兴起、现代国家的治理以及沟通能力的发达，一个重要方面，便是科学与治理的互动。"[60]因此，国家的治理需要将科学知识广泛地应用于规范社会以及其他公私政策制定的

---

58 "夫妻关系"曾经由英国《经济学人》杂志 2009 年来称呼中美关系，俨然成了一个外交概念。http://world.people.com.cn/GB/11306544.html.

59 俞可平：《治理与善治》[M]，北京：社会科学文献出版社，2000 年，第 46 页。

60 俞可平：《治理与善治》[M]，北京：社会科学文献出版社，2000 年，第 127 页。

过程中，而科学知识的布局，对于国家利益增强还是会降低起着至关重要的作用。因此，丹尼尔·贝尔会大声宣称大学将成为真正意义上的"人类社会的动力站"和"现代社会的轴心机构"。正是看到了大学的知识性，大学的服务性才有了这一声呐喊。大学成为社会治理的"次中心"服务于社会发展的方方面面，服务于政府的国家利益建构，服务于全球人民的福祉才是体现其知识价值的所在。在国际竞争的前提下，知识首先被限定在了一国的地域。"科学不分国界，但是科学家是有国籍的"。知识产权就是一国所拥有的利益所在。掌握了科学家就拥有了知识产权的使用权，就有了发展与制衡他国的权力。这就是美国监管留学生、干预大学管理的原因所在。知识的权力的作用足以同军事力量相匹敌。

由此，处在"中心"位置的联邦政府与处于"次中心"位置的大学，在几度博弈后结成的"夫妻关系"实际上是非常重要的一对社会治理主体伙伴，成为现代社会治理、国家发展中的"轴心体"。二者的责任指向趋同则国兴，二者的利益分化则国衰。美国针对国家利益的最大化而监管留学生教育，干预高等教育意在统一理念，以留学生为载体，规范留学生的行为，服从于美国的意识形态，强化其美国价值观的认同，从而造就符合美国需求的外国雇佣军。

在同大学为主体的高等教育相博弈的关系中，美国政府体现出了中央集权的特征，但是同时把握了"有限政府"的合理范围，没有触动美国本质上的"学术自由"，而是，给出了自由的框架。美国政府希望大学的学术自由在其框架内体现出自由的无限性，充分发挥学者、科学家的知识才能，创造更多的国家利益；但是，一旦触及其设定的框架范围，便会受到制裁。接受SEVIS 的监控系统与否就是美国政府采取的大学是否有资格招收留学生的前提，当然，随带的还有政府科研资助的兴与废。

在美国联邦政府面对"9·11"事件契机来统一国民的意志时，必须在国内造出一个假象敌——留学生。留学生只是美国联邦政府的棋局中落定一子撼动全局的一招。而美国大学在此次博弈中只能面对守势。在依附国家利益的前提下，才能达到自己的利益追求。从留学生教育受到政府监管这一点看，美国的大学的独立性、自由性或者说学术的责任被限制在了政府的监管之下，在国家利益的范围内可以自由发挥，而从国家利益的整体获得来看，美国的高等教育开始成为美国的国家利益工具。

　　总之，美国联邦政府监管留学生可以对留学生和大学的价值利用到最大。而其监管的方式却是微权力的，通过立法、执法机构的监督、具体的学校官员乃至全体国民，从整体上似乎没有对美国的高等教育没有任何的触动，只是对"敌人"的行为加以监管。本质上，美国通过这一步握住了世界发展的命门：人才与知识。从而，美国可以通过控制全球化概念下的市场建构（经济）、意识形态泛化（文化）和价值观普世（政治），为其全球的美国帝国主义目的服务，"拯救"世界成为其附庸提供了很好的基础与保障。

第五章　美国联邦政府对留学生监管的权力与实施

第一节　知识——权力理论与 SEVIS 的契合

作为当代后结构主义思想家，福柯研究的重点不是探寻事物的内在因果规律，而是通过探索权力、话语、知识之间的关系，试图揭示知识的本质。福柯提出，知识并非客观存在，而是为了建构和维持社会秩序，人为规定处理的游戏规则。社会中的每个人以知识为判断准则，对自身进行规训和熏陶，把自己变成符合社会标准的主体。[1]

福柯的著述多数以史学研究的形式，通过对精神病、诊疗所、监狱等社会历史研究，揭示权力与知识关系，并论述权力如何通过知识和规训实现自己的运作。其中，著名的《颠狂与文明：精神病的历史》（Madness and Civilization: A History of Insanity in the Age of Reason）、《诊疗所的诞生》（The Birth of Clinic）和《规训与惩罚》（Discipline and Punishment）阐述的是福柯的核心观点。前两本书主要论述了权力与话语的关系，第三本主要论述了权力与规训的关系。

1　高宣扬：《福柯的生存美学》[M]，北京：中国人民大学出版社，2005 年，第 92 页。

一、知识与权力结合的必然性

研究表明，权力意志会有意或无意的转化为被影响者必须遵守的行为规范，而权力意志向相应规范的有意识转化是规范产生的重要来源之一。[2] 这一研究说明了权力的两个统一性：权力与规范的统一性和权力与知识的统一性。由社会控制的角度来看，首先应该是权力与规范的关系：权力的实现需要凭借规范，同时，规范又对权力关系进行了界定；再有就是权力与知识之间的统一性。一方面，知识界定着权力。无论什么知识都是要对外在有一个相应的判断，相应的界定，好与坏、近与远、错与对，都是知识的整体运作下的定义，从而生成权力关系加以应对。不同的领域的知识产生不同的权力存在，构建着不同的权力关系。如同詹尼·爱德金斯（Jenney Edkins）所说：不存在某一领域的知识，就不存在这一领域的权力关系，任何知识都同时指示或构建着某种权力关系。[3]另一方面，权力的运作需要知识。"权力的存在就在于它的运作，因为权力从来都不是像东西那样独立存在。权力的问题，不是它是什么的问题，而是它是怎样运作的问题。它的运作始终是与知识紧密联系在一起的。"[4]在如今的知识经济时代，任何的权力的运作都离不开知识，离不开知识话语的参与。权力通过知识而运作，因为知识本身就是权力关系中的一个策略因素。[5]

权力与知识之间的关系，从政治统治的角度来看，可以简单地以二者的关系图说明：

---

2 高尚涛：《国际关系的权力与规范》，北京：世界知识出版社，2008年，第90-91页。

3 Jenney Edkins, "Foucault's Docile Bodies", Poststructuralism And International Relations: Bring The Political Back In. Boulder, CO: Lynne Rienner,1999,p.53.

4 郑莉：《理解鲍曼》[M]，北京：中国人民大学出版社，2006年，第67-69页。

5 郑莉：《理解鲍曼》[M]，北京：中国人民大学出版社，2006年，第67-69页。

图 5-1.　权力-知识关系图

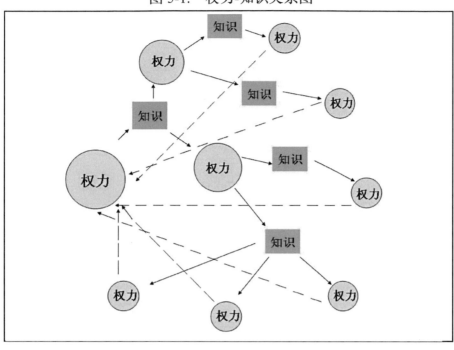

注: 图中的由权力指向知识的实线箭头表示着规范的形成, 而由末权力指向首权力的
　　虚线则表示着权力的回向与集中。

　　知识与权力的生成并非随意的, 任由知识生成权力, 而是有意为之。在
权力与知识生成的过程中, 学者的作用是关键, 他们促使了权力和知识的
结合。知识追求真理, 而权力追求利益。权力控制了学者便是掌控了知识。
学者明晰了权力的意图而生产相应的知识, 知识向权力证明本身怎样有利
于权力实现自己的利益便是规则的制定和秩序的形成, 知识形成了所需的
权力, 权力的指向与知识的分化将最高权力的意图微化, 逐步规范到个体
的行为, 个体的服从就是对权力的回向。权力与知识的关系中, 如果知识就
是价值观会怎样? 不同的国家主体间可能因价值观不同而现实不同的权力
理解, 同一价值观下国家间可以平等沟通, 达成共识, 形成他们共有的知识
和权力体系; 而不同的价值观下的国家间则体现着强权与弱势。强权生成
主流知识, 并对弱势产生压力, 强权施与他者激发的是反抗, 一种规训下的
反抗, 那么最好的解决方式就是同化, 使之认同自己的价值观, 也就是将权
力微化、软化, 在权力能量级差的自然状态下, 采取渗透、融合的策略, 改
变弱者的知识, 从而转变其权力状态, 变得顺从、依附。

因此，权力与知识的生成可能是权力级差生成权力所需知识，也可能是知识均势生成共同的权力。如伊肯·伯里向美国政府提出建立国际宪政秩序的策略建议则是从权力不同级别的角度看待国际关系。他认为宪政观念最符合主流权力国的国家利益，宪政观念就是通过权力达到知识的微化与微权力的生成，带给主流权力国长久的利益，即便主流权力国的权力优势消失，但是，它所建立的国际机制会一直存在，主流权力国的影响便会存在；而摩根索看到了知识均势的情况，向美国政府提出建立均势秩序的策略建议，意图证明均势观念有利于巩固美国权力，实现美国的国家利益。他们是两者权力知识观的不同实践的代表，分别对应着两种学者类型。从他们身上可以看出：学者在掌握真理同时也掌握着相应的权力，他们为真理而斗争时，也就是在为权力而斗争。[6]当观念及策略建议被权力所认可和采纳后，知识就实现了与权力的结合。

二、权力与规训

《规训与惩罚：监狱的诞生》一书研究了监狱对罪犯的惩罚方式的转变。传统的惩罚方式表现出集中性、公开性和报复性的特征。而新的惩罚表现出分散性、隐蔽性和规训性的特征。

文章开始描述了 18 世纪一次残忍的公开处决场面。罪犯因图谋刺杀国王而被判处极刑。对罪犯的惩罚是国王的一种报复行为，并以公开方式执行。公开处决非犯成为了一种仪式，向世人展示国王所拥有的力量，表明他可以摧毁反对者的身体，可以掌管他的生命。而到了现代社会，犯罪不再被认为是一种对主权的直接攻击，而是对社会及社会规范的威胁。对罪犯的惩罚也开始遵循"人道"原则，罪犯的身体不再受到报复性惩罚，取而代之的是规训。

规训是权力将不符合社会规范要求的个体，通过类似治疗的惩罚手段，对其进行强制性的矫正措施，使该个体重新遵循社会所设立的思想规范、行为标准和价值观，并重新嵌入到一个由约束、义务和禁止构成的社会体系当中。实际上，规训性惩罚是一种"最严谨、最高效和细腻的管制制度，使犯人和整个社会的成员都在时间和空间两方面受到全面控制。"这样，监狱的主要功能转变为对罪犯施行规训，将其教化为顺服社会规范和行为准则的人。

---

6 郑莉：《理解鲍曼》[M]，北京：中国人民大学出版社，2006 年，第 67-69 页。

隔离、压制和惩罚是监狱仅仅是实现这个功能的手段，对罪犯的教化和训诫才是设立监狱的意义之所在。[7]

虽然福柯在书中集中讨论了监狱这种机构的运作，但是书中所提到的规训技术和巡查手段在社会机构中广泛运用。"在欧洲，从 18 世纪开始的所谓社会规训化，并不是指组成社会的个人越来越变得驯服，也不是说他们全部都被集中到军营和监狱般的地方，而是指人们千方百计地在生产活动、沟通网络及权力关系之间，寻求越来越有效的监控，即越来越理性化和经济化监控。"我们所处的社会充满着教师判断者、大夫判断者、教育判断者、社会工作判断者等等。权力在社会中发挥的统治作用，是通过这些判断者对社会成员监视、巡查和规训来实现的。[8]

由此看来，社会中的人并非社会合理化进程的主体，而是知识和权力掠取和控制的对象；知识并非客观真理，而是权力实现统治的工具。[9]

三、权力规训与留学生监管

美国联邦政府对留学生的监管包括监视和管理两部分内容，其核心思想是"全景敞视主义"。福柯在说明权力运作是借用边沁的"圆形监狱"是因为该计划对于展示权力运作描摹地相当典型。福柯讲，"圆形监狱"是一个"能够推而广之的运作模式；是一种按人的日常生活来界定权力关系的方式……，是可以还原到权力理想形式机制的图例……，事实上它是一种可以、也必须从其具体运用中脱离出来的政治技术图型……，它在其运用中是多功能的"[10]。"在环形边缘，人彻底被观看，但不能观看；在中心瞭望塔，人能观看一切，但不会被观看到。"[11]全景敞视监狱是一个完美的规训机构，在此，囚犯处处可见，而监视者却是隐匿的。囚犯时时感觉到自己被监督，从而从心里形成一种自我监督。福柯认为，这种监控体系只需付出很小的代价。没

7　高宣扬：《福柯的生存美学》[M]，北京：中国人民大学出版社，2005 年，第219-223 页。

8　高宣扬：《福柯的生存美学》[M]，北京：中国人民大学出版社，2005 年，第225-227 页。

9　高宣扬：《福柯的生存美学》[M]，北京：中国人民大学出版社，2005 年，第 97 页。

10　[法]米歇尔·福柯：《规训与惩罚》[M]，刘北成，杨远缨译，北京：生活·读书·新知三联书店，1998 年，第 205 页。

11　[法]米歇尔·福柯：《规训与惩罚》[M]，刘北成，杨远缨译，北京：生活·读书·新知三联书店，1998 年，第 24 页。

有必要进行有形的控制，只要有注视的目光足够，这样做既"经济"又"人道"，而被监视者在这种目光的压力之下，都会逐渐自觉地变成自己的监督者。

边沁设计这样的一个透明的监狱的目的同美国联邦政府监视外国留学生的目的一致："在法律力图达致的目标中，安全是主要的和基本的目标"。美国联邦政府在经历了"9·11"恐怖袭击后感觉到美国民众的恐惧心理，良好秩序和安全是压倒一切的关怀。在这种情况下，不可能大张旗鼓地进行全国的"肃敌"运动，草木皆兵的结果是更大的恐惧。如何维护的社会环境的正常，如何防止潜在的恐怖分子不再作乱是联邦政府着重考虑的问题。从美国实用主义基础上的功利主义角度看，犯罪是人自由意志的结果，但是，同时，它又强调自由意志是可以通过外界影响和控制的。因此，美国联邦政府推出一套新的针对国家安全的法律法规，并以政策的制度化形式巩固下来，从而达到稳定社会、谋求利益的目的。对留学生的监管，其本质更多的是监视，甚至是监控。SEVIS 的出台，给人的印象是关于留学生的信息的数据库，但是，美国联邦政府有关机构都能随时调取留学生信息加以研读并利用，从这种角度来说，SEVIS 就是对留学生的监控系统。而留学生平时的言行之所以时刻被跟踪记录，是因为 DSO（指定校方负责人）职责所在和美国民众的爱国热情激发的自发监督。留学生在美国联邦政府精心设计的"监狱"中时刻能感到美国的道德约束和秩序要求，这种规训就是福柯的"知识-权力"中的微观权力的规训，假以时日，他们便能自然而然地被改造为美国希望的"诚实有益的人"。

第二节　联邦政府对留学生监管中的权力

"9·11"之后，针对留学生和访问学者的签证在联邦政府层面有了大量的法规性变化和调整。为了能说明高等教育机构如何解释和执行联邦法规的这些问题，一个首要的任务就是需要了解"9·11"事件后留学生和访问学者签证发生了什么样的变化。

最显著的变化就是 SEVIS 数据库在 2003 年 8 月起正式启用。SEVIS 通过输入数据库中的信息对留学生和访问学者实施监管，这些信息由美国政府和掌管高等教育的官员等各种实体输入。"9·11"以后另一个显著变化就是移民规划局（INS）的撤销，原来的移民规划局由国土安全部（DHS）所取代。

DHS 含有的移民海关执行署（ICE）实际掌管 SEVIS。

一、F 和 J 签证系统变化

本研究在留学生申请赴美学习时最常见的两种签证类型：F 类和 J 类签证系统着眼。签证 F 类在"9·11"之后做了彻底的修改以配合 SEVIS 的施行。修改的目的是希望增加 F 类签证自身的一致性，在努力消除或者至少积极减少高等教育机构中不同的执行标准。当前，在美的留学生，包括本科生和研究生都持有 F-1 签证。在高等教育机构向预期的留学生开始签证申请时所需的资格性材料时，其签证类型便基本确定了。表明签证类型的两个关键因素是资金担保和留学生打算在美期间致力从事的活动类型两者。特别是，进入美国只是从事学习的学生会收到 F-1 签证的相关文件，而那些访美从事交流项目的人员（主要还是交换生和访问学者）通常获得 J-1 签证。签证状态和资金来源二者的关系可能是比较复杂的。典型地，留学生自己或者家庭支付留学资金则适合 F-1 类签证。学生资金来源有多种，其中 50%的留学资金来源有其本人或家庭之外的渠道获得将会倾向获得 J-1 类签证。然而，留学生有其所在学校提供全额资金保障通常会获得 F-1 签证。虽然 F 类和 J 类两种签证有区别，但是，二者总体上是一样的，只是在一些待遇和风险上稍有明显的差别。

学校指定负责人总会不断地谈到拿到 F-1 和 J-1 签证学习的好处，似乎这些"利益清单"好像做了很好地安排。他们会告诉你：拿到 F-1 和 J-1 签证，会获得很好的教育，课程实践训练会有工作报酬，或者进行人际关系交往，可选择的实践训练，可以调整自身状态，转换学校，定居下来，进行课程延伸，如果陷入麻烦寻求经济困难救济等等。

因此，小布什和奥巴马时期，这些好处并不一定因为拿到 F 类和 J 类签证而唾手可得。一般的讲，如果拿到这两类签证都能接受学校教育，可以享有课程实践训练（CPT），前提是仍然算是注册生；还可以在毕业后接受一些扩展性的可选择实践训练（OPT）；可以申请家属签证。最后，F 类和 J 类签证都允许学生申请增加临时的打工的可能当他们真的遇到经济困难时。当然，只有他们能提供困难证明，证明他们近期遭遇了不可预知的突发事件，之后，需要提供 180 美元的费用充作处理允许增加打工时间的手续费。

表 5-1 提供了 F 类和 J 类签证持有者在小布什和奥巴马时期享有的利益

和必要的限制：

表 5-1　F 类和 J 类签证说明

同 F 类和 J 类签证有直接关系的条目用"√"表示		
利　　益	F 类	J 类
美国教育	√	√
学生学习费用最初由他人负担／或者由多方共同承担		√
学生学习费用自我负担或者由家庭负担；也可能由学校全额提供	√	
学生可能转变学习课程	√	
学生可能转校	√	
学生在完成某一学位课程学习后可以申请另一学位学习	√	
注册后可以进行课程实践训练（CPT）	√	√
毕业后可以进行可选择的实践训练（OPT）	√	√
毕业后进行的实践训练选择根据来源国而定		√
学生可获得校园内"20 小时／周"的打工时间而不必经过 DSO 允许	√	
学生可以在校园外打工但必须获得 DSO 同意		√
申请家属签证	√	√
配偶可以申请在美打工		√

　　但是，特朗普执政开始，留学生相关的签证全面收紧，F 类和 J 类签证政策从入学申请到学习过程、实习、学后滞留和家属工作方面都趋于紧张。首先，很多学生签证（F）、学术访问签证（J）和外籍高科技从业者签证（H-1B）申请人都经历了长达数月的行政复核期，即签证申请既不直接通过，也不直接拒绝，而是被大使馆等单位标注，交由美国公民和移民服务局（U.S. Citizenship and Immigration Services，简称 USCIS）进行后续的行政复核(administrative processing)。同时，美国国土安全部（The Department of Homeland Security，以下简称 DHS）建议将一些项目收费从 200 美元提高到 350 美元，包括 SEVP 信息系统 I-901 表格收费和申请 F、M 非移民签证的学生学费汇款费用。对于申请交换的学生与访问学者（J 签证），DHS 建议将收费从 180 美元增加到 220 美元。另外，DHS 还建议将申请学校的费用从 1,700 美元增加到 3,000 美元，并增加两个新的收费项目，重新申请学校费用 1,250 美元和申请被拒后的申诉费

用 675 美元。[12]其次，2018 年 1 月美国公民和移民服务局发布了新的 STEM OPT 政策，不再允许 OPT 学生在雇主营业地点以外的场所就业，但是此政策颁布前并未广泛告知，可能导致很多学生在不知情的情况下违反规则，从而丧失继续在美国工作的机会。[13]2018 年 8 月，DHS 进行了澄清，明确 OPT 人员只要符合要求，可以在雇主营业地点以外的场所参加培训，但必须是真实的雇佣关系，DHS 将对其实际情况进行核查。[14]这种严格的审核制度无疑会增加留学生申请 OPT 的难度。第三，2018 年 8 月，DHS 颁布了"持有 F、J、M 非移民签证人员非法滞留时间计算"（Accrual of Unlawful Presence and F, J and M Nonimmigrants）的政策。据以往政策，个人合法居留到期时会收到美国公民和移民服务局明确告知，并开始计算"非法滞留"时间。计算的起始日一般是在政府正式告知"处于非法滞留状态"的第二天。[15]根据新规定，DHS 可以在以下任一情况下开始计算非法滞留时间：个人学位课程完成后的第二天、参与非授权活动的第二天或签证到期后的第二天，而"完成全部学业"和"授权活动"中有许多因素取决于教育项目水平，其具体结束时间难以确定。[16]且根据规定，非法滞留超过 180 天，出境后 3 年不得入境；非法滞留超过 1 年，则 10 年内不得入境。因此，新规可能造成大量人员在不知情的情况下被纳入黑名单。第四，根据 NFAP 最新数据，H-1B 的拒签率在逐年上升。其首次申请者拒签

12　U.S. Immigration and Customs Enforcement. Adjusting Program Fees for the Student and Exchange Visitor Program[EB/OL].（2018-07-17）.https://www.federalregister.gov/documents/2018/07/17/2018-15140/adjusting-program-fees-for-the-student-and-exchangevisitor-program2018-7-17.

13　NAFSA.USCIS Tightens Language on Employer-Employee Relationship and Third Party Placement for STEM OPT Students[EB/OL].（2018-08-21）.https://www.nafsa.org/Professional_Resources/Browse_by_Interest/International_Students_and_Scholars/USCIS_Tightens_Language_on_Employer- Employee_Relationship_and_Third_Party_Placement_for_STEM_OPT_Students/.

14　USCIS. Clarification of STEM OPT Extension Reporting Responsibilities and Training Obligations[EB/OL].（2018-08-17）. https://www.uscis.gov/news/alerts/clarification-stem-opt-extension-reporting-responsibilitiesand-training-obligations.

15　PTI Washington.65 US universities oppose Trump visa policy changes for foreign students [EB/OL].（2018-12-24）. https://www.thehindubusinessline.com/news/world/65-us-universities-oppose-trump-administrationsvisa-policy-changes-for-foreign-students/article25818366.ece.

16　PTI Washington.65 US universities oppose Trump visa policy changes for foreign students [EB/OL].（2018-12-24）. https://www.thehindubusinessline.com/news/world/65-us-universities-oppose-trump-administrationsvisa-policy-changes-for-foreign-students/article25818366.ece.

率从 2016 财年的 10%上升到 2017 财年的 13%，至 2018 财年为 24%，2019 财年第一季度为 32%。其延期申请者拒签率也从 2016 财年的 4%提高到 2018 财年的 12%。[17]同时，美国公民和移民服务局要求越来越多的 H-1B 申请人提交补充证据，其比例在 2019 财年第一季度高达 60%。[18]第四，鼓励"优质移民"，取消"链式移民"。所谓优质移民，即是能对美国经济有所贡献，并且自身经济实力能够支撑个人和家庭生活的人。该草案取消了"链式移民"，规定只有美国公民和绿卡持有者的配偶和未成年子女才能申请获得绿卡。直系父母可以获取临时签证，但不能获得相应的社会福利。非直系亲属及成年家人不能再申请亲属移民。[19]因此，特朗普时期的 F 类和 J 类签证政策有了很大变化，对外国留学生赴美留学造成了较大障碍，打击了外国留学生赴美的意愿。

二、学校移民顾问相关的所有权

同本研究相关的官员中有四类需要加以说明，两类是同 F 类签证相关，两类同 J 类签证相关。学校官员更多地是处理包括 F、J 签证在内的诸多工作。首席指定校方负责人（PDSO）和指定校方负责人（DSO）专门服务 F-1 学生，派发资格证（1-20），和同国土安全部（DHS），接洽有关涉及 F-I 学生的签证问题。专职负责人（Responsible Officer）和临时负责人（Alternate Responsible Officer）服务 J-1 签证的持有者三他们的职责等同那些首席学校指定负责人和学校指定负责人的工作，派发与 J-1 签证相匹配的资格证（DS-2019）和因 J-1 学生同国土安全部接洽。人部分的学校官员拥有学校指定负责人和专职负责人的任命，这样可以有助调解 F、J 签证的问题。在很多的学校，首席学校指定负责人同时也是专职负责人往往负责所以的学校指定负责人和轮值官员的选拔任用。DHS 要求高等教育机构至少有两名人员负责留学生和访问学者的签证问题，然而各学校会配备十名学校官员甚至更多。

---

17 NFAP.H-1B Denial Rates: Past and Present [EB/OL].（2019-04-10）. https://nfap.com/wp-content/uploads/2019/04/H-1B-Denial-Rates-Past-and-Present. NFAP-Policy-Brief.April-2019.pdf.

18 USCIS.H-1B: Percent of completions with an RFE [EB/OL].（2019-04-12）. https://www.uscis.gov/sites/default/files/USCIS/Resources/Reports%20and%20Studies/Immigration%20Forms%20Data/BAHA/h-1B-quarterly-requests-for-evidence-2015-2019-Q1-top-30-employers.pdf.

19 Tom Caton, David Perdue. Reforming American Immigration for Strong Employment Act [EB/OL].（2017-08-02）. https://static.politico.com/fd/af/3eebc635479892982f81bdfe3fa2/raise-act.pdf.

三、获得学生签证的标准／条件

在"9·11"之后特别是 SEVIS 开始实施之后，可以从其变化中发现一些区别，这些区别主要在新设置的法规的附加部分和一些被不同程度强制实施或者更为强硬的法规上。在这些变化中最主要的，签证申请过程中的一方面是增加的强制力量中最具有代表性的。变得更为强力的法规包括了学生签证获得的标准，因为学生签证是同学生祖国紧密的联系。这些联系包括：各自国家自己的家庭成员人数、资产的拥有情况，比如房子、土地或者产业，还有其国内的银行账户。在"9·11"之后，类似这些标准都被严格要求注明。

按照 DSO 和留学生的说法，没有能充分提供国内的各种联系情况时最常见的被拒签的情况。另一个常常被拒签的原因就是留学费用的不足。当被问及这些拒签的标准和理由时，博依德（L. E. Boyd）进行的调查中有联邦移民官员认为："其实，它们是一同事。如果你没有自己的资产或者说没有一个银行账户，你就不会有足够的和你国家的联系，你可能不会有充足的留学费用"[20]。当前这些条件的强制执行可能正在对学生签证的获得产生抑制作用因为来自各个国家的潜在的学生，拥有资产或者一个银行账户不是必要的文化上或者经济上的标准。这个也会是特别真实的障碍对于来自发展中国家的学生；然而不拥有资产和没有一个银行账户同缺乏足够的学习费用不应该是等同的概念。

在赴美留学生的群体中，来自非洲国家的学生数量很少，特别是尼日利亚。在 2007 年美国国际教育工作者协会（NAFSA）年会上由霍布森（Hobsons）（在几个国家）发布的一份报告中，谈到来自尼日利亚的可能的留学生都几乎是由于签证申请中的障碍而不能赴美学习。[21]非洲留学生在获得学校寄发的 1-20 或者 DS-2019 表格后，人约只有 1/6 的学生可以拿到签证。这种现象的问题是严重的，因为在 DSO 寄发合格的资格表之前，留学生必须已经提供给所申请学校足够的资金担保的证明。其实，虽然没有任何的官方记载，但是许多留学生为了获得 1-20 表提供必要的文件而伪造资产记录这种现象已经持续了多年了。虽然没有可用米证实这种猜想的可寻见的数据，但是，美国学校都有来自世界某些地区的留学生为了学费而费尽心机，至少"9·11"以

20　Boyd, L. E. A Study of How International Student Services and Policies Have Changed As A Result of 9/11. Boston University. 2008.

21　Redden, E. "The Prospective（Foreign）Student", http://insidehignered.com/news/2007/05/30/nafsa.

前是这样。这种现象在诸如公立学校和研究性院校等提供全额奖学金的学校没有发生。这就可以解释为什么大使馆和领事馆会经常以同祖国联系不足的理由而拒签一些留学生。

同祖国联系不足可能是最常见的拒签理由，除此之外再没有其他的理由，特别是"9·11"后，无理由拒签的情况增加很多。这就留给留学生和学校一个困惑就是该如何解决这一问题。这一问题被正式提出来主要是因为已经涉及到一些受邀到美国去授课、演讲或者搞研究的著名的学者和研究人员，甚至有留学生曾指出获得赴美签证可能是一个很任意而武断的过程。留学生在签证最终通过前可能有多次被拒签的经历，而且，大部分没有得到任何的拒签理由。学生们一次次在毫无理由解释的情况下被拒签。曾经有被拒签的经历的留学申请者匪夷所思地认为可能是大使馆的人不喜欢他的衬衫的缘故。因为，它怀疑是不是自己衬衫是蓝色的而大使馆那天的签证官恰好不喜欢蓝色。不管怎样，一趟趟的签证申请的结果都是钱和情绪的消耗。每次的签证申请都需要一笔签证申请费和额外的面试费。多数的签证尝试也要求多次地去见大使馆或者领事馆官员，不仅需要花费更多的路费，如果需要等上一夜的话，还需要借住的费用。一般来说，任何情况下的拒绝都是痛苦的，但是，对于留学生来说，拒签而不能出国留学，可能意味着一个人一生的命运的改写。"9·11"之后联邦法规的变化包括：非雇佣审核安全号码分类取消、F-1 签证程序重增加执行 SEVIS 和国家安全出入境注册系统（National Security Entry-Exit Registration System，NSEERS）的应用。

四、社会安全号码（SSN）

"9·11"后联邦法规首要的变化是非雇佣性的留学生不能获得社会安全号码（Social Security Number，SSN）。一直以来，社会安全号码的获得就涵盖有一种安全的雇佣关系，虽然在 2004 年社会安全号码保护法案之前没有工作的留学生经过一个相对简单的程序就能获得一个非工作的社会安全号码，他们只需要展示一封 DSO 开出的信函和自己的护照以及签证。当前，然而，雇佣证明是必须的。找到工作的留学生现在申请社会安全号码时必须首先由 DSO 指导拿到一个他们第一次薪金证明联的复印什，随带一封 DSO 的介绍信，他们的护照，其中包括签证章，还有 1-20 或 DS2019 表格。

所表述的 2004 年社会安全号码保护法案意在努力消除在社会安全号码派

发过程中的欺骗行为。(Congressional Response Report，2004)。这项法规，被称作"社会安全号码分配的必要证据"："给持有 F-1 签证的外国学生的社会安全号码分配"(Federal Register，2003 年 12 月)，自 2004 年 10 月 13 日开始施行。即便法规没有明确指出针对持 F-1 签证的留学生，持 F-1 签证的留学生也不会因此而广受影响，因为他们是仅有的进入美国的长期非移民，在他们在美国逗留期间不会被雇佣。因为新法规要求任何希望找工作而寻求社会安全号码或者只是拿到了雇佣者手写的雇佣协议的留学生，只要没有受雇佣就不能获得社会安全号码。在获得社会安全号码便很容易进入美国经济中许多服务领域：租赁资产和城市管理服务行业、手机、银行账户和获得机动车驾驶证。对于持 F-1 签证的留学生来说，没有社会安全号码实际上会增加花费，因为这样公司会严格要求必须提供有很高的存款证明和每月基本需求的账单情况。

五、国家安全出入境登记系统（NSEERS）

国家安全出入境登记系统（National Security Entry-Exit Registration System, NSEERS）对于一些学生来说是附属的跟踪机构，特别是来自 25 个国家的年龄在 16-45 岁之间的男性。[22]当前 NSEERS 要求的这些目标国有：阿富汗、阿尔及利亚、巴林、孟加拉国、埃及、厄尔特里亚、印度尼两亚、伊朗、伊拉克、约旦、科威特、利比亚、黎巴嫩、摩洛哥、朝鲜、阿曼、巴基斯坦、卡塔尔、索马里、沙特阿拉伯、苏丹、北非共和国、阿联酋和也门）然而，美国政府宣称"迄今为止，来自超过 150 个国家的留学生已经在 NSEERS 系统中注册"。[23]来自这些国家的男性被要求履行特殊的注册程序，通常是在入境的一刻。[24]另外，这些学生有可能随时被美国国土安全部联系，被要求去再注册，而且，被要求一日地址变更必须立即进行再注册。[25]这些学生在 NSEERS 注册必须提供 10 年以来的常住地址和工作情况，以及他们曾经每次的赴美的情况。他们还必须列出在美生活的任何的亲属关系的常住地址和工作情况。所有这些在 NSEERS 注册的这些留学生出入美国境时都被限定在某些特定的进出港出入。如果留学生的国家被归为了 A 类或者 B 类型国家就意味着他的会遭遇到诸多限制，比如，他们可能必须选择纽约、

---

22 www.ice.gov.

23 http://www.ice.gov/graphics/news/factsheets/nseersFS120103.htm.

24 http://www.ice.gov/graphics/news/factsheets/nseersFS120103.htm.

25 http://www.ice.gov/graphics/news/factsheets/nseersFS120103.htm.

芝加哥或者亚特兰大的机场，因为那里有特殊的注册系统。C 类国家的留学生的来去没有任何限制。

NSEERS 的法规不是静态的。NSEERS 经常会发送需要更新的内容给部分学校和留学生，要求他们做出调整。这些在 NSEERS 注册的留学生必须经常地查看可以出行的机场，因为随着可能的变化这些机场的名单也在变化，而且，任何国家可能随时被加入到这个限制名单内。这样的附带性法规的实施可能是针对国土安全可能遭遇的威胁，因此，也是可以理解的。然而，这不能消除对于部分留学生在美国国内外旅行或者招收他们的学校造成的不便和监视的一系列后果。不仅如此，它也不能有助于减少留学生和访问学者在经过任何的美国机场时可能遭遇到的二次检查的数量，甚至这些机场并非属于进出境的机场。

六、留学生与交流访问学者信息系统（SEVIS）

每位留学生的信息数据首次被要求输入 SEVIS 数据库是在 2003 年 1 月 31 日。不到两个月以后（2003 年 3 月 1 日），SEVIS 系统被置于美国移民海关总署的控制之下。SEVIS 的实施从程序上讲利弊各半。首先，SEVIS 的执行取代了以往留学生和访问学者在美期间通过一张纸来处理的监管程序。SEVIS 之前，留学生和访问学者的信息由移民局官员在入境机场收集，然后送达一个处理中心，在那里他们的信息会被处理，然后送到所在学校。这个过程可能需要 6 到 18 个的时间完成，甚至更长。中心处理办公室有可能会在两年之后才能将必要的留学生文件信息返回到他申请的学校。即使学校试着保持当前的关于所有的留学生的居住和工作的记录，但是用来记录相关的汇入国家记录的留学生信息的中心办公室的日志迟迟到来则意味着留学生很少能做到被监控。SEVIS，另一方面，不只是自动保存这些信息，而且，能很快反馈给各学校，没有任何的延迟。然而，SEVIS 信息系统涉及的组成机构进入到 SEVIS 系统（比如招生学校、大使馆和领事馆、入境港、联邦移民办公室、国务院和 ICE 官员等），每个机构关注的是各自需要的不同的信息。所以，当通过不同的官方线路交流时，这些部门反映的可能只是他们自己关注的信息。因此，当一个留学生的资格证被取消时，由于完成了一个学术项目、没能入学或由于某种原因放弃了留学，系统就会有取消的显示但是取消的理由不能被查到。这就是说如果留学生在这种情况下必须申请续签或者重新申请签证，因为对于大使馆或者领事馆，只要是取消就是用一面小红旗表示。

　　SEVIS 另一个积极的方面就是，SEVIS 事实上消除了适用于 F-1 签证的 1-20 表格和适用于 J-1 签证的 DS-2019 表格的欺骗性重复。因为现在随着学校的接受而随即产生这些文档后学校才会给每个留学生号码。这些号码会随带着留学生的最初的信息一起被由接收留学生的所在学校的 DSO 输入 SEVIS 数据库。留学生应该会发现这种方式是比较舒服的，因为在 SEVIS 实施之前，通常地，留学生遭遇不诚实的指控已经是在大使馆、领事馆和入境港常常发生。理论上，留学生现在是很少可能因为被怀疑 1-20 表格或者 DS-2019 表格存在欺骗行为被拒签的事情发生。

　　然而，一些变化可能不再会使留学生受益。在 SEVIS 实施之前，比如，留学生可能会取得 DSO 的职位。SEVIS 之后，只有美国公民和永久居住着才可能被雇佣从事 DSO。学校也被要求做好工作人员调整来适应法规的变化。

　　SEVIS 最后一个法规性变化就是它的资金来源问题。只有最初的启动资金是联邦政府提供。SEVIS 现在完全由从留学生和访问学者身上收费支持，如同那些 SEVIS "认证"的学校。留学生或者访问学者申请赴美学习的签证之前必须先付 SEVIS 费用，而且即使签证被拒，这一费用是不可退款的。各学校不断地提供资金给 SEVIS 通过换发新证的收费来维持 SEVIS。在一个积极的立场，没有一个美国公民会抱怨与 SEVIS 相关的税收负担。留学生和访问学者承担了 SEVIS 资金的人部分，这对于他们来说虽然是"雪上加霜"但必须拿出的。另外，人多数的学校要求留学生付费给相关的留学生事务办公室以保证其正常运作。虽然这一项一项的费用的细目表是不同的（从$50 到$200 不等），但是有一点是需要注意的那就是或许学校弥补了至少一些他们的花费通过转嫁到留学生身上。

七、指定校方负责人（DSO）

　　在"9·11"之后，所有指定校方负责人（Designated School Official, DSO）都认为他们有责任将留学生相关的信息报告给 SEVIS，所有 DSO 人员将他们看作在他们学校的留学生的"支持者"。但是，实质上，DSO 的角色就是联邦政府权力的微化。

　　然而，大学里的 DSO 们在回应留学生的方式上也有不同的地方。当问及如果他们看到持有 F-1 签证的留学生在校外打工（因而有违 F-1 法规）会怎么办。不同的学校的 DSO 会有不同的处理方式，部分大学的 DSO 认为不会因为自己的身份就将这种情况上报；有 DSO 表示可能会同留学生交谈使之了解持 F-1 签证而外出打工的可能的风险，但是，不可能因此而报告 SEVIS；也有大学的 DSO 认为他们有道德上的义务向留学生问讯这个问题并报告 SEVIS。有 DSO 回答：

> 我们看到这样的情况发生了。我们能做的是要通知我的主管。然后我们将学生喊来问他出了什么事。我遇到过一个在校外打工的学生，他真的认为 J 类意味着你可以打工或者可以做你想做的任何事。所以，在我刚来这的初期，我们遇到过这种情况。我们告诉他的是应该学会服从。自今天起我想听到你的主管你已经顺从了。我要了他的电话，然后我让他自己写了下来。他照做了。我告诉他，因为此次事件，他再不会被准许参与校外的任何事情。他仍可以在校内打工，但是他不能被允许在校外从事任何工作因为他不能让我们再信任。[26]

一些 DSO 认为他们的职责就是监管留学生，甚至是如福柯所讲的盯视。在博伊德的调查中有 DSO 谈到了一位留学生曾义务帮助学校餐饮服务。而他关心的是这个学生"正在努力地让自己踏进门来，或许能找到一份工作"[27]。为防此这种事情发生，这位 DSO 通知了学校餐饮服务的主管，这位主管被要求注意一下这位特殊的留学生是否申请了一份工作。之所以发生这样的以留学生为"潜在的罪犯"的联想，是因为 DSO 是美国联邦政府监管留学生权力的末端，是其权力的微化。虽然，其为学校委任，但是，其职责直接服务于 SEVIS 系统，而不受学校管辖。因此，往往 DSO 给自己的定位就是处理文件工作，使留学生他们顺从。很明显，DSO 认为他们帮助留学生维持正常的签证状态的角色就是一种教化的作用体现。但是，这种教化如何被实施显示了 DSO 所拥有的态度和世界观。

所有的 DSO 官员都明确他们的首要的职责是帮助留学生维持正常签证状态。而如何履行他们的职责有两种观点：权威和独裁。[28]权威方式是告知学

---

26 Boyd, L. E. A Study of How International Student Services and Policies Have Changed As A Result of 9/11. Boston University. 2008.

27 Boyd, L. E. A Study of How International Student Services and Policies Have Changed As A Result of 9/11. Boston University. 2008.

28 Baumrind, D. Effects of Authoritative Parental Control on Child Behavior. *Child Development*, Vol.37. No.4. pp.887-907.

生法规，以及违反法规后的严重后果。留学生对于 DSO 的权威有很好的认识，但是 DSO 所谓的使用权威作为告知学生一种手段，允许学生自己做出决定。独裁者则利用权威对留学生来施加控制。权威性 DSO 和独裁性 DSO 都明确知道怎样帮助留学生保持签证状态，或者使他们通过教化变得顺从。

预期留学美国的准留学生在到达美国之前会同留学生管理的 DSO 有很重要的接触，因为 DSO 为他们提交 1-20 表格。DSO 将他们自己看作留学生的坚定支持者，留学生并不认同这些。整体来看，留学生认为管理留学生事务的 DSO 们是 SEVIS 的监视过程的一部分和没有任何帮助的人。而留学生更多地认为学校的人事部门相对于 DSO 们来说则更容易信任。DSO 则同没有经验、缺乏对学生的关心、伪善、强势控制的欲望、敌视相联系。

第三节　联邦政府对留学生监管中的规训生成

"全景敞视主义"的权力规训机制不是通过借用武力、暴力的控制抑或意识形态的控制来运作，而是借助规范化的监视、检查、管理来运行的一种简便、精细、全面、迅速而有效的权力技巧。规训权力是微观的权力技术、策略、机制，其本质是隐藏的在日常的社会活动中，一般感受不到法律法规这些宏观的政治权力的存在。"规训权力是对人的肉体、姿势和行为的精心操纵的权力技术，是一种精心计算的、持久的运作机制：通过诸如层级监视、规范化裁决以及检查等等手段训练个人，制造只能按一定的规范去行动的驯服的肉体。与君权的威严仪式或重大机构相比，它的模式、程序都微不足道。然而，它们却逐渐侵蚀那些重大形式，改变后者的机制，实施自己的程序。"[29]

一、留学生接受的日常监管

（一）入境：物性的开始

进入美国学习的问题主要涉及两方面：签证申请过程和入境，因为留学生也可能在入境港进入美国时被拒。留学生中的大部分都会在他们第一次申请时拿到学生签证。一些来自非洲国家的留学生认为从其他国家进入美国比在他们本国要容易，比如英国或者加拿大。这些学生看起来印证了一点那就

---

29 [法]米歇尔·福柯：《规训与惩罚》[M]，刘北成，杨远缨译，北京：生活·读书·新知三联书店，1998 年，第 193 页。

是来自第三世界国家的留学生，作为英国或者加拿大这类的国家的一个暂时居住者，相对于在他们自己国家直接申请的话获得一个赴美学生签证是应该更为顺利的。然而，有一点应该被提到，有这些感触的学生进入美国也只是因为他们是单身，没有家属的情况下。

获得 F-1 或者 J-1 签证的留学生赴美学习必须通过一个官方指定的港口进入美国。同时，所有从这个港口入境的留学生都被假想为潜在威胁者，藉时会被移民官员在各个入境港要求描述自己的经历，最常见的主题词给人的感觉是唐突无礼的和高效率的。运用这些主题词的留学生通常感觉他们不希望入境官员也是冷冰冰的，好像那不是很他们的工作。然而，留学生也谈到了在机场不断遭遇到的因为延迟而产生的不舒服。对于来自亚洲、非洲和中东地区的男士女士都要接受第二次检查。官员这时不必再粗鲁地进行检查，他们会重复性问同样的问题或者不会说什么当他们查看每个人的行李时，有时候可能会把一些按照签证准则可以携带的东西放在一边。不会给你任何的解释，而且可能会等上几小时。初到美国的留学生将可能较长时间的临时滞留在美国机场，即便这种滞留是短暂的，他们也必须冒着错过可能航班的风险。

有留学生认为港口入境官员的行为是粗鲁的和具有威胁性的。曾有学生被移民官员重复性问"你来美国的目的是什么？你来这里真正目的是什么？"还有学生讲她用塑料容器从家乡带来一些食品，仍然在容器内就被没收了而且"被扔进了那里的垃圾。我甚者不能拿同我的食品容器。"这个学生，从来没有出过国，从来没有注意到准则上禁止携带非商业性食品的条目，对目前的突发情况感到茫然无措。留学生们都认为他们发现任何同与移民相联系的官员的经历都非常恐惧而且当提前知道了可能的遭遇后，事先会有一段时间的紧张期。

产生的对于可能遭遇到的焦虑情况，留学生们讲，是一次次经历的，到了美国还是会有。在大使馆或者领事馆和入境港之外，如果需要进行特别注册的话留学生还会经历焦虑。那些必须再次到国家进出境注册系统（National Security Entry/Exit Registration System，简称 NSEERS）去注册的学生讲，他们往往会在去移民办公室进行这场程序前两天到一周的时间不能正常吃饭和睡觉，因为他们担心遇到"困难的"官员。目前尚不清楚这种焦虑的程度在每个人的经历中或者如果它可能带来的负面的影响。

留学生认为在任何情况下遭遇移民官员的感觉都是任意而武断的，在大使馆、入境港或者美国的移民办公室。而且，在遇到的那天可能发生任何意想不到的事，好多或者坏的。有留学生强调"好像那天因为我穿了一件不该穿的衬衫我就被拒签了。"当问及是不是衬衫上写了什么不该有的字，他说"没有，只是一件蓝色衬衫。可能移民官员那天不喜欢蓝色衬衫吧。"关于入境的各种问题同各种可能的风险相联系，这就让留学生产生莫名的担心。

（二）F-1 和 J-1 留学生的风险和担心

留学生也谈了很多担心的方面（好多 SEVIS 相关的问题之外的），比如如何使用作为第二语言的英语，如何在课堂很好表现和如何让他们的教授和美国同学接受他们等等。一些不能被他们学校全额提供资助的留学生表达了在美国学习经济花费上的焦虑。还有就是同家属相关的问题多数是经济上的困难。

DSO 们很明确留学生需要的利益，比如能够打工，虽然主要是兼职，如同各种附带的培训性选择。大部分留学生认为教育性体验是最具有实践性而且他们喜欢亲自动手的学习方法因为可以利益双收。然而，相对于利益来讲，留学生还是关心在美国作为留学生的风险。风险包括失去签证状态的可能，这一点可能导致被拘捕、放逐出境。这种结果可能发生如果每学期或者每个季度学分在要求的全日制学分总数的最低值之下；在校外打工的持有 F-1 签证的学生或者如果 F-2 签证持有者（F-1 签证持有者的家属）被雇佣；或者如果留学生在住址变更的十天内没有报告提出报告。

另一种风险是在完成学业前离开美国而没有获准再次入境。留学生担心着这种可能的恐惧。而且，这种恐惧是被列在其他风险之前，因为，一旦留学生学习期间离开美国，就有可能面临重新申请签证的问题，因为 SEVIS 系统可能只是显示了签证取消，而没有任何原因。那样可能造成学生的学业不能继续。他们不断被提醒不要计划着回国直到他们完成学业，因为如果进行签证续签，被拒签的可能性极大。例如，如果，家里有亲人去世，学生回国处理，一些大使馆的官员可能考虑学生因此便同祖国的联系少了，当前的联系不足以允许签证续签。留学生活转变事件可能的范围：结婚、生孩子、其他兄弟姐妹以留学生身份进入美国、出售家庭财产或者产业。随便那一天人使馆或者领事馆官员可能会以各种理由各种方式解释这种本应该有是自然的情况。

留学生也表达了关于 SEVIS 中保存的个人信息会用来做什么的疑问。这种信息包括：他或者她的全名，出生日期、出生地、国籍、教育背景；所有的当下记录、前十年的住址、财产或者产业的拥有情况、所有的经济信息、所有的家庭直系亲属的名字和年龄和住在美的所有可能的家庭成员的名字，他们的职业和住址。另外，学校输入留学生的学业成绩、预期的学习时间、入学所学的专业课程、任何的要求的课程实习训练（Curricular Practical Training, CPT），在美国国内国外旅行的日期，同签证类型相关联的任何状态的变化或者学习过程的变化和毕业的时间。留学生会问"美国政府用我们的这些信息做什么？"以及他们（美国政府）保存我和我家人的信息到什么时候？"无论留学生的家属配偶和孩子是住在美国还是在本国国内，他们的信息都被记录在 SEVIS。当然也包括他们的家属申请签证的记录数据，获准几次或者被拒几次，都详细记录。

（三）同家属相关的签证派发

签证法规和政策内同家属相关的几个问题可以从数据分析中得出。这些问题关注点在保险覆盖范围、工作和收入、入境美国等。

正如留学生打算入境美国会遇到的问题一样，留学生家属入境美国也是一个关注点。数据显示来自一些国家的留学生要同家属经历很长的分开时间，这都是因为"9·11"之后家属获签的困难。留学生家属想到美国陪读而获得签证，最重要的一点就是必须有有力的财产证明。习惯上被认为来自发展中国家的留学生经常面对独自赴美留学，没有家人相伴或者被取消学习机会的情况。一些学校可能明确设定政策要求留学生在美国学习的第一年可以带家属。然而，根据学校性质不同，有的大学则会劝说来自某些国家的留学生不要带家属。

工作应该是一个涉及到留学生会反复出现的问题，这里包括了对家属工作的限制。留学生的配偶经常被要求为了很好地陪伴在美国学习的 F-1 学生而搁置他们的工作，这种做法是很有问题的。他们被告知当他们在美国期间他们可以志愿服务，但是不能够从事任何可能有经济报酬的工作。按照规定，持有 J-1 签证的留学生配偶在美期间可以寻找工作。然而，作为持有 F-1 签证的留学生的家属，可能被限制寻找有收益的工作。这种限制造成的结果可能是留学生经济上的拮据、工作上的无助和情绪上的失落。

同家属相关的这些问题乍看起来似乎和 SEVIS 离题很远，但是却是

SEVIS 这个大问题中的一部分，事实上正在影响着签证的状态。一些外国留学生必须从事着额外的打工，而且为了有一定的资金上的保证以备不急之需。如果留学生有紧急用钱的情况发生，基本没有什么办法来进行解决。一些学校有可用的紧急救助基金用于不期的花费，但是这些基金很有限。许多留学生家属寻找以不同的方式利用公共援助，但是被通知这些公共援助只适合已入美国国籍的人、移民的或者非移民家长的在美出生的孩子，但是不适用留学生他们本人或者他们其他学校学习的家属。这些部门的服务包括：在公立学校学习的孩子提供免费提供午餐、健康部门的服务和住房补贴。在留学生的经历中，他们和他们家庭在这方面还有一些困惑的东西：那些经常因为这些项目而常接触的本来是个体工作的人员被他们看作政府官员。这些"官员"包括自助餐厅主管、公立学校管理员和教师、健康部门人员和住房补贴主管等。似乎他们的生活中的一切总是在美国人的监视中。留学生或者其家庭成员收到的任何的公益服务或者项目都被记录在指定的系统。随着不断地增加，各种数据被相互联系起来而且信息通过 SEVIS 被转换或者被使用。

二、留学生日常监管中的规训

　　福柯为了给自己的观点找到基点而致力于从事对人的身体的规训的实践的历史的研究，各种各样的看似散漫的对于规训的应用在一定程度上服务于社会控制的束缚和主宰。按照福柯的理解，在规训和控制之间有着一个连接。因此，身体可以被规训，使之进入可以说是一种被征服的状态，也就是被控制的状态。圆形监狱提供了监视的建筑型结构。监视服务于在被观察者中产生驯服的身体的目的；这种技术早就被应用于寻求某种需要或者某种结果中。福柯为解释某种环境下的规训性行为的实施时运用了一些例子：防止流行病的传染而进行的隔离；防止来福步枪的发明而将大型车间军事化管理。[30]以此类推，可以断言，SEVIS 被产生则是为了防止恐怖主义的威胁，而且，它在"9·11"之后被执行更说明了这一点。SEVIS 一个可能的结果就是，SEVIS 的实施是希望在留学生和访问学者自我意识之外产生驯服的身体。

　　从材料上看，在美国驯服留学生的身体是从签证申请过程开始的。对于那些不能提供具有说服力的同自己祖国有着充分联系的理由，那么只能被拒

---

30 [法]米歇尔·福柯：《规训与惩罚》[M]，刘北成、杨远缨译，北京：生活·读书·
　　新知三联书店，1998 年，第 138 页。

绝进入美国。即便持有 F-1 和 J-1 的留学生还有可能被拒之美国门外。获得 F-1 或者 J-1 签证可能会有很长时间的拖延。在接下来的 NSEERS 过程中战争危险和恐怖主义的目标国的留学生都被置于额外的监视之下。然后，在经过了所有的背景性检查之后、在经过在入境港的第二次审查之后、在经过 NSEERS 注册之后、如果持有 F-1 或者 J-1 签证的留学生离开美国同家探亲的时候，情况可能已经起了变化，他或者她可能被拒绝进入美国，从而不能完成自己的学习课程。所有这些因素开始使得许多希望赴美留学的留学生转而去其他国家留学。因此有人就此认为只有那些偏向温顺的留学生能接受在美国学习时附带的诸多麻烦。一个温顺的孩子是肯服从的，是柔顺的。一个人可能使用"顺从"和"处于监护之下"这些可互换的词同学生的签证相联系。然而，好像 DSO 们谈论的是"使之一直处于监护之下"或者"变得顺从。"语言的意义就体现在这里因为"变得顺从"意味着服从于法规和政策这些曾经违反过的东西。

SEVIS 采用监视来保证留学生和访问学者处于监护之下，同时，保证 SEVIS 认证的学校将那些有违法规的学生变得顺从。盯视和检查是社会控制的两种工具，目的就在于驯服的身体——"被驯服、转变和改良后的沉默的、听话的个体"。然而，需要明白的是这种驯服不只是作用于留学生，还有学校。

（一）监 视

权力—知识理论的话语在社会中随时可见，无处不在。这就是监视的本质所在。SEVIS，作为一个监管系统，显示了它的无处不在，不停地接收数据和发送信息。它就是个系统，一个持续地监视对方而不被察觉，甚至不会被输入数据，全程的数据监控的人员发觉，或者是实施干涉的人员也一无所知。SEVIS，这样看起来，就是无处不在的，如影随形。

输入 SEVIS 的信息可以被美国政府各个机构查看并利用。信息何时成为了知识？知识的一种形式是"认知"（savoir），是归结到本质上的，从特定的时间地点获得的，或者一系列事件中提炼的。依托这样的概念理解，结合福柯的感觉，SEVIS 存贮的信息就变成了美国政府可以拿来用的知识。现在仍然不甚了解的是未来这些知识如何被加以运用。一些证据显示这种知识正在习惯于被用在拒签上，当有拒签记录或者 1-20 表格、DS-2019 表格曾经被取消的情况下的使用。这种知识也是法律行使部分的动力所在，当数据显示某个学生失去身份的时候。这些都代表了美国政府的权力的滥用和随意行使在派发和拒绝签证上只是通过 SEVIS 监视获得的"认知"事实。

福柯谈到了一群特殊的人，他们"变得不可或缺，频繁出现"。[31]这群人同在学校安置的移民官员有着很大的一致性。他们在派发 1-20 表格和 DS-2019 表格使得留学生拥有留学美国的资格的过程中是不可或缺的。但是，因为 DSO 的角色是协助留学生保持身份状态，DSO 们在监管留学生整个学习过程中的行为方面也变得不可或缺。由此可能的后果，比如如果 DSO 违背了联邦法规，学校要接受罚款惩罚。因此，DSO 一方面是规训者一方面也在被规训。DSO 们所起的作用就是充当监视工具和福柯所指的"规训的权力"机器的一部分。规训的权力意图是对于本质上看不到的权力的一种实际存在。其本身内部和本质上的监视不是惩罚。相反，规训的权力通过被展示的形态但几乎又是无形的存在来实施控制、规训。在 DSO 同其他学校官员商讨限制留学生的活动范围的情况时，规训的权力的不可见的存在应该是有据可循的。比如 DSO 告诫餐饮主任，餐饮主任不但要阻止留学生获得打工机会同时也被告知那个学生可能申请到了工作。这种监视的完成过程正如福柯所说的"盯视"。

盯视无处不在。盯视是眼睛权力的一项工具性体现；从各个有利的角度监视某些人的一种方式。这种情况在人群中比比皆是，好像随处可见的学校雇佣者。这种盯视也是可以通过其他技术性网络操作的：社会安全管理机构，机动车管理部门和医院数据库。盯视是通过监控摄像头实现的，校内的和校外的。盯视甚至也呈现一种听觉的形式，通过隐藏的声音记录手段，这些正在广泛用于商场和饭店等场所。

根据程度不同，盯视被用于监视留学生。数据显示已入学的留学生几乎都受到了盯视。有的大学 DSO 盯视是强有力的，一方面可能因为学校很小，如果留学生可能忘了通知学校当他们搬家或者有了小孩，他们也会了如指掌；另一方面，盯视的有效性体现在 DSO 会认为他们帮助留学生保持签证状态的角色是同增强校风的荣誉是一致的。因此，DSO 们通过鼓励着其他人参与到盯视中来保持着监视者校园。

---

31 [法]米歇尔·福柯：《规训与惩罚》[M]，刘北成，杨远缨译，北京：生活·读书·新知三联书店，1998 年，第 174 页。

（二）恐 惧

恐惧的话语在各学校内部以不同的形式存在着。不是拿来使留学生犯罪，恐惧作为一种权力结构，就联邦政府而言，被应用于高等教育的学校控制。如果学校被发现允许学生失去身份而且同学生违法行为串通一气时，将会有很大损失。DSO 们清楚意识到那样肯定要被高额罚款，再坏的情形就是，失去 SEVIS 许可。这就可能意味着因此而丧失招收留学生和吸引任何形式的交流学者的权力。

涉及使用 SEVIS 数据较早的讨论中可以看到一点联邦政府对高等教育学校的监视。学校的数据同留学生的数据一起被输入 SEVIS。因此，学校也在 SEVIS 的盯视之下；因此高校也变成了 SEVIS "规训体制的客体"[32]。但是，仍然没有任何的明示说明 SEVIS 数据会如何被使用。可以想象到的，联邦机构能从任何一所学校看到数据，获得留学生在学习期间和获得学业成绩后的所有的"知识"，然后，使用这些信息来限制学校的自治权。例如，如果来自某个特定国家的留学生申请、获准接收并获得前往某校的签证，但是在赴美后立刻转变到了另外一种类型的学校，所有这些数据会被输入和储存在 SEVIS。留学生所在国的美国大使馆或者领事馆开始限制该校的持有 1-20 表格的留学生的签证发放。或许 DHS 会发起实地视察来稽查在该校的 ISS 的各种文件。

一次 SEVIS 实地视察等同于对于高校的一次检查。福柯指出这种检查也是另外一种权力——知识话语。检查使事件脱离于人之外，检查通过观察和比较搜集知识。"可借重者"是一个没有什么心计，容易接触的人，也就是容易规训的人。检查成了一个可见的工具，然后成为对人这个主体进行规训的工具。联邦政府稽查一所学校的政策和程序，学校就可能经历一种"规训"，从而会产生一种顺从感。这种检查，或者说实地视察，是一种散漫的行为，虽然是一个容易看见的行为，但是，是在一种全景盯视下的操作。可借重的人，由于恐惧和被观察的认知所触动，成为一具"驯服的身体"，一个驯服身体的生产者。

由此可见，权力通过权力与知识的转化中形成着权力受者的自我规训。外国留学生在美国的环境中是以少数、弱势、被动的群体存在，这不仅是他们自身的一种自我认知，同时，在权力的施与方——美国及其民众来说，主

---

32 [法]米歇尔·福柯：《规训与惩罚》[M]，刘北成，杨远缨译，北京：生活·读书·
    新知三联书店，1998 年，第 190 页。

流环境下的自我优越同样以这种眼光看待这群外来者，而"9·11"之后转为敌视。阿尔杜塞在《意识形态和意识形态国家机器》一文中认为，主体的屈从是通过语言，作为呼召（hail）个体的权威的声音（voice）的结果而发生的。阿尔杜塞曾为说明呼召而讲述了一个例子：一个警察呼召街道上的一个行人，接着，这个行人转身（turn）并认识到自己就是那个被呼召的人。在这一识别行为被提出和接受的交换过程中，社会主体的话语生产发生了。同样，留学生从留学申请到入境检查再到录取审查最后在学校中管理员的监督盯视，处处都显示了美国政府的权威询唤。这种通过国家权威的开创性召唤所形成的主体的询唤理论，不仅预先假定了这种良心的教诲已经发生，而且，这种良心——可以理解为进行管制的标准的精神作用——构成了权力的一种特殊的精神和社会工作方式。良心使得留学生在美国政府的权威规训下产生自己的"转身（turn）"，这种"转身"就是良心上的自我的规训，规训的结果是认同的发生。这一点正好符合福柯的微观权力理论的权力主体的自主性。如果（主体）自主的结果是以屈从为条件的，而且，所建立的屈从或者依赖是被严格压抑的，主体将和无意识一起出现。[33]再有，留学生自身对于美国环境，社会环境、人文环境、教育环境等相对而言，犹如刚刚分娩的婴儿，其对于美国各种环境的依恋性在于自身的生长的强烈愿望，即自身赴美的目的性。为了达到自己的目的性，首先要做到的就是使自己能适应。适应的过程就是放弃原来的"我"，找寻新的"我"的过程，即寻求新的自我主体的出现。留学生抱着被改造的潜意识来到美国。屈从的生成是自然的。而在自我被改造的过程中因为已经放下了"我"的存在，因而，在新的自我形成过程中，没有谁会考虑更多的外在权力的身体承受，没有谁考虑自己所"依恋"的是什么。

因此，权力是一套先于主体的条件，从外部对主体起作用并使之屈从。[34]美国政府的权力在留学生身上体现的规训在留学生身上生产着屈从，既使作为主体的留学生屈从，又使其作为主体生成，而且，"在一种及物的意义上，它还使主体进入存在"[35]。这种存在就是留学生作为美国联邦政府需要的

---

33 [美]朱迪斯·巴特勒著，张生译：《权力的精神生活：服从的理论》，南京：江苏人民出版社，2009年，第6页。

34 [美]朱迪斯·巴特勒著，张生译：《权力的精神生活：服从的理论》，南京：江苏人民出版社，2009年，第12页。

35 [美]朱迪斯·巴特勒著，张生译：《权力的精神生活：服从的理论》，南京：江苏人民出版社，2009年，第12页。

工具呈现——主观上为着自己的价值实现，客观成就了美国国家利益价值的工具呈现。

第六章　美国联邦政府对留学生监管的效应与调整

美国联邦政府对留学生加强监管直接的效应作用在了留学生身上，从留学生的录取、入学到在美学习期间的种种阻碍中都可窥见一斑，外国留学生人数呈现了急剧下滑的态势；除此，美国联邦政府对美国高等教育的干预因其直接性和强度对美国大学的管理造成了一定的混乱，激起了包括留学生和大学学者们在内的不同层面的抗议。鉴于此，美国联邦政府开始了对留学生监管的调整，然而，有必要指出的是，这种调整是在联邦政府对高等教育和留学生的监管制度稳定之后开始的。

第一节　联邦政府对留学生监管下的留学生教育变化

一、"9·11"之后有关政策数据的统计

确定"9·11"后的政策对外国留学生和学者影响的方法之一就是分析签证发放和移民有关的数据。本章主要解决的问题是，该部分学生的人数"9·11"之后是否发生变化。因此，本章对检查、招生、赴美签证发放相关数据以及数据统计分析进行了讨论，以确定是否有显着的变化，如果有显著变化，有何意义和影响。

开始分析前，需要先对探访和移民手续进行简要回顾。首先，留学生或学者必须拿到赴美签证方可进入美国。其次，所有人等，包括美国公民和外

国人，必须通过安检程序才能进入美国。[1]各步相关数据都有所不同，有时可能会产生错误，因为持签证进入美国的个人可获准离开并持同一签证重新进入美国。因此，可签发单次往返签证，但如果一个人一年中每两个月离开、再重新进入美国的话，进入安检次数为六次，而签证只签发一次。因此，获准进入美国安检次数的调查统计数据与显示美国驻外使领馆发放签证数量的数据不同。

还将学生入学数据与招生和签证发放数字进行了对比，由招生和签证发放数字可看出在美合法学习的留学生人数。美国国际教育研究所对外国或国际留学生的定义是："……持临时签证到美国高等教育机构参加课程学习的个人，不包括移民、美国公民、非法外国人或难民"。[2]问题在于某些学生可能需被检查才能获准进入美国，但由于某种原因，可能不到教育机构学习，或可能回国。此时，有其关于检查及核准入境的数据，但该机构入学总人数中不包括该生，比较时则会出现一些细微差别。但是该组人数较少。

本章先对美国入境口岸的安检数据进行分析，因为其能显示进入美国的准确人数。所提供数据包括个人进入美国入境口岸时进行的安检次数，不分类别。所有人都必须进行"安检"，无论其是否获准入境。因此，安检总数与获准入境数并不相等。例如，一名持外国签证进入美国的新生可能无法入境，除非其开学日期在核准入境后 30 日内。如果学生在开学日期 30 天之前入境，出入境官员可能以 30 天的规定拒绝其入境。因此，此时记录的是安检记录，而非核准入境记录。

另外，还提供了获准进入美国的非移民数量、学者签证发放数量、高校入学人数、以及向被美国列为"安全风险国家"的学生和学者发放签证数量的图注数据。这些国家包括古巴、伊朗、利比亚、朝鲜、苏丹和叙利亚。

数据来源：美国国家科学基金会、国际教育研究所、美国国务院（签证处）、移民归化局、国土安全部移民统计办公室等各部门的调查数据。美国教育部（国家教育统计中心）通过其综合高教数据系统（IPEDS）进行了广泛的研究调查，提供了大量资料。然而，其数据并不适合本研究目的，因为综合

1　8 C.F.R. § 235.1（a）; 8 C.F.R. § 1235.1（a）. 8 C.F.R. § 235.5 authorizes preinspection prior to departure at specified foreign locations such as Vancouver, Canada.

2　HEY-KYUNG KOH CHIN, ED. OPEN DOORS 2005: REPORT ON INTERNATIONAL EDUCATIONAL EXCHANGE, 2005. New York: Institute of International Education. p. 89.

高教数据系统（IPEDS）将外国留学生归为"非居民"一类，未包含签证类型等详细资料。[3]美国研究生院理事会还对过去三年的情况进行了统计调查，但样本量小，只显示了发展趋势，因为没有准确的入学人数。[4]

很明显，国土安全部收集的联邦政府统计数据是从10月1日至次年9月30日财政年度的数据。[5]教育机构收集的许多统计数据是从九月至次年八月一学年的数据。其他数据则是按一月至十二月标准年份进行的统计。进行各项统计都是为了对并行数据进行分析，并区分数据是按何种年份统计得出的。幸运的是，高校中的学年与联邦政府的财度年度相似度很大。由于"9·11"事件发生在政府财政年度最后一个月份、高校学年的第一个月份，许多数据可以很准确地进行比较。

除了分析图注数据外，还对其进行了统计分析，以确定一年中的签证发放量与下一年是否差异很大。数据分析以及图、表编制都是利用 MS Excel 和 SPSS 软件进行的。利用皮尔森相关系数来确定每年发放的非移民签证数量与向安全风险六国发放的非移民签证数量统计差异是否很大。另外，还确定了每年发放的学生签证数量与向安全风险六国发放的学生签证数量之间的相关系数。采用皮尔森相关系数的主要原因是要看看是否可以预测其模式，即：向非移民和学生等发放的签证各年比例是否相同或相似。

（一）统计数据和调查

1. 美国入境口岸检查

"9·11"之后美国入境人数大幅下降，因为"2001年8月到2001年10月间安检数量下降25%"。[6]虽然比例不大，但发现未获准进入美国的安检在"9·11"之后大幅上升，然后又逐渐下降（见表6-1）。表6-1为2000年至2005年间每年九月接受安检的美国公民、永久居民以及所有进入美国的非移民人数。数字不包括来自加拿大和墨西哥的检查人数。2000年9月，前移民局进行的海、陆、空检查共4，400多万人次，而2001年9月却急剧下降，

---

3 Sample IPEDS 表. at: http://nces.ed.gov/das/library/tables_listings/showTable2005.asp?popup=true&tableID=3112&rt=p.

4 Graduate Council of Schools. *International Graduate Admissions Survey*. Last accessed 12/19/2006 at: http://www.cgsnet.org/Default.aspx?tabid=172.

5 Central Intelligence Agency. *World Fact Book. United States*. Last accessed 12/9/2006 at: https://www.cia.gov/cia/publications/factbook/geos/us.html#Govt.

6 INS, *Monthly Statistics Report*: FY 2002 Year End Report 2, 10/31/2002.

记录检查仅 3，320 万人次。

表 6-1 "9·11"前后美国入境口岸检查（仅九月份统计）

九月份	2000	2001	2002	2003	2004	2005
检查人次	44,338,970	33,182,827	36,210,318	34,193,939	34,357,407	32,513,627
未获准入境	63,831	60,820	57,867	53,627	48,432	37,535
未获准比例	0.00142%	0.00184%	0.00160%	0.00158%	0.00140%	0.00115%

数据来源：INS，Monthly Statistics Report: FY 2002、2003、2004、2005、2006 Year End Report.

2002 年 9 月，检查人次为 3，620 万，比 2001 年增加约 9%，但比"9·11"之前减少约 20%左右。2003 年和 2004 年，检查人次总体下降，每年减少约 3，400 万，两年减少基本相当。最近公布的数据为 2005 年 9 月份数据，数据显示，欲进入美国的人数进一步减少，约 3，250 万。

2. 非移民入境

更多的人是持临时访问签证进入美国。非移民入境是指持临时签证进入美国的人，"9·11"之前的五年中，非移民入境逐年上升，1996 年为 2,500 万，2000 年为 3,300 多万。[7]表 6-2 为 1996-2005 每年的入境人数。"9·11"事件前一年，获准进入美国的旅客共计 3，050 万，2001 年为 2,940 万，"9·11"事件之后的两年，2002 年和 2003 年分别降至 2,430 万。2004 年和 2005 年数据显示情况有所好转，两年入境人数分别达到 2，740 万和 2,850 万；但仍未达到"9·11"前最高的 3,050 万。特朗普政府执政后，非移民入境人数保持了增长态势，但是，留学生人数在 2019 年开始显现出衰减态势（表 6-3）。

表 6-2 "9·11"前后美国非移民入境统计 　　　　　单位：（千人）

年份	1996	1997	1998	1999	2000
全部	24,843	-	30,175	31,446	33,690
学生	418	-	554	558	649

7 USDHS, Office of Immigration Statistics. *2004 Yearbook of Immigration Statistics*, table T-24. September 2004. Note: These include all nonimmigrant visa classifications.

年份	2001	2002	2003	2004	2005
全部	32,972	27,898	27,849	30,781	32,003
学生	697	646	625	620	621

数据来源：USDHS，Office of Immigration Statistics. 1998-2006 Yearbook of Immigration Statistics.

表6-3　特朗普政府执政前后美国非移民入境统计

年份	2010	2011	2012	2013	2014
全部	159,700,000	158,500,000	165,500,000	173,100,000	180,500,000
学生	1,595,078	1,788,962	1,653,576	1,669,225	1,837,664
年份	2015	2016	2017	2018	2019
全部	181,300,000	178,700,000	181,100,000	186,200,000	186,200,000
学生	1,990,661	1,954,373	1,940,171	1,957,852	1,907,176

数据来源：USDHS, Office of Immigration Statistics. https://www.dhs.gov/immigration-statistics.

3. 外国学生统计数据

（1）外国留学生申请

表6-4为"9·11"前后外国留学生申请、入学、发放签证统计数据。2000年，获准赴美留学外国留学生648,793人，2001年达到了688,970人。此后人数逐年减少，分别为637,954人（2002年）、617,556（2003年）和613,221（2004年）。然而，同期实际外国留学生入学人数在"9·11"之后各年都有所增加。"9·11"之前的2000年547,867。2001-2002学年增至582,996，2002/2003学年增至586,323。虽然仅增长0.6%，但仍比"9·11"当年要高。

表6-5为特朗普执政前后外国留学生签证申请、签发和拒签情况的统计数据。从数据上看，从2016年开始，外国留学生的签证申请数量、签发数量都开始呈现明显的下降趋势，拒签率明显上升。2016年申请赴美留学的学生人数为718,342人，远远低于2015年的856,251人，数据临近2013年的694,488人。2016年申请赴美留学的学生人数较2015年减少137,909人，降幅达16.1%。

（2）学生签证

表6-4显示，学生签证发放数量1998–2000年逐年增长，分别为251,565份、262,542份和284,053份。2001财年最高，发放学生签证293,357份，

美国联邦政府开始留学生监管后，在 2002 年大幅下降至 234,322 份。2003 年又降至 215,695 份，2004 年稍稍增长至 218,898 份。2005 年学生签证发放数量开始反弹，签发 237,890 份。特朗普时期（表 6-5），2016 年有 471,728 人获得赴美留学签证，较 2015 年的 644,233 人减少了 26.8%，获签人数直接退回到了 1996 年前后。

（3）入　学

表 6-6 与图 6-1 是关于赴美的外国留学生 1991-92 年度到 2009-10 年入学情况的统计，根据统计的数据来看，20 世纪 1997-98 学年开始到 2001-02 学年赴美留学生有个处于高位的稳定时间段，连续五个学年的高增长期，平均年增长接近 5.0%，最高到了 6.4%。随后几年赴美外国留学生人数因为留学生监管的影响而急剧下降，最多到了 -2.4% 的负增长率。这种情况持续了四年，到 2006-07 学年重新回到正增长，随着就是两年的井喷式的高入学率。事实上，初次赴美的外国留学生（本科生和研究生）人数有所上升。特朗普执政前后（表 6-7，图 6-2），2014-15 学年度，外国留学生学年度入学增长率达到历史峰值的 10%，但是，从 2015-16 学年开始，外国留学生入学增长率持续下降，2019-2020 学年，竟然跌到 -1.8%。可见，外国留学生签证申请率、获得签证率双降低，导致学生入学人数不乐观。据 BBC 报道，2018 年美国大学招生的新生中留学生人数大幅度下降，甚至达到了 7%。[8]

（4）专业学科

商务管理一直是众多留学生的首选，应该是对于美国经济地位的一种肯定，还有一种原因就是希望能在跨国企业中谋得一份高薪职位，为自己的生活考虑。另外就是科学界称为 STEM 的四个专业：科学（science）、技术（technology）、工程（engineering）和数学专业（mathamatics）的留学生近些年占据了美国高校所有专业的前列。这四项专业汇集了近五成的留学生，一方面填补了美国这些领域的研究人员不足的问题，一方面让美国联邦政府很是担心信息安全。STEM 专业研究生不断增加，截至 2002 年，"留学生中，获得博士学位的在社会和行为科学占 19.5%、生命科学为 18%、物理科学为 35.4%、工程类为 58.7%"。图 6-3 为外国留学生的专业学科变化图，从中可以看出，2004-06 学年，由于留学生监管的效应，工程学、数学与计算机科学明

8　李薇薇：《大学生出国留学意愿的影响因素分析》[J]，智库时代，2019（8），第 251-254 页。

显低于 1999-2001 和 2008-2010 两个学年段的数值。（1999-2001、2004-2006、2008-2010 三个学年段的每个学年的数据情况见附录）。特朗普执政后，2015/16 年度，参与 STEM 学习的外国留学生人数略有提升，占 76%，随后逐年上升，2019-2020 年为 77.5%（表 6-8）。

表 6-4　"9·11" 前后赴美外国留学生签证数据

年　份	1996	1997	1998	1999	2000
申　请	418,177	-	553,865	557,688	648,793
入　学	457,984	-	490,933	514,723	547,867
发放签证	241,003	-	251,565	262,542	284,053
年　份	2001	2002	2003	2004	2005
申　请	696,595	646,016	624,917	620,210	621,178
入　学	582,996	586,323	572,509	565,039	564,766
发放签证	293,357	234,322	215,695	218,898	237,890

数据来源：Opendoors Data. http://opendoors.iienetwork.org.

表 6-5　特朗普执政前后赴美外国留学生签证数据

年　份	2013	2014	2015	2016
申　请	694,488	768,631	856,251	718,342
签　发	534,320	595,569	644,233	471,728
拒　签	160,168	173,062	212,018	246,614
拒签占比	23.1%	22.5%	29.5%	34.3%
年　份	2017	2018	2019	2020
申　请	608,631	558,116	488,075	161,877
签　发	393,573	362,929	364,204	111,387
拒　签	215,058	195,187	123,871	50,490
拒签占比	35.3%	35.0%	25.4%	31.2%

数据来源：https://travel.state.gov/content/travel/en/legal/visa-law0/visa-statistics/nonim
migrant-visa-statistics.html.

表6-6 "9·11"前后赴美外国留学生入学年度变化

学 年	1990/91	1991/92	1992/93	1993/94	1994/95
留学生	407,529	419,585	438,618	6449,749	452,635
年度增长（%）	2.9	3.0	4.5	2.5	0.6
学 年	1995/96	1996/97	1997/98	1998/99	1999/00
留学生	453,787	457,984	481,280	490,933	514,723
年度增长（%）	0.3	0.9	5.1	2.0	4.8
学 年	2000/01	2001/02	2002/03	2003/04	2004/05
留学生	547,867	582,996	586,323	572,509	565,039
年度增长（%）	6.4	6.4	0.6	-2.4	-1.3
学 年	2005/06	2006/07	2007/08	2008/09	2009/10
留学生	564,766	582,984	623,805	671,616	690,923
年度增长（%）	-0.05	3.2	7.0	7.7	2.9

数据来源：International Student Enrollment Trends, 1949/50-2009/10. Open Doors Report on International Educational Exchange. http://www.iie.org/opendoors

图6-1 "9·11"前后赴美外国留学生入学年度变化

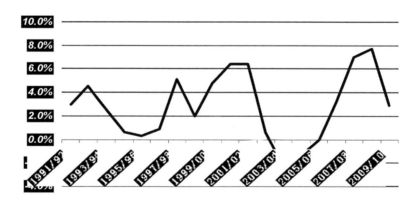

表6-7 特朗普执政前后赴美外国留学生学年度入学增长率

学 年	2010/11	2011/12	2012/13	2013/14	2014/15
留学生	723,277	764,495	819,644	886,052	974,926
年度增长%	4.7	5.7	7.2	8.1	10.0

学　年	2015/16	2016/17	2017/18	2018/19	2019/20
留学生	1,043,839	1,078,822	1,094,792	1,095,299	1,075,496
年度增长%	7.1	3.4	1.5	0.0	-1.8

图 6-2　特朗普执政前后赴美外国留学生入学年度变化

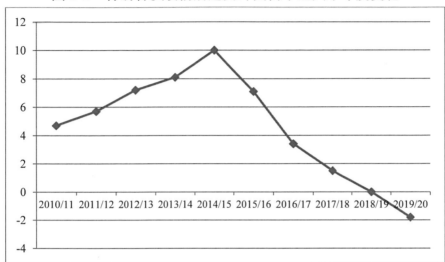

数据来源：https://opendoorsdata.org/?download=https://opendoorsdata.org/wp-content/

uploads/2020/04/Census-Overall-Enrollment-1949-2020.xlsx.

图 6-3　外国留学生学科变化对照

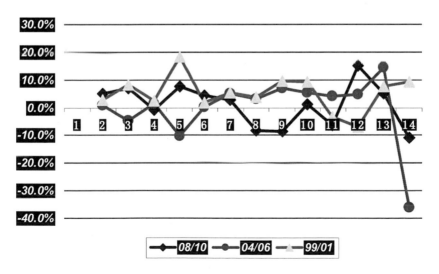

数据来源：International Students by Field of Study, Open Doors Report on International

Educational Exchange. Retrieved from http://www.iie.org/opendoors.

表 6-8 特朗普执政前后 STEM 学生占总留学生数的百分比

学　年	2013/14	2014/15	2015/16	2016/17	2017/18	2018/19	2019/20
STEM 学生（%）	74.5	74.2	76.0	76.0	77.0	77.3	77.5

数据来源：https://opendoorsdata.org/?download=https://opendoorsdata.org/wp-content/uploads/2020/04/Scholar-Major-Field-of-Specialization.xlsx.

（5）外国学者统计数据

J-1 类国际访问学者的比例自 1995 年以来一直递减，由 1995 年的 77% 大幅度降至目前的 51.7%。但是，H-1B 类国际访问学者的比例 1995 年为 16%，2005 年增至 38.6%。2001-2003 年，H-1B 类签证代替 J-1 类签证的现象迅速增长，超过 10%，比其他任何两年期间转签的增长都高。部分原因在于，"9·11"后采取新安全措施，包括技术警报名示清单等，从而导致申请 J-1 类签证繁冗拖沓。

申请 H-1B 签证学者人数的增长也因为该类签证较易申请。主要由于科技领域需求的增长，H-1B 签证的数目由 1999 年法定配额 65,000 大幅增长至 2000 年的 115,000，2001 年、2002 年、2003 年均为 195,000。

但是 2004 年，签证配额又回到了起初的 65,000。2005 年 3 月，由于立法设立豁免，新增了 20,000 个签证。在美国高等教育机构获得硕士及以上学位的外国研究生属于 65,000 之外的豁免对象，前提是总数在任何一个财政年度不超过 20,000。如表 6-9 所示，当年 H-1B 签证配额由 65,000 增加至 115,000 时，H-1B 签证数量才有大幅增加。尽管在 1998-1999 年间，J-1 签证签发的数量仅下降了 2.7 个百分点，而 H-1B 签证增加了 1.7 个百分点，这却是大势所趋。

在美国参加学习课程的国际访问学者总数显示，2005 年较 2001、2002 年增加了 10,000 以上。2001 年，在美学者总数达到 86,015。两年后的 2003 年，该数目跌至 82,905。2005 年秋季，美国国际访问学者数为 96,981，较 2001 年增长 10%。这些数据代表各组数量的一个总体变化，并不说明可能正由 J-1 签证转为 H-1B 签证的人数。暂时尚没有后者数据。

表6-9 外国学者签证分类：J-1 和 H-1B

年 份	1996	1997	1998	1999	2000
J-1	47,327	-	52,382	53,393	56,393
J-1 占百分比	75.9		74.3	71.6	70.8
H	10,974	-	13,254	15,287	17,523
H 占百分比	17.6	-	18.8	20.5	22.0
总计	62,354		70,501	74,571	79,651
H 签证	65,000	-	65,000	115,000	115,000
年 份	2001	2002	2003	2004	2005
J-1	57,372	50,906	46,510	48,402	52,273
J-1 占百分比	66.7	60.4	56.1	54.0	53.9
H	21,160	26,127	28,768	33,523	37,435
H 占百分比	24.6	31.0	34.7	37.4	38.6
总计	86,015	84,281	82,905	89,634	96,981
H 签证	195,000	195,000	195,000	65,000	65,000+

数据来源：http://travel.state.gov/visa/data.

表6-10 外国学者签证分类：J-1 和 H-1B

年 份	2010	2011	2012	2013	2014	2015
J-1	320,805	324,294	313,431	312,522	331,068	332,540
J-1 占百分比	90.7	90.2	89.5	88.7	88.7	88.7
H-1B	117,409	129,134	135,530	153,223	161,369	172,748
H-1B 占百分比	40.6	41.4	40.5	39.8	37.4	36.2
总计（签证总发放量）	6,422,751	7,507,939	8,927,090	9,164,349	9,932,480	10,891,745
H 签证	289,192	312,082	334,290	385,051	431,001	477,780
年 份	2016	2017	2018	2019	2020	
J-1	339,712	343,811	342,639	353,279	108,510	
J-1 占百分比	89.4	89.7	89.6	90.2	87.7	
H-1B	180,057	179,049	179,660	188,123	124,983	
H-1B 占百分比	33.8	31.8	38.9	30.4	26.7	

总计（签证总发放量）	10,381,491	9,681,913	9,028,026	8,742,068	4,013,210	
H 签证	532,832	563,248	462,377	619,305	468,123	

数据来源：https://travel.state.gov/content/travel/en/legal/visa-law0/visa-statistics/nonimmigrant-visa-statistics.html.

（6）安全问题国家留美学生签证发放

针对被怀疑支持恐怖主义的国家，如伊朗、利比亚、北朝鲜、苏丹、叙利亚及古巴，制定特殊签证程序。程序规定，"所有来自恐怖主义支持国家、年满 16 岁的申请者，无论男女，除填写 DS-158 表外，必须全部填写 DS-157 表，而且必须当面接受一名领事官员面试"。[9]

尽管 2002 年底才出台实施该规定的政策，DS-157 表却在 2002 年 1 月即投入使用进行信息收集，后来成为主要信息收集工具。[10]申请者申请赴美签证时，必须在境外完成表格填写。这与国家安全入境出境登记系统（NSEERS）程序不同，NSEERS 作为最终法规于 2002 年 8 月 12 日颁布、2002 年 9 月 11 日生效，在全美范围内实行。NSEERS 及 "特殊签证程序" 适用于国外的美国大使馆及领事馆，所有符合该法规条件的个人必须在出入境时登记。

二、"9·11"之后有关政策数据的分析

通过数据分析，显然 "9·11" 后移民政策直接影响到在美外国留学生及学者的人数。许多观察资料也通过前移民归化局确认。在研究中，很多次数据都证实了预料；但是有时候也会发现有趣的模式或完全没有模式，表明需要进一步研究数据以确定所形成的模式或模式缺失的含义。

（一）入境检查

如前所述，检查是指核实个人的入境文件／证明，是否应允许进入美国以及类别归属。因而，检查能显示进出美国的模式，但是前面提到，其不能用于确定多少人归于哪一签证类别。例如，一个持有多次入境签证的个人也许数次进入和离开美国，每一次都会成为检查统计的对象。

---

9 8 U.S.C. 1202（h），Pub. L. 108-458.（2004）. Also see Consular Affairs notice. At: http://travel.state.gov/visa/temp/info/info_1300.html.

10 DOS Cable. Secretary Powell, *To All Consular and Diplomats Posts of January 2002.* At: http://travel.state.gov/visa/laws/telegrams/telegrams_1432.html.

时至今日，由于全面启动新 US-VISIT 出入境系统，对出入美国的人能进行更为紧密的跟踪细查。但是新制度仍然存在不足，即没有个人离开越过国界，尤其是进入墨西哥的记录。由此引发的问题是，一名访问者也许从法国到达美国，并被录入 US-VISIT 信息系统。然而如果其越过边境进入墨西哥然后从墨西哥返回法国，有进入美国的记录却没有离开的记录。如果是一个五口之家，系统会显示出五个非法非移民的错误信息。这个简单的例子引发对这个耗资数十亿美元的新信息系统功效的质疑。

"9·11"后，所有非移民进入美国变得更难。本章前文所提及的一些政策，如新增安全措施、延期、获取签证的难度以及许多人不确定"9·11"后的美国有多么安全的事实，阐明了许多人认为是导致前赴美国的人数剧减的部分理由。

通过回顾检查数据发现，个人检查后被拒绝或禁止进入的比例在 2001 年急剧增长，随后开始下跌，到 2005 年时已实际低于 2000 年的比例。这至少有两种解释。一方面，意味着移民政策发生变化，限制更少，从而降低了被拒绝进入的比重。另一方面，也许是一个信号即先前被拒绝的人由于美国海关边防局更广泛的安全检查不再寻求入境。所有调查及数据表明，寻求进入美国的人数至今才达到"9·11"前的水平。这些数目并不小，2005 年较"9·11"前的水平，少 1,150 万左右。

（二）非移民准入

非移民准入表明个人寻求入境并随之准许以特定签证类别入境的次数。非移民准入的统计数据不同于非移民检查和签证签发。移民归化局及现在的国土安全部发布了非移民外侨准入的数目。如前所述，US-VISIT 系统适用于在美国入境口岸准入的所有外籍人。

这在美国与加拿大以及美国与墨西哥边境也许并不如此，很多非移民，如拥有"过境卡"的人可不需要额外文件进入并离开美国。这不同于由国外飞抵美国的访问者，后者必须填写 I-94 并与其护照一并保存直至离开美国。国土安全部移民统计的一些数据就因为这个程序而发生混乱。有时候统计数据表明获得 I-94 的人数包括加拿大和墨西哥过境人数；其他时候则将过境人数排除在外，因为未获得 I-94。于是没有记录或文件跟踪。因此，数据分析也可能会误导。

（三）高等教育中外国留学生签证

高等教育的数据来自不同组织及政府支助机构的诸多调查。与国土安全部及国务院提供的统计数据之处在于其通常为一个精确的数字，因为是在一个确定人数的范围内从每个个人身上收集的信息。调查数据来自于抽样，无法反应实际人群；因此调查的适用有所限制。但是，由国际教育交流协会（IIE）在其《门户开放》（Open Doors）上发起的调查显示为真实有效的。将调查回复者与调查人群的数目进行比对是一种非常好的方法。最不可靠的也许是研究生委员会的调查；尽管如此，其拥有每学年秋季的最新数据和动向。

高等教育数据显示外国留学生人数在"9·11"后有所下降，尽管研究生委员会调查认为，在2006学年秋季可能会有首次外国留学生的增长。这是一个积极信号，因为国内外的首次留学生数目较大，预示着全体入学人数可能呈上涨的趋势。入学的学生人数越多则有希望促成越多学生毕业。该上涨趋势与进入科研领域的学生人数形成对比，后者呈现出递减趋势。这种递减也许归因于"9·11"后采取安全措施的数量，尤其是技术警示清单（TAL）的扩大导致签证签发的大量延期。另一外国留学生方面的积极导向为，减少似乎在消退，2004/05学年的学生人数几乎等同于2005/06学年。

1. 外国留学生签证

这个数据也许比其它任何引用的数据都更重要。入学数据显示的是学生实际入学接受合法移民许可的高等教育课程的人数。或许通过比较IIE和IPEDS或其它政府调查数据能有所用，但是这种比较证实无效，因为调查的发起方式、调查问卷以及收集的数据在各自的调查中并不一致。

一个重要问题就是，一种调查非常致力于某个主题，而另一调查则包罗万象。例如，IPEDS调查将外国留学生归于"临时居民"类。这种分类可能包括不在"F"类签证的留学生，可能包括"J"类交换访问学者签证的留学生，以及大量处于非法地位的外侨；也许还有很多其它分类并不在IIE调查或国土安全部、国务院数据中。

2. 外国研究生签证

外国研究生总数在2003年达到顶峰，然而外国留学生总数在头一年即达到最高。在科学、技术、工程或数学领域学习的外国研究生也效仿其他研究生的模式，在2003年达到顶峰。这一数据与非移民总数相反，后者在2001

年总体下降，随之下降的还包括本科留学生。导致差异的原因也许是研究生更适应可能存在的签证问题和境外延迟，相反本科生则显得不那么机敏。此外，由于将来学习所列学科的广度和深度，研究生可能更受限于 Mantis TAL（受保护核心技术）安全措施。

3. 外籍学者签证

外籍学者的数据几乎全来自 IIE 国际留学生和学者调查，但是也包括国土安全部移民统计数据。或许外籍学者类别中最有意思的动向为，H-1B 类签证数目的增多，J-1 类签证数目增长缓慢。

（四）安全风险国家留学生和学者的签证

如果来自伊朗、利比亚、北朝鲜、苏丹、叙利亚或古巴，则这些来自安全风险国家的申请者在申请签证时必须通过"特殊签证程序"；本文对申请者的相关数据进行了分析。来自这些国家（及其他国家）的人还需要遵守国家安全出入境系统规定。由于阿拉伯人及穆斯林人所受美国政府的待遇，人们认为，"9·11"之后，这些国家的人们也许不太可能去美国。而且，人们预料对这些国家留学生和学者签发签证的数目不会采用来自"友好"国家申请者的模式。奇怪的是，事实并非如此。

数据分析表明，签发给安全风险国家留学生和学者的签证数与"9·11"前相近。采用的模式为签发给所有国家的非移民及留学生签证模式。唯一与其他数据有差的年度为 2000 年，对安全风险国家签发的非移民签证数高达24,932，并在 2001 年开始减少。这与向所有国家签发非移民签证的总数不同，后者直到一年后的 2001 年才达到最高并在 2002 年开始减少。没有证据解释为何安全风险国家的签证数目会在"9·11"的头一年开始减少。

第二节　联邦政府的监管对留学生造成的阻碍

一、留学生录取障碍

美国公民及移民服务局（The Citizenship and Immigration Service）收紧了签证政策以防不良分子进入美国。其安全程序规定，如果驻外的领事官员对某人发放了签证但这个人事后在美国制造了恐怖行动，则该领事官员个人须对此负责，并承担刑事责任。但是领事官员们如果对积极服务了美国的人发放了签证，却得不到任何奖励。从 2001 年开始，签证的拒签率上升了 35%。[11]

2001 年 9 月 11 日之后，获得留学签证进入美国变得越来越困难。签证要求因国而异，而学生们却常常在准备必须的法律文件时遇到难题。另外一个与签证有关的问题是在美国留学时不能工作。许多签证种类都限制学生找工作，这使得留学生遇到资金上的困难。许多国际研究生要靠做助教来支持学习。工作机会的减少迫使许多学生离开学校。同时学校的工作机会也在不断减少，原因是入学率的降低造成了预算削减。这些问题不断引发其它问题，并形成了恶性循环。[12]

负责管理在美留学留学生问题的是《美国爱国者法案》（The United States of America PATRIOT Act）。该法案变更了许多法律和规定，但却向全美国的高校推出了名为"留学生和交换访问学者信息系统"（The Student and Exchange Visitor Information System）的 SEVIS，这是一个基于互联网的工具，能让高等教育机构对持有 F、J 或 M 签证的学生进行监管。SEVIS 上收集的信息包括学生的姓名、地址、课程、入学状态、课程表、学位课程以及对该学生采取的所有纪律处分。美国教育委员会（the American Council on Education）主席 David Ward 说："这些新的教育要求和规定严重损害了美国作为留学生首选求学目的地的声誉"。[13]留学生人数的下降也有可能对某些大学的工程、纯科学和技术类院系造成严重影响。新规定已经限制了许多学术和科学研究的发展，并耽误了一些重大科研，如艾滋病、西尼罗河病毒、癌症、白血病和其它许多项目的研究。[14]正如吉德（Todd Giedt）说的那样："从 2003 年到 2004 年留学研究生的首次入学率已经下降了 6 到 10 个百分点"。[15]

作为一个跟踪留学生和学者留美期间活动的一个全国性数据库，学生和交换访问学者信息系统改变了美国各高校的行为方式，其实施更对希望赴美国进

11 Haddle, C. C. Foreign Students in the United States: Policies and Legislation. At: http://www.digital.library.unt.edu/govdocs/crs/data/2006.（2006-10-19）

12 Rosser, V. J., & Wood, M. S. How SEVIS Has Changed Our Work Lives. Case Study: University of Missouri, Columbia. At: http://www.nafsaorg/SEVISreport.

13 Ward, D. SEVIS Shortcomings, Recommendations for Improvement Are Detailed at House Hearing. At: http://firstmonday.org/issues/issue8_9/jaeger/index.html.

14 Jaeger, P. T., & Burnett, G. Curtailing Online Education in the Name of Homeland Security. Art and Entertainment Law Journal, 2007（20）:4.

15 Giedt, T. The Critical Decline in International Graduate Student Enrollments. The Senate Source. At: http://www.universityofcalifornia.edu/senate/news/source/intnl. grads.pdf.

修的留学生产生了直接的影响。一个名为留学生和学者顾问（International Student and Scholar Advisors，ISSA）的机构于 2005 年初对 SEVIS 开展了研究。该项研究成为许多教育机构的战略和经济成长计划的一个主要组成部分。与 SEVIS 研究相关的问题包括 ISSA 与其它大学院系关系的变化、向联邦规定的数据库的报告责任以及雇员的知识和技能组合等。研究人员使用的数据源是一个经调整来测量 SEVIS 启动之后工作整体满意度的原有调查工具。调查表被发送给 ISSA 的所有成员（他们同时也是国际教育者协会（the Association of International Educators，AIE）的会员）。在发出的 1226 份调查表中，1168 份被认为是可为最终分析所用和保留的。调查对象中有 55%（642 人）来自公立机构，而 45%（526 人）来自私立机构。大约有 70%（818 人）的被调查者认为 SEVIS 让他们的工作更加困难，原因是他们需要在规章制度和数据库管理上花比与学生交流和课程更多的时间。91%（1063 人）的调查对象指出 SEVIS 增加了他们的劳动负担，但 85%（993 人）的人相信他们能在 SEVIS 系统下完成工作。从该研究得出的整体结论中我们看到，大学雇员觉得他们工作已经从一个国际交流的支持者变成了一个政府规章的执行者。当 SEVIS 被形容为一个"既影响交流又不能促进国家安全的没有着落的任务"时，人们的挫折感是很明显的。[16]

SEVIS 的规定同时还对在线学习课程的学生产生了限制。持有 F、J 或 M 签证的学生在网上学习状态下，每个学期或学季不得修超过三个学期的学分或超过一个课程。如果超过一个课程或三个学期的学分，该学生也不得将学分计入 SEVIS 要求的课程量。从来没有人对为何要限制留学生在线学习做出明确的解释。在 SEVIS 的其它方面也缺乏信息。国土安全部（The Department of Homeland Security）一直不愿意解释与 SEVIS 相关的规定，它甚至还决定在全国高校范围内取消面对面的培训课程。[17]

桑切斯-索萨（Sanchez-Sosa）和勒纳-福博兹（Lerner-Ferbes）认为："高等教育机构的责任既要满足创造了这些机构的社会的目标，也要促进学术自由和诚信"。[18]但是这些行为却可能对高等教育的学术研究产生非常严重的

---

16 Rosser, V. J., & Wood, M. S. How SEVIS Has Changed Our Work Lives. Case Study: University of Missouri, Columbia. At: http://www.nafsaorg/SEVISreport.

17 Jaeger, P. T., & Burnett, G. Curtailing Online Education in the Name of Homeland Security. Art and Entertainment Law Journal, 2007（20）:7.

18 Sanchez-Sosa, J. J., & Lerner-Ferbes, S..Academic freedom and social responsibility: The

后果。"为了使我们的国家更安全，我们的签证政策不仅要提防那些想伤害我们的外国人，同时也要促进接收那些能给我们带来可观利益的人，这一点极为重要"。[19]阿尔贝茨（B. Alberts）等人的证词被提交给了美国国务院（the U.S. Department of State）、美国教育部（U.S. Department of Education）、美国移民与归化局（the U.S. Immigration and Naturalization Service）和美国国土安全局（the U.S. Homeland Security Office），试图在政府官员和高校之间展开对话。阿尔贝茨等人通过国家科学院（the National Academy of Sciences）发出的一项声明指出了签证问题和困难背后的证据。领事官员拒签了许多份申请，其中有的原因是担心申请人签证到期后仍会留在美国。

有些受邀前往重要学术会议做发言的学者在签证申请上遭遇过延误或耽搁的情况，甚至于有些会议不得不因为学者的签证被拒或延误而取消。因为三名 2001 年"9·11"恐怖事件的参与者在事件发生时就持学生签证在美国的飞行学校学习，这种情况在试图将外国留学生恐怖主义风险最小化和科学研究贡献最大化之间形成了微妙的平衡。[20]

在 2002 年开展的一次研究中，珀莱兹利（S. Poyrazli）认为对新签证程序四个最主要的负面印象就是签证费用太高、等待时间太长，每次和签证官谈一次话花的路费就相当可观，以及申请人会遭到许多与他们的移民状态有关的信息和警告的各种"狂轰滥炸"。一项名为"土耳其赴美国高校留学生文化适应问题"（Adjustment Issues of Turkish College Students Studying in the United States）的调查显示学生们对美国政府有很负面的看法，主要是因为它将学生们当作对国家安全的威胁，并因此给他们留下了深刻的印象。

二、留学生入学障碍

通过托福考试并不一定意味着学生能够坐进教室上课。学生要在讲另外

---

role of university organizations and possible instruments for international monitoring. *Higher Education Policy*, 2002（15）:331.

19 Alberts, B., Wulf, W. A., & Fineberg, H. Current visa restrictions interfere with U.S. science and engineering contributions to important national needs. International Access to American Higher Education. http://rock.geosociety.org/geopolicy/news/0212natAcad.htm.

20 Tilghman, S.（2003）. Dealing with foreign students and scholars in the age of terrorism: Visa backlogs and tracking systems. from http://www.usembassy-amman.org/jo/cons/consular.html

一种语言的课堂上感觉没有障碍还得做进行一些训练。课堂上的写作、阅读和听力技巧与正式的托福考试都大不一样。此外，文化在语言沟通技巧中也扮演重要的角色。"直接还是间接表达、如何提要求，更重要的是如何拒绝要求等方面，各国文化之间都有显著的不同"。[21]

根据珀莱兹利的研究，对自己的英语口语能力较为自信的留学生比那些英语能力不是太强的学生适应力要强得多。英语口语能力同时也对留学生的社交能力有直接的影响。[22]珀莱兹利在研究中使用了学生调整压力表（the Inventory of Student Adjustment Strain，ISAS），该表是从原来用作反映高校学生调整压力的 1993 年评价表修改而成的。研究的基本结论是那些年长学生的调整问题要比年轻学生的问题更为普遍。这是因为年长学生的价值观、习俗和兴趣都已形成稳固的基础，且很难改变。结果同时还显示那些获得土耳其政府奖学金的学生因为在学业表现上的压力调整起来更加困难。解决情感和学业两难问题上的新方法将提供有益的帮助，并让留学生重新回到美国。该研究的结果将促使法律、顾问、教学和管理各方面都参与到招生工作中来。研究同时也在一个困扰了人们五年多的课题上明确了新的领导代表问题。

三、留学生学习、生活障碍

"9·11"之后，在美留学的外国学生要遭遇不同以往的种种阻碍。终日为签证、隐私、文化等所困扰。

（一）签证问题

美国联邦政府对留学生实施监管后，多数留学生会不经意地遭遇到关于签证的问题。赴美留学生形成一种不成文的自我规定——在美留学期间避免回国。比如，李志荣，一位在伯克利大学攻读生物学博士学位的二年级学生的遭遇就是一个明显的例证。2002 年 12 月，她回中国探亲并计划 2003 年 1 月 23 日回美继续读书，但被美国驻北京使馆拒签，原因是她所攻读的专业是敏感专业。新一轮的安全检查使她被滞留了 8 个月。在此过程中，她疑惑、焦虑，并且遭受大量的经济损失。一名在哥伦比亚研读博士的中国籍学生因

21　Furnham, A., & Borchner, A.. *Culture shock: Psychological reactions to unfamiliar environment.* New York: Meuthen. the University of Vermont. Version 3.5, （1986）p. 205

22　Poyrazli, S. Relation between assertiveness, academic self-efficacy, and psychosocial adjustments among international graduate students. *Journal of College Student Development,* 2002（43）: 632-642.

父母去世回国赴丧，结果未能回到学校进行博士论文答辩。无独有偶，华盛顿大学药剂学专业一名 4 年级学生艾德里安也是由于母亲去世，回国奔丧，未能及时赶回学校完成学业。

（二）隐私问题

据美国学院教务主任及招生官员称，"9·11"事件之后，FBI、INS 和其他许多联邦、州及地方执法部门前后要求 200 多所大学提供学生资料，而这些资料在正常情况下是受到《家庭教育权利与隐私法案》（FERPA）保护的。《家庭教育权利与隐私法案》规定：学生的教育档案在未授权的情况下不得泄露；在未征得学生家长同意的前提下不得泄露。《家庭教育权利与隐私法案》严禁任何教育机构在未征得学生家长同意的情况下，将学生的"教育背景"泄露出去。但是，《美国爱国者法案》（第 507 款）修订了《家庭教育权利与隐私法案》，把恐怖主义调查也列为例外情况。恐怖主义调查作为例外的规定赋予司法部长额外的权力，可以申请签发特别搜查令，只需向法庭证实"有具体明确的理由相信某教育档案有可能含有一些信息"，而那些信息与恐怖主义罪行的指控和调查相关。

（三）文化问题

在进入美国之后，留学生通常面临文化上的冲击。文化冲击主要是指某种焦虑以及感到惊奇、茫然或困惑等一些感觉。当某人必须要在外国这样一个完全陌生的文化或社会氛围中工作、学习并在困境中通过适应新文化来发展自己时，他们往往会在判断哪些应该做哪些不应该做这些事情上遭遇障碍，这时候很容易感受到文化冲击。"大多数人会认为这不过是如何适应新文化，但是我却感受到在学生那边有一种普遍不喜欢我的感觉"。[23]

位于纽约州的尼亚加拉大学多国文化和留学生事务办公室（The Office of Multicultural and International Student Affairs at Niagara University）开发了一个网站，帮助学生最大程度地改善他们在学校的经历同时应对留学生代表不足的问题。并不是每一所大学都能为学生群体提供这样的一条途径。尼亚加拉大学的施耐德（K. Schneider）分析了留学生感受的四个阶段。施耐德的方法是将每个学生都放在文化适应的一个阶段中。第一个阶段蜜月期，在这个期

---

23 Street, P.（2005）. Roadblocks to International Students Success. *Recruitment & Retention in Higher Education, 19（9）: 6.*

间学生对能来到美国感到很幸福，看待每样事物都很新奇。第二个阶段是冲击期。这个阶段里学生们会遇到第一次负面经历，并会因为对此从来没有过思想准备而感到困惑。第三阶段是协商期，学生会试图将他们面对的问题与自己的信仰和文化相结合。最后是接受期，在这个阶段学生与各种差异和平共处并相信他们能够在新环境下生活。

留学生们在校园中遇到的文化差异包括结交朋友、着装、问候、时间安排和与教授进行交流等习惯上的不同。这些差异可能导致留学生产生愤怒、烦恼、思乡和沮丧等感觉并可能由此造成学生与其他人关系疏离、失去兴趣、暴饮暴食以及无法有效地继续学习。而可能发生的健康问题则有头疼、反胃、需要长时间睡眠、厌倦以及对祖国产生突然高涨的忠诚感等。[24]

布朗（C. C. Brow）重点关注了留学生，特别是咨询图书馆员面临的障碍类型。布朗发现的障碍分为技术、语言和文化障碍。在研究中他写道："语言问题既有语音、词汇和句法这类明显的问题，也有社会语言、社会场景以及语言交流这类不太明显的问题"。[25]甚至即使互联网已经通过各种方式让世界成为一体，但技术障碍却仍然存在。布朗通过研究发现美国学生和留学生都面临同样的技术术语问题。

施耐德在其"留学生应对文化冲击"（International Students Coping with Culture Shock）一文中为留学生在应对方法上提供了建议。之前尝试过的一个调整模式包括可以帮助减轻压力的交互式活动。鼓励学生走出宿舍可以让他们看看美国人在做什么，并了解他们的生活方式。交几个美国朋友能对文化交流有所帮助，因为留学生能找到人帮他们解释不同的美国文化现象。身体锻炼有助于减少沮丧感和压力。参加美国的志愿者或宗教服务活动能帮助留学生融入社区。与其他留学生一起参加活动同样是有益的，因为他们能相互讨论各自的感受和遇到的问题。与其他留学生，甚至是来自不同国家的学生交谈能让学生们能产生一种"同志情谊"并获得支持。例如，讨论美国人使用的一些俚语能帮助留学生克服对英语缺乏了解的问题。锻炼英语可能是最

---

24 Schneider, M.（2000, November 25）. How other nations attract international students: Implications for U.S. educational exchange. http://exchanges.state.gov/iep/execsummary.pdf.

25 Brown, C. B.（2000）. Reference services to the international adult learner: Understanding the barriers. Reference Librarian, 33（69/70），337-343. from http://www.lib.unc.edu/instruct/worldview_2005/bibliography.pdf

有效的办法。"希望学习另一种文化的意愿、学习英语的机会和共同利益被看做是促进因素。了解这些因素如何相互作用在学生达到成功调整的过程中设置障碍能让顾问更有效地介入"。[26]

高等教育资助委员会（Higher Education Funding Council）在英国开展了一项研究，以发现压力因素会如何影响并促发留学生的心理健康问题。Bradley 报告称，"留学生身心从他们祖国的脱离越少，就越容易遇到文化冲击并且需要在文化适应上得到更多的帮助"。[27]

第三节　联邦政府的监管对大学管理造成的阻碍

"大学之所以存在是因为她能把青年人和老年人联合在对知识的富有想象力的思考当中，并维持了知识和生活的联系。大学的确是传授知识，但却是创造性地传授知识。"[28]从怀特海（Whitehead）以上对大学的理解可以感觉到大学的主要任务是发现和传播知识和思想，通过推陈出新使人类文明得以延续和弘扬。曾有哥伦比亚大学副校长讲到："大学在我们的社会中所承担的任务是要通过研究、教学创造、传播知识、引导社会舆论，形成人们的价值观、道德观和行为……在我们这个社会中，知识分子和学者们的神圣使命就是要质疑被普遍接受的认识、自以为是的政治原则和自以为是的学术理论；要对宣称是'事实'、'真理'的东西持怀疑态度，要对他人（包括自己）的假设和偏见提出质疑……真理更多地存在于探求的过程中，而不是在真理本身。"[29]因此，在美国大学里，留学生提供了美国大学文化的多元化、国际化的特色，学者和学生们开展学术交流和科学研究、在自由言论中寻找思想的碰撞的学术自由风气形成了传统。但是，美国联邦政府对留学生的监管以保障国家安全的名义，限制留学生对于敏感问题的科研，压制不同观点，限制争议性言论，阻碍学术交流并且抨击学术自由。

26　Hayes, R. L., & Lin, H-R.. Coming to America: Developing social support systems for international students. *Journal of Multicultural Counseling & Development*, 1994（22）: 7.

27　Bradley, G.. Responding effectively to the mental health needs of international students. *Higher Education*, （2000）*39,* 417

28　Whitehead, A. "Universities and their functions", in The Aims of Education and Other Essays. London: Williams and Norgate. 1929: 39.

29　Jonathan R. Cole, "The Patriot Act on Campus: Defending the university post 9/11," Boston Review, Vol.28, Nos.3–5, Summer 2003. http://www.bostonreview.net/BR28.3/cole.html.

　　美国联邦政府希望凭借《美国爱国者法案》从根本上改变大学的任务、职责和管理方式。美国联邦政府不只以不同方式、不同程度上对外国留学生和访问学者实施监管，而且藉此对学校管理、教学人员和科研人员加以约束。联邦政府对高等教育的干预直接影响到学校管理、留学生咨询服务、信息技术、图书馆服务、学术研究、科技交流和学者互访。例如，《美国爱国者法案》从制度上、小学方式等重大事项上都对大学施加影响，从学校允许拥有什么样的生物试剂到谁有资格进行敏感科研，从哪些学生有资格在图书馆里阅读，到他们在互联网上能和什么样的人联系，从邀请哪些国外访问学者到录取哪些留学生。

　　而且，联邦政府的机械性监管对学校管理造成了更为繁琐的工作量的问题。许多学校在 SEVIS 系统运行时报告说他们在实施中存在困难。例如，作为获得了政府安全认证的部门，"喷气推进实验室"要求打印的机密 SEVIS 表格，会在加州的一所专门学校打印出来。对于很多学校来说，批量处理这些数据即使可以进行，也只能是间歇性地处理这些数据。

　　哥伦比亚大学副校长的一段话精彩地总结了美国各高校的担心。"首先，……《爱国者法案》规定，大约 25 个国家的留学生现在不得进入使用'特殊制剂'（生物制剂和某些毒素）的实验室，因为这些制剂有可能被恐怖分子利用制作生化武器，而为什么是这 25 个国家，它们又会给美国的国家安全带来怎样的危险却在法案中只字未提。法律甚至禁止这些学生进入这些实验室。禁令仅仅以一个人的国籍为依据。国家安全高于一切。如果任何教员允许某个受禁令限制的学生进入使用特殊制剂的实验室，那么该教员将受到刑法的制裁。其次，除了涉及到保密研究，联邦政府另外又规定了新的一类研究：'非机密但是具敏感性的研究。'联邦政府资助的研究将受到政府的详细检查，另外，这类研究成果的发表也会受到政府的干涉。包括麻省理工大学在内的许多研究型大学都拒绝跟政府签订被认定为'不涉密的敏感性'研究合同。还有一些大学尽管知道合同规定资助单位需在研究结果发表之前审查该成果，但还是接受了这类合同。"

　　诸多大学对美国联邦政府的监管提出了很多有争议的哲学问题："我们是否准备放弃个人隐私权和学术自由，去获得一种含混模糊的国家安全的增强？这些新出台的法律法规是否真的能增强国家安全？它们会对大学内知识的增长和学术氛围产生什么样的影响？学校师生对国家安全到底会构成什么样的威胁？是否有证据表明，在我们的科学实验室内为了合法目的使用化学制剂和毒株做实验会对国家安全构成威胁？什么证据能够证明仅仅因为某些学生的出生地，他们就不能做这样的试验？有在校大学生们已经和恐怖组织建立了联系的吗？这些指控的证据在哪里？凭借一种很不明确的可能威胁，当局怎么就能采取各种措施限制自由的研究、开放的交流和个人隐私呢？"[30]

　　美国大学教授联合会（AAUP）设立的学术自由和国家安全特殊委员会在其特别报告中说："本报告基于的前提是：自由质疑和开放式交流观点是我们国家安全的关键，而抑制或削弱这种自由会破坏国家安全。"[31]在就"言论自由和国家安全"与《美国爱国者法案》进行辩论时，美国大学教授联合会试图将公众和其他许多强有力的利益团体拉入其阵营。例如，美国大学教授联合会反对错误地把安全问题和大学的自由选择对立起来。普遍的观点是：安全和自由是一对固有的、不可调和的矛盾。科学数据的自由交流（例如，某致命毒素的成分）很可能会为恐怖分子提供方便，帮助他们生产大规模杀伤性武器。但同时，这种开放也能更好地帮助科研人员研制开发先发制人的手段，至少能对付这种威胁。保密只能阻止科学的进步，自由通常是安全的一个重要组成部分，而并不总是安全的对立面。

　　更值得注意的是，美国大学教授联合会继续其攻势，让政府承担起责任，证明美国联邦政府的监管怎样才能在不侵犯公民自由权利的情况下增强国家安全。一是政府必须提供证明，证明采取某项措施是为了应对某一具体的威胁，必须是以事实为依据，而不是恐惧、推测或假想……二是政府必须提供证明，证明所提出的措施将会有效地打击某一威胁……三是政府必须证明，证明为什么不侵犯公民自由或学术自由就无法达到预期目的。美国大学教授联合会据理坚持这一立场：对《美国爱国者法案》的理解和辩论必须在其得以存在的历史、文化、意识形态或者政治大环境中进行。

第四节　联邦政府对留学生监管的调整

　　美国对留学生实施监管直接影响到了赴美留学的生源数量。美国 SEVIS

30　Discussion on "The Patriot Act," in "University Council Meeting Coverage," Almanac, Vol.49, No.31, April 29, 2003. http://www.upenn.edu/almanac/v49/n31/council_cover age.html.

31　Report of an AAUP Special Committee: Academic Freedom and National Security in a Time of Crisis"（2003）.

监控政策正式实施是在 2003 年 8 月，但是，在这之前，2001 年即开始了针对留学生的调查和限制。从 2002/03 学年开始，外国赴美留学的学生数量开始大幅度下降，2003/04、2004/04、2005/06 连续三个学年出现了监管效应的极端值，标志着美国留学生教育史上的"冬季"的到来。留学生招收不足直接对美国大学的经济利益和科研能力造成负面的影响。特别是在美国的敏感科学领域——STEM，如前所述，学生数量下降的幅度更人。而这部分恰好是美国学生不太感兴趣的领域，主要由外国留学生进行填补。由于对这四项专业领域的过于严格的监管，这些敏感科学领域很难招收到所需的最优秀的人才。

美国联邦政府对外国留学生的监管导致了赴美留学生人数的急剧减少，直接影响到了美国招收留学生的大学的利益，同时，因为科研人员的不足招致教授们的不满。受其影响的不只是大学的经济利益和科研的进行。美国的一些企业和科技界也在抱怨因为留学生的减少而不能招募到可用的人才。霍普金斯大学副校长史迪芬·纳蒲（Steven Knapp）教授表示"（美国）大学只有吸引到来自全世界的最好的、顶尖的人才，国家对基础研究的投资才能求得回报。研究型大学的科研长期以来一直得益于旨在促进国际知识分子进行交流的开放性签证，但是今天对申请赴美签证的延误和难度的增加已经限制并削减了科学人才的流入。"[32]美国致力于推动创业家精神的非盈利组织"考夫曼基金会"会长卡尔·希拉姆（Carl Schramm）也认为，国家安全固然重要，但拒绝给有能力的学生派发签证就等同于"捡了芝麻丢了西瓜"。[33]

与此同时，在国际上，在美国加紧实施留学生监管的同时，英国、法国、德国、日本乃至韩国都趁机出台各种吸引留学生的优惠政策，"抢挖"国际人才。美国行业研究机构"美国教育委员会"（American Council on Education，ACE）的一份报告指出，2004/05 学年美国大学国际学生人数比"9·11"之前的 1999/00 学年增加了 17%；同期相比，英国大学国际留学生人数增加了 29%，澳大利亚增加了 42%，德国增加了 46%，法国增加了 81%，日本增加了 108%。数据明确显示了留学市场的多元化格局出现。为了扭转不利的局面，防止美国留学生市场的萎缩，失去最优秀的留学生人才，美国开始调整其留学生教育政策。

---

32 http://commerce.senate.gov/pdf/knapp.pdf.2007-11-26.
33 Carl Shramm and Bob Litan, Foreign Students Who Study Engineering Deserve Citizenship[J]. Inc. Magazine, 2005,（10）:115.

2006 年 11 月，美国副国务卿迪娜·鲍威尔和美国教育部长玛格丽特·斯佩林斯率领的美国大学高级别代表团先后访问了中、日、韩三国，这被普遍认为是美国高等教育历史上首次启动的大规模海外公关。[34]美国之所以屈尊降贵，最重要的一个原因是，这三个国家是美国留学生的主要来源国，同时也是经济相对发达，有着留学生潜力的国家。而奥巴马总统在 2009 年 11 月访华期间同中方一起发表的《中美联合声明》中特别指出，美方将接受更多中国留学人员赴美学习并为中国留学人员赴美提供签证便利。[35]公关的效果是启德教育集团 2011 年 1 月 5 日发布的《2011 年中国留学生意向调查报告》显示，2009-2010 学年，中国在美学生已近 12.8 万，时隔 9 年之后赶超印度，再次成为在美留学生总数排名第一的生源国。[36]

2007 年美国联邦政府出台《美国竞争力计划》（American Competitiveness Initiative，AIC），该计划希望美国能提供最好的环境给世界上最顶尖的学生、科学家和工程师，让美国成为世界上从事学习和研究最具吸引力的国家，从而保证美国的国际竞争力。

由于一系列的调整政策的出台以及对留学生监管的低调处理，2006/07 年度赴美留学的学生的数量出现"9·11"后的首次增长，增长率为 3.2%。在"STEM"这些敏感学科学生的数量也逐步增加，2005/06 学年度数学与计算机科学 2005/06 学年度入学人数为 45,518, 2006/07 学年度 46,019, 增长 1.1‰。物质科学，2005-06 入学人数为 50,168，2006-07 入学人数为 51,863，增长 3.4%。增长前三位的国家分别为印度 10%、中国 8%、韩国 6%。[37]

另外，"9·11"引发了美国联邦政府对美国与世界文化冲突加剧的担忧，开始认识到跨文化理解的重要性。布什于 2006 年 1 月 5 日正式公布"国家语言安全行动计划"（NSLI），拨款 1.14 亿美元用来强化美国民众对"旗舰语言"（Flagship Language）的掌握。"计划"有三个目标：提高掌握外语的人数；提高高水平外语使用者的人数；提高外语教师人数和待遇。具体的措施

34 让中美教育交流走得更快更远记美教育部长演讲[EB/OL]. http://www.86ui.com/liuxue/l/2006/50158.shtml. 2006-11-17.

35 奥巴马访华或创赴美留学新纪元。http://goabroad.sohu.com/20091126/n268485250.shtml.

36 中国成为在美留学生总数第一生源国。http://news.sina.com.cn/c/2011-01-05/1339 21763445.shtml.

37 美国国际教育局网站。[EB/OL]. http://opendoors.iienetwork.org/?p=113124. 2008-03-01.

包括：（1）扩大"富布赖特——外语教学资助项目"，如 2006/07 学年，允许 300 名讲"关键语言"的外族人赴美国大学任教；（2）2008 年之前，年度用于资助本科生出国学习"关键语言"的"基尔曼奖学金"资助名额提高到 200 人；（3）创立"国务院暑期浸入学习项目"，每年为 275 名大学生提供语言学习机会；（4）每年增加 150 名富布赖特美国学生名额，专门用于赴海外学习语言。[38]美国驻华大使洪博培在奥巴马总统 2009 年 11 月访华前表示"奥巴马将首次指出，良好的双边关系取决于彼此了解进而互相信任的两国人民"。[39]

　　美国政府加大了以有利于美国学生取得实际的国际经验的一些教育交流的具体项目的支持。在奥巴马 2009 年访问中国期间就曾抛出"10 万美国学生将来中国学习"的消息。[40]还有一点就是可以看作是对"9·11"之前的政策的重大转变的就是美国联邦政府和各州政府都出台了学习外国语言的政策。美国加大了对一些非欧洲语系的学习力度，特别是汉语学习的力度。洪博培曾指出，在他担任犹他州州长的时候（在担任驻华大使前）就已经发现，很多当地的学校都将汉语增设到语言课程的选项中，以"调整年轻人的学习。"他还说，"在美国的很多州，也发生着同样的事情。"[41]这充分体现了在世界文化多样化的条件下，美国的一种理性的选择。

38 李联明：《"9·11 事件"后美国高等教育国际化的五个发展趋向》[J]，比较教育研究，2007（7），第 73-77 页。

39 奥巴马访华将宣布扩大中美留学规模。http://news.163.com/09/1112/08/5NTFDV1O000120GU.html.

40 奥巴马访华或创赴美留学新纪元。http://goabroad.sohu.com/20091126/n268485250.shtml.

41 奥巴马访华将宣布扩大中美留学规模。http://news.163.com/09/1112/08/5NTFDV1O000120GU.html.

第七章 美国联邦政府对留学生监管的启示

进入 21 世纪，国际间竞争日趋激烈，伴随着军事化强行占领，强行推进自己在他国的价值观、意识形态，实现自己的国家利益国际化是美国还在运用的战略手段。但是，与之相应并作为对比的是"软权力"的隐性推进与明显扩张。美国作为西方发达国家的代言人，其利益所到之处，无一不"刀兵四起"，这也包括了它的国内形势，但是，美国的霸权心态使得它继续着自己的帝国梦。而目前国际上一极多强的态势直接威胁着它的利益扩张。以中国、俄罗斯等国的大国同样希望有着更大的发展。大国间的竞争显然不是武力所能解决的问题，"软权力"便成为了利益竞争的首选。大国间的"软权力"竞争核心在知识和人才。促进社会发展、科技振兴的是知识，掌握知识、创新知识的是人才。"软权力"所指之处即是对于"无序政府"状态下的世界的话语权。因而，知识和人才的竞争是 21 世纪世界竞争的焦点。而"软权力"的增强不是一种"闭门造车"，需要的是文化的碰撞与人才的交流。

中美两国在文化、政治、经济在层面、广度和深度上皆有不同，因而决定了留学生教育观的不同，留学生教育的发展态势不同，但是，二者共同之处在于对于人才、知识的需求、自我利益的实现。

第一节 美国联邦政府监管留学生的政策折射

美国对留学生进行监管的政策实施并非是因为恐怖分子的袭击而激发的

爱国热情所致的一时意气，而是长期战略的一部分。"9·11"给了美国一个很好的契机。

一、美国监管留学生的基点

监管留学生必然会影响到留学生的招收。美国联邦政府考虑到了这一点。但是，从长远的国家利益看，这一点值得做。因为，美国监管留学生的政策以制度化形式固定下来，有利于美国联邦政府对外国人才的管理、人才需求的调控和对高等教育的有效干预，监管所造成的强烈反应是一时的，利益是长期的。因为美国有着他国所没有的实力。正是这份对自己实力的认知和自信，美国推出了 SEVIS 系统。

（一）经济全球化促进人才的流动

经济全球化从本质上讲就是资本主义经济体系的全球扩散，是资本主义经济对世界的主宰和控制。"现在大部分西方全球化新论均带有明显的'西方中心论'或'美国中心论'"，[1]因此，经济全球化，一般被认为是以美国为首的发达资本主义市场经济体制的全球化。美国对全球经济的发展设定规则制定秩序，全球经济发展成为美国主宰世界的市场。随着经济全球化的推进，世界经济开始形成全球市场一体化的态势，带动了资本、商品、信息、人才等的全球范围的流动。而这种流动的最终可能是形成"马太效应"——放大的西方发达国家的全球市场占领和发展中国家的资本市场消失，从而，美国经济实现在发展中国家的"新殖民"。目前，世界各国都开始关注全球经济一体化进程。发展中国家不再是一味地保守，而是开始主动融入到经济全球化进程当中。这样，发展中国家就需要有了解世界经济发展走向、经济发展规则，提高经济运行效率的人才，而掌握这些知识的地方就在美国为首的西方国家，发展中国家必须派出留学生进行学习交流。

再有，经济全球化带动了知识结构趋同。在经济全球化进程中，知识和技术的跨国流动是一个重要方面。技术和与它相联系的科学知识的全球化，科学研究与开发的全球化以及观察思考与意识的全球化是两项重要内容。[2]知识和技能的全球化，使得全球的人才希望通过学习获得国际公认的标准知识

1　倪世雄、蔡翠红：《西方全球化新论探索》[J]，新华文摘，2001（10），第165页。
2　里斯本小组着：《竞争的极限——经济全球化与人类的未来》[M]，中央编译出版社，2000（3），第37-38页。

和技能，成为能为国际公司接纳和认可的人力资本，实现自我价值。另一方面，随着经济全球化促进了国际分工格局的重新划分，产业大转移和全球资本、技术的全球范围流动也使得更多的跨国公司希望招到更为理想的人力资本。人才自身的发展决定了其接受教育的走向。这样，以留学生的流动为主的人才流动便主要从发展中国家流向了美国、西方。

（二）高等教育国际化的"美国化"

伴随着经济全球化进程发展的还有高等教育国际化。当前，高等教育国际化出于三个目的性考虑："安全，经济竞争和国际理解"[3]。有意思的是，国家安全已经成为一个国际化的基本目的，因为国土安全和"国际理解"不再是相互排斥的了。在这方面，汉斯·德·威特（Hans de Wit）的著作有助于我们思考什么样的政治性目的更适合美国，包括：外交政策，国家安全，技术援助，和平和相互理解，以及国民性等。关于国家安全，汉斯·德·威特讲到："冷战期间是一个政治性目的如何设定了高等教育国际化的议事日程很好的例子"[4]。冷战后的这些年，维持和平和发展相互理解作为高等教育国际化的目的的都是些口惠而实不至的言辞，同时也保证了国家安全和防御的需要[5]。同样的言辞也出现在了后"9·11"时期，作为一个对于国家安全的关注是这个增加高等教育国际化的目的，如同 SEVIS 的发展和执行。然而，国际化和 SEVIS 两者之间好像存在着一种紧张关系。发展相互理解真正意味着什么？如何将相互理解应用到 SEVIS 和其他签证问题这些适用于留学生的法规当中？

目前无论对于美国还是他国，留学生教育已经被看作高等教育的"国际化的标志"。因此，赴美留学生的角色定位从三方面来看，首先的一点是填补美国学生不感兴趣的研究领域的招生率；再者，对教育机构、当地和美国政府的经济注入活力；第三点是可以带给高等教育一种国际化的体现[6]。

3　de Wit, H. Internationalization of Higher Education in the United States of America and Europe: A Historical, Comparative, and Conceptual Analysis. Westport, CT: Greenwood Press. 2002:84.

4　de Wit, H. Internationalization of Higher Education in the United States of America and Europe: A Historical, Comparative, and Conceptual Analysis. Westport, CT: Greenwood Press. 2002:86.

5　de Wit, H. Internationalization of Higher Education in the United States of America and Europe: A Historical, Comparative, and Conceptual Analysis. Westport, CT: Greenwood Press. 2002:39.

6　Mestenhauser, J. A. Portraits of an International Curriculum: An Uncommon Multidimen

第二点说明吸引和保持留学生在美国学习的经济利益正在成为保持学生签证程序畅通被赋予的最主要的理由。特别是在遭受"9·11"打击之后，当有报告显示留学生在 2003-2004 年度贡献给美国大约 130 亿美元（NAFSA，2005），这些经济上的"贡献"激发了美国各大学和学院招收留学生和访问学者的竞争。关于在国际化过程中留学生重要性的第三点，麦森豪斯（J. A. Mestenhauser）在美国教育理事会（ACE）的报告中这样陈述："实质上，每一项针对国际教育的研究都会列示留学生的数量和国际教育课程，这些是用来展示教育机构是否拥有国际教育制度保障和国际教育的环境的"。[7]因此，美国的大学离不开留学生所带来的利益。留学生成了美国大学同政府交好的纽带。

二、美国监管留学生意在美国利益

（一）实现留学生教育的国家利益工具性

美国是一个移民国家，美国的发展繁荣，外来的人才的贡献是有目共睹的。同时，美国也是积极吸纳以留学生为主体的外国人才服务美国，"9·11"之前曾经一度将外国留学生与本国学生近乎等同看待，给予同等的待遇，吸引了大批的留学生赴美学习并最终移民美国。据统计（表 7-1），1988 年至 1996年，超过 5.5 万名外国博士生在美国学生不太追求的科学与工程专业方面毕业，其中有留美意向的约有 63%，其中的 39%的学生获得了美国的大学、公司的接收、聘任。他们中有 22%的人从事博士后研究，17%为企业所聘雇，主要从事研发工作。更值得一提的是，这些外籍博士所学专业多是以美国急需的也是美国安全中关注的"STEM"，其中，工程（58%）、数学和电算（50%）等理工科目，以及一些自然科学领域（39%）。

sional Perspective. In Reforming the Higher Education Curriculum. Internationalizing the Campus. American Council on Education/Oryx Press Series on Higher Education. J. A. Mestenhauser and B. J. Ellingboe, Eds. Phoenix, AR: Oryx Press. 1998:98.

7 Mestenhauser, J. A. Portraits of an International Curriculum: An Uncommon Multidimensional Perspective. In Reforming the Higher Education Curriculum. Internationalizing the Campus. American Council on Education/Oryx Press Series on Higher Education. J. A. Mestenhauser and B. J. Ellingboe, Eds. Phoenix, AR: Oryx Press. 1998:9.

表 7-1　美国外籍科技博士停留比例 1988-1996[8]

	外籍科技博士生总数（人）	打算留在美国的科技博士（人）	打算留在美国的科技博士比率（%）	确定留在美国的科技博士（人）	确定留在美国的科技博士比率（%）
总数	55,444	34,917	63	21,779	39
亚洲	43,171	28,280	66	16,964	39
欧洲	8,760	4,898	56	3,521	40
北美	3,513	1,739	50	1,294	37

图 7-1　2020 年不同学位的赴美留学生减少情况比较

TOP 8 FIELDS OF STUDY FOR INTERNATIONAL STUDENTS

Engineering
21%

Math and Computer Science
19%

Business and Management
16%

Social Sciences
8%

Physical and Life Sciences
8%

Fine and Applied Arts
6%

Health Professions
3%

Communications and Journalism
2%

52% of international students
pursued majors in STEM fields.

Source: The Open Doors Report on International Educational Exchange is a comprehensive information resource on international students in the United States and U.S. students studying abroad. It is sponsored by the U.S. Department of State with funding provided by the U.S. Government and is published by IIE. For more information, visit www.opendoorsdata.org.

opendoors®

数据来源：IIE 2020 Opendoors Report.转引自续航教育，中国赴美留学生人数调查报告[R/OL].（2021-7-12），https://www.forwardpathway.com/16600.

　　从图 7-1 可以看出，2020 年在美国大学中 52%的外国留学生都在学习 STEM 专业，和 2019 的 51.6%比较无太大变化。根据学生人数比例，学习最多的领域有：工程学专业 21%；数学和计算机科学专业 19%；商业和管理专

8　肖志鹏：《美国科技人才流动政策的演变及其启示》[J]，科技管理研究，2004（2），第 20 页。

业 16%；社会科学专业 8%；物理和生命科学专业 8%；艺术类专业 6%；健康专业 3%；传播学和新闻学 2%。基于特朗普政府"美国优先"国家战略的诸多限制性政策打压下，外国留学生在 STEM 专业人数的相对平稳和特朗普的政府"在研究、技术、发明和创新方面领先"以及"吸引和留住发明家和创新者"等政策导向有关。虽然特朗普政府希望"通过严审签证程序、增加拒签率的方式限制特定国家的学生赴美学习科学、技术、工程、数学等理工科专业，以确保知识产权不会转移给竞争对手。"[9]但事实上，在美国就读上述 STEM 专业的学生多数是留学生，其中大部分是博士，远超美本土学生。全部赴美留学生中约 49.8%就读 STEM 专业，而中国的这一数字高达 46%。[10]STEM 人才对美国经济发展至关重要，一个地区所雇用的外国 STEM 员工越多，其专利申请率、生产率增长值和国民收入水平就越高。[11]据美国国家政策基金会（National Foundation for American Policy，以下简称 NFAP）2017 年的统计，自 2000 年以来，共有 85 位美国人获得诺贝尔化学、医学和物理学奖，其中 33 位（近 40%）是来自其他国家的移民。[12]

因此，这些"STEM"专业在美国、乃至在世界，被看作是科技信息的最前沿。美国"9·11"之后对这些专业的留学生招收采取了最严格的审查制度，限制了一些留学生的选学，而对所学的留学生的监管尤甚于其他。美国希望能藉此保证信息安全。而更重要的自然是希望同化这些留学生，使之驯服于美国的价值观，服务于美国利益。只有"美国颜色"的人才才是美国可用的人才。

在吸纳留学生人才留美服务之外，美国联邦政府对留学生监管的另一个预期的结果是留学生最终变成美国政府的非官方的大使们。[13]这个目的是希

---

9 The White House. National Security Strategy of the United States of America[EB/OL].（2017-12-18）. https://www.whitehouse.gov/wp-content/uploads/2017/12/NSS-Final-12-18-2017-0905-2.pdf.

10 IIE. Open Doors 2018 [R/OL].（2018-11-13）. https://www.iie.org/Research-and-Insights/Open-Doors/Open-Doors-2018-Media-Information.

11 Giovanni Peri. STEM Workers, H-1B Visas, and Productivity in US Cities[J]. The Society of Labor Economics,2015（7）: 225-255.

12 Stuart Anderson. Immigrants Keep Winning Nobel Prizes[EB/OL].（2017-10-08）. https://www.forbes.com/sites/stuartanderson/2017/10/08/immigrantskeep-winning-nobel-prizes/.

13 Jischke, M. C. United States Senate Foreign Relations Committee Meeting. Wednesday, October 6, 2004.

望留学生能够理解和接受美国的方式，当他们返回他们的国家，在那里有可能成为有影响力的领导人，他们永远保持这些美国的价值观。在 2004 年参议院外交关系委员会的一场会议中，来自美国高等教育的代表们发出了这种目的的声音。时任普度大学校长的吉申科（Martin C. Jischke）提出了如下观点：

> 国际教育交流促进了理解和友谊。当我们提供世界上最优秀的和最聪明的学生一个来美国学习机会，我们就给了他们一个理解我们价值观和生活方式的可能……我们的留学生是非同一般的，他们会有可能成为他们国家的领导人的一群。美国在下一个 50 年里与世界的关系正在今天我们普度大学这样的遍布全国的校园里被培育着…来自全世界的领导人都已经在美国的大学里学习。[14]

吉申科的意思同 1989 年美国国际教育交流协会联络组的报告相一致。皮科特（Sarah Pickert）重申了他们的工作目标：

> 美国交流项目的一贯目标是将学生和教师带到美国，培育相互理解能力；建立个人和机构的合作的国际网络；加强世界上其他地区和国家对美国的理解；援助发展中国家；鼓励当前和未来的领导人通过在美国的亲身体验加强对美国价值观的理解。[15]

这些都是将教育国际化合理化一再出现的美妙声音。然而，上面的陈述似乎压制了关于那种目标获得的利益的内在的假定，"交流"隐含着某种比看到的更多的互惠性。从中可以发现诸多问题，比如什么样的"相互理解"应该被发展，权力和特权怎样影响"建立合作的国际网络"和"援助发展中国家"的结果。如果将高等教育国际化看作输出西方意识形态和文化标准的一种手段，或许更多的困惑来自鼓励"当前和未来的领导人通过在美国的亲身体验加强对美国价值观的理解"这一概念性的观点。高等教育国际化过程中一个相当不明朗的方面是文化概念交流中的碰撞与冲突的存在。现在美国就存在急于输出自己的意识形态和所面对的对西方观点的不接受，甚至致力于反西方意识形态的阻力。

---

14 Jischke, M. C. United States Senate Foreign Relations Committee Meeting. Wednesday, October 6, 2004.

15 Pickert, S. Prearing for a Global Community: Achieving an International Perspective in Higher Education. ASHE-ERIC Higher Education Report No. 2. Washington, D. C., The George Washington University, School of Education and Human Development.

（二）追求高等教育的国家利益工具性

美国对留学生监管——醉翁之意在酒更在山水之间。在对留学生监管加强中更重要的一点即醉翁的山水之意在于美国联邦政府对高等教育的干预的深入，对美国高等教育的中央集权的职能扩大。SEVIS 系统对留学生的跟踪从国家安全角度看，虽然不乏矫枉过正，但是，还是有着积极意义。而且，最主要的是，SEVIS 系统和《爱国者法案》的出台实施，直接标志着美国联邦政府职权的扩大，美国总统真的成为了"帝王"般的总统。通过 SEVIS 的施行，美国联邦政府直接深入到了留学生的管理——高等教育的管理中间。这是美国二百多年来一直对高等教育管理觊觎的质的变化。SEVIS 系统的制定和对留学生监管的实施必定会随着时间的推移被公众慢慢接受，习以为常，而对留学生的规训、对大学的干预也就在这样的情况下慢慢变得自然。借助留学生监管干预美国高等教育这才是美国政府的幕后目的。美国的高等教育应该在美国政府的战略框架下开展科研和知识创新。

毕竟美国的大学有着世界上最先进的知识和最成功的人才。二者的结合，足以控制整个世界的发展进程。掌握了最先进的知识和人才，美国会很有自信地在世界实现其帝国主义理想：经济一体化、价值普世化、文化美国化。

正是因为美国已经在世界称雄，才得以有恃无恐。美国可以利用所拥有的"天时"："9·11"的发生；"地利"：美国为第一留学生接收大国；"人和"美国的爱国主义情绪高涨。美国的帝国主义构建需要更多的"美国性"的外国人服务于自己的利益，通过他们手中的知识构建起美国认可的国际规则，形成美国需要的世界秩序。而中国作为发展中国家，虽然日益强大，但是，面对强大的美国霸权，只能从其他角度寻求自己的发展道路。

第二节　美国留学生监管政策对我国留学生教育的启示

从研究中发现美国的国家利益核心是知识与人才。美国联邦政府对留学生和大学实施监管和干预的目的在于以留学生和大学科研为目的的人才和知识的美国化保证。藉由留学生的才能服务美国，或者传播美国的政治价值观和文化；藉由大学推动美国社会的发展进步，扩大其范围，或者说在全球泛化美国社会，使美国国家利益全球化。

美国联邦政府监管留学生，本意在利益，行为在监管，着眼在留学生，远瞻在高等教育。美国联邦政府对留学生监管反应出来的美国的监管目的并非是直接的，而是在"下跳棋"，其目光所在是整个棋局。从美国联邦政府监管留学生的发生、发展与其留学生教育、高等教育发展中政府的历来的作用和行为反应来看，其监管是美国联邦政府的留学生教育观、高等教育观的延续，监管只是一个质变的过程，而这种质变的目的指向则是对教育的更大的国家利益诉求。其监管是整个美国联邦政府对美国高等教育管理加强干预中的一个重要的点和突破口。

美国对留学生加强监管就说明了美国联邦政府对留学生管理的一个中央集权，希望通过留学生监管来干预美国高等教育。而中国恰好相反，应该简政放权。"去行政化"是"十二五"规划纲要中的重要部分，对于高等教育管理的"去行政化"就是一方面减少不必要的行政干预，一方面去除高等教育对政府的高度依赖，希望高等教育遵循自有的规律，能更好更快地发展。我国招募外国留学生来华的教育发展状况还只是处于起步阶段。这首先同我国的经济实力和国际影响力直接有关。但是，留学生教育的战略导向的缺失和定位的模糊不能不说是个关键因素。[16]因此，美国对留学生的监管的目的性对我国留学生教育的发展有着很好的启示。

一、监管中的留学生教育与高等教育

上世纪 80 年代开始，随着美国的经济全球化的展开，美国高等教育开始走向国际市场。教育成为商业运作中的重要组成，成为货真价实的商品摆到了世界各国的学子面前。美国大学为了高等教育市场的占领与扩大而广泛招募外国留学生，同时，将高等教育向发展中国家推进，实现本地化。国际化已经纳入到诸多大学的办学过程和办学理念当中，留学生教育成为大多数院校实现国际化发展策略中不可或缺的一环，其实现的首先是经济利益，然后是文化价值。既筹到了发展自己的大量资金，同时，扩大了自身的国际影响。

而必须注意到的是，在美国大学国际化扩展的过程中美国联邦政府的作用。美国联邦政府一直扮演着一个推波助澜的幕后角色。美国联邦政府在经济全球化的主导中益加明确文化为主导的"软权力"的同化优势是武力为基

---

16 丁妍：《国家战略框架下我国留学生教育的课题》[J]，复旦教育论坛，2007（1），第 19-23 页。

础的"硬权力"所无法比拟的。而且在二十一世纪，武力使他者的屈从必定让位于知识权力的有效发挥。美国联邦政府意识到了留学生教育将是美国高等教育国际扩展中的主力军，或者说，留学生教育的发展决定着美国高等教育发展的方向，而美国高等教育的发展则牵动着美国国家利益的神经。由此，美国联邦政府对留学生的监管的直接插手更说明了培养留学生的"池塘"并非清澈如镜。政府的集权的根本在于国家利益的最大化。之所以美国大学与联邦政府之间有着博弈但是相安无事，重要的一点是他们利益的趋同、合一。随着联邦政府对高等教育和留学生教育的支持和投入增加，其对教育的产出所给予的期望也是越来越高，与之相适应的，美国大学的知识层次、科研水平达到了世界顶峰，具有了极强的国际竞争力，使得高等教育国际化从美国开始。美国也同样走向了世界发达国家的顶级。

从世界留学史来看，近代的美国学生赴德留学，现代学生赴美深造都是因为一点：大学的学术水平、科技实力与文化是吸引留学生的关键。因此，我国大学应该抓住时代发展的机遇，提高自己的整体实力，办出学校特色，顺应高等教育国际化的潮流，扩大自己在海外的影响，全面提升来华留学生教育的核心竞争力。这一点需要政府同学校携手，共同打造大学教育特色，共同扩大全球影响。通过合作项目、网络、教育巡回展、校友会等等形式为大学的海外形象提高提供更多的了解平台。

二、监管增强了立法和科研资助等手段的力度

美国对高等教育的觊觎从早在 1862 年的《莫雷尔法案》就开始触及，慢慢地引导高校走出古典教育的围墙，建立大学同社会之间的有机联系。二战后，由于同前苏联的竞争，高等教育成了美国历届政府关注的焦点。1958 年的《国防教育法》首次以法律的形式确定了高等教育的国家战略地位，同时规定对学生的国际教育交流提供资助；而 1946 年的"富布莱特法案"也随之而备受重视，由该法案授权联邦政府可以通过各种渠道资助留学生教育为主体的国际教育发展，设立留学生奖学金，支持留学生和访问学者赴美学习、从事科研和文化交流。1965 年的《高等教育法》的实施使联邦政府成为美国高等教育最大的资助者。1987 年"国家州长协会"在纽约召开会议提出扩大国际教育项目后，美国各州开始将国际教育同外交政策相联系，促进各州立大学与州政府的联系，共同发展国际教育。1994 年，《2000 年目标：美国教

育法》授权政府继续对"国际教育交流计划"资助。

　　"9·11"之后的《爱国者法案》是促进美国联邦政府权力空前提升的一部法律。藉由此法，美国联邦政府迅速地以立法的形式摆脱了国会的诸多约束，增强了总统的权力、改革权力执行部门，使其更多地体现一种"中央集权化"态势。对留学生的监管正是这种态势下的一种反应。通过监管的程序，美国联邦政府对美国的大学管理的干预在以往立法和科研资助干预的基础上有了更强的制约。美国的大学如果想有更大发展，最重要的一点就是国际化，而联邦政府监管了留学生——国际化的核心主体，并因此而提出法律依从和科研活动限制，直接对美国大学的管理和发展起到了干预作用。

　　中国目前已经开始融入西方国家构建的经济一体化进程，通过知识的引进吸收，经济有了长足进步，已经跃居世界经济第二强国的位置。但是，中国的自主知识产权的相对缺乏说明中国的经济完全是在规模经济下的堆砌，而不能上升为高技术含量、高附加值的产品生产。这从一方面说明了中国"知识贫穷"和"人才匮乏"的现实。因此，我国政府应该根据国家发展的整体战略规划，按步骤开展来华留学生的教育。着眼于留学生教育的发展和高等教育国际化的趋势，就留学生教育进行立法，使之在合理的态势下平稳发展。法律的保障既是对留学生教育质量的负责，同时，也是对国家安全、国家利益的维护。在经济发展的过程中，综合考虑经济、政治、文化和外交的各种因素，既保证出国留学人员的"回流量"的提高，又吸引更多的外国留学生来华。同时，就来华留学生的规模发展、专业设置、地区配置以及国家的宏观调控与大学的学生管理之间提前做到预设，根据经济发展和我国的世界影响力做到弹性规划，以期能扩大留学生规模，同时，避免极端情况出现。

三、监管增强了社会机构与基金会的参与

　　美国留学生教育发展中，美国的社会机构组织和基金会的参与功不可没。它们一方面拓展了美国留学生教育的渠道，增加了赴美留学生的数量；一方面，基金会和一些企业的参与有力地补充了政府财政拨款不足的局面。目前赴美留学生可以获得奖学金的来源有：美国政府和双边机构、美国的高等教育机构、美国的基金会与一些团体和个人、国际组织、申请者所在国家的多方渠道。美国的基金会是最早开展留学生教育资助的机构。现在富布莱特交

流计划、富布莱特-海斯计划、卡内基基金会、洛克菲勒基金会、福特基金会等面对不同的对象加以资助，促进着高等教育国际化的发展。

但是，在考察美国对留学生监管的同时发现，美国的社会机构和基金会和美国联邦政府有着千丝万缕的联系，或者说是美国政府利益扩张的一些"隐秘"的触角。美国的基金会中"富布莱特交流计划"和"富布莱特—海斯计划"分别直接受控于国务院和教育部。其他基金会的运行也并非完全自主，美国藉由国家安全为由对它们的运行情况加以监管，实际上干预了留学生的招收与教育。作为美国政府资助并管理的国际交流项目，富布赖特项目必然体现一定的政府意图，并且一定要符合美国的"国家利益"，属于美国对外文化战略和文化外交的一部分。[17]美国联邦政府旨在借助富布莱特项目等以公益、非官方的身份为自己创造一个文化外交的平台，通过以留学生为主体的国际教育交流活动，在全球传播其意识形态、文化价值观念，以达到美国"不战而屈人之兵"的目的。富布赖特项目跟随美国联邦政府的利益追求变化而不断调整则明确说明其作为政府资助的项目的实质。以富布莱特项目为首的美国各种针对留学生教育的交流项目、社会机构、基金会等都在不同程度上对美国联邦政府监管留学生的举措中起着支持与配合作用。

提供多样化的留学资助是美国为促进留学生教育发展而采用的方式。我国奖学金项目主要来自官方：中国政府奖学金和中国政府专项奖学金两种。奖学金种类偏少，而且发放标准比较低，在国际上缺乏吸引力。[18]就目前的形式看，依靠企业的发展，根据自身需要设立奖学金，吸引外国学生来华学习，既培养的外国人才，同时，吸收更多地外来人才资本服务于企业，这在跨国公司的人才培养中已经成为一种常态。人才培养与企业发展的一体性是企业做大做强的前提。此外，仿照美国，借助社会发展基金会项目，通过个人或集体的力量做大教育交流项目是一份利国利民的事业。这样，鼓励政府、企业、社会团体和高校多方设立奖学金，多渠道拓宽留学生的经费来源，吸引高层次的外国留学生来华。

---

17 王雪霏：《富布莱特项目与美国文化外交》[D]，东北师范大学，2008 年。

18 李萌：《来华留学生教育可持续发展研究》[D]，大连理工大学硕士学位论文，2007 年，第 5 页。

第三节　镜鉴美国，探寻中国的留学生教育特色

美国对留学生的监管从深层意义上是对于国家利益的追求体现。中国作为最大的发展中国家，在发展自己同美国等发达国家"殖民"的博弈中，人才和知识同样是国家利益的核心。因此，无论美国还是中国，借助教育的功能实现利益最大化都是自己的目标指向。中国的留学生教育同美国相比，尚处于初级阶段。但是，从世界高等教育国际化的发展来看，已经时不我待。虽然有诸多协助，但是，就中国的留学生教育自身而言，不是对留学生加强监管，而是反其道而行：敞开胸怀，以文化底蕴为依托，吸引世界各地的留学生。

一、德行天下而非称霸于世

美国的留学生教育的最终目的是服务于其意识形态：美国霸权意识下的帝国主义全球建构。美国自诩为"上帝之子"，借助"民主"、"自由"的吸引力为自己打造国家利益的全球美国化。留学生教育对于美国政府而言，其利益即在经济上的人才广揽，将知识转化为美国的利益；在政治上的价值观推进，完成他国的美国需要的"民主化"；在文化上的意识形态的美国化，实现他国依附的"新殖民"。在对外的美国政策上，南联盟、伊拉克、阿富汗直到现在的利比亚，无一不显示了美国霸权的行径，而对留学生这些"外来者"，美国首先屏蔽了"邪恶国家"留学生留学美国的可能，然后，躲避了"贫穷非洲"留学生的盼望，积极探求刚刚脱贫的亚洲发展中国家的学生留学美国。留学生教育的外交性、利益性在美国的"自由"、"民主"的旗帜下大行其道。美国称霸世界需要这些国家的人才，同时，美国称霸需要阻止这些国家拥有人才。

中国的留学生教育发展需要的不是美国式的霸权为目的。德行天下，这是中国文化的传统所在，儒家文化的根基。而从中国古代的留学生教育的影响来看，从唐到明，日本、韩国等国家因地缘关系深受中国儒家文化的熏染，相互的文化交流更为畅通，这就为经济、政治上的沟通与协调打下了良好的基础。迄今为止，到中国留学的外国学生中仍然以这些国家为首要。因此，中国的留学生教育同美国相比，其优势不在经济而在文化。从世界后经济全球化发展的态势来看，文化冲突与融合是世界一体化中的焦点。虽然，美国推出了"普世价值"的观念，其本质是以一元而代多元，仍然是利己主义的

霸权行为，为世界所不纳。中国作为世界拥有最古老传统的、褒有自己文化的唯一大国，文化是吸引外国留学生的最直接的因素。中国文化中的"和而不同"道出了世界各国发展自己文化，全球一体化中的文化多元化的期望。从大了讲，中国的崛起给了世界一个机会，世界各个民族文化传承的希望。因此，随着世界经济中心的东移，中国的文化必定吸引越来越多的外国学生来到中国，甚至服务中国。因为文化，是中国的魅力所在。

二、预防并非应对

美国留学生教育监管的实施，虽然有其预见性的认知，但是，直到"9·11"发生，美国联邦政府才发现了其价值的所在。亡羊补牢自然犹未为晚。但是，"牢"毕竟还是破了。这一点为中国，世界其他各国的留学生教育起到了很好的警示作用。留学生教育本身的性质决定了其并非完全纯粹的教育行为，特别是在当今信息社会日益发达的时代，信息安全、知识安全、人才安全成为了成就还是颠覆一个国家的"引线"。我国发展留学生教育尚未规模化。所以，未雨绸缪应该同留学生教育的发展相同步。加强留学生管理，从立法到管理实施，在关心中做好管理工作，将问题消弭于无形，从而保证留学生教育的稳健运行。

三、主动出击并非坐等上门

美国的留学生教育从某种意义上讲可以看作是一种坐等上门的态势。这是因为，美国的经济扩张为美国的大学打下了坚实的基础。"从某种意义上说，美国大学起着近似上个世纪末德国大学所起的作用，美国式的民主和价值观念遍布世界各地"。[19]美国在全球经济一体化中起着引领作用，在知识一体化中是主宰地位，美国的自由、民主的理念对个人充满了诱惑。因此，出于个人的发展、自我价值的实现，世界各地的自费留学生汇集美国。

中国的现实却不能让自己在家门坐等。中国政府和大学必须携手走出去，将文化散播到世界各地，使世界各国的学子都注意到这个正在崛起的东方大国的魅力。经济发展可博一时，文化吸引可夺一世。经济一体化毕竟有个发展的期限，在某一天可以使更多的人一起享有经济发展带来的方便与现代。

---

19 菲利普·G·阿特巴赫：《比较高等教育——知识、大学与发展》[M]，北京：人民教育出版社，2001年。

但是，文化作为精神层面的力量，对于人的影响是代代相传的。中国的文化优势就是中国政府和大学主动出击打造声势的工具。"孔子学院"的全球散播便是一个开始。各国的学生开始以学习东方文明而感到新奇与自豪。随着中国经济实力的增强，来华留学的学生终有一日超越美国。

参考文献

一、中文专著

1. [澳]J·丹纳赫，T·斯奇拉托，J·韦伯：《理解福柯》[M]，北京：百花文艺出版社，2002 年。

2. [德]哈贝马斯：《作为"意识形态"的技术与科学》[M]，上海：学林出版社，1999 年。

3. [德]马克思·韦伯：《经济与社会（上卷）》[M]，北京：商务印书馆，1997年。

4. [法]霍尔巴赫：《自然的体系（上）》[M]，管士滨译，北京：商务印书馆，1999 年。

5. [法]米歇尔·福柯：《性经验史》[M]，畲碧平译，上海：上海人民出版社，2000 年。

6. [法]米歇尔·福柯：《规训与惩罚》[M]，刘北成，杨远缨译，北京：生活·读书·新知三联书店，1998 年。

7. [美]德里克·博克：《走出象牙塔——现代大学的社会责任》[M]，徐小洲，陈军译，杭州：浙江教育出版社，2001 年。

8. [美]安德鲁·肖特：《社会制度的经济理论》[M]，上海：上海财经大学出版社，2003 年。

9. [美]伯顿·克拉克：《高等教育新论——多学科的研究》[M]，郑继伟等译，杭州：浙江教育出版社，1988 年。

10. [美]道格拉斯·C·诺斯：《制度、制度变迁与经济绩效》[M]，上海：三联书店，1994 年。

11. [美]菲利普·G·阿特巴赫：《比较高等教育——知识、大学与发展》[M]，北京：人民教育出版社，2001 年。

12. [美]莱茵霍尔德·尼布尔：《道德的人与不道德的社会》[M]，蒋庆等译，贵阳：贵州人民出版社，1998 年。

13. [美]马尔科姆·沃斯特：《现代社会学理论》[M]，杨善华译，北京：华夏出版社，2000 年。

14. [美]西奥多·W·舒尔茨：《论人力资本投资》[M]，吴珠华译，北京：北京经济学院出版社，1990 年。

15. [美]约瑟夫·奈：《解读美国大战略》[M]，陆斌编译，杭州：浙江人民出版社，2003 年。

16. [美]约瑟夫·奈：《硬权力与软权力》[M]，门洪华译，北京：北京大学出版社，2005 年。

17. 陈学飞：《高等教育国际化——跨世纪的大趋势》[M]，福州：福建教育出版社，2001 年。

18. 方展画：《高等教育学》[M]，杭州：浙江大学出版社，2000 年。

19. 高尚涛：《国际关系的权力与规范》[M]，北京：世界知识出版社，2008 年。

20. 高宣扬：《福柯的生存美学》[M]，北京：中国人民大学出版社，2005 年。

21. 里斯本小组：《竞争的极限——经济全球化与人类的未来》[M]，北京：中央编译出版社，2000 年。

22. 厉以宁：《西方经济学》[M]，北京：高等教育出版社，2000 年。

23. 罗必良：《新制度经济学》[M]，太原：山西经济出版社，2005 年。

24. 《马克思恩格斯全集》（第1卷）[M]，北京：人民出版社，1995 年。

25. 美国"9·11"独立调查委员会：《揭秘"9·11"：美国遭受恐怖袭击国家委员会最后报告》[M]，黄乐平等译，北京：中央编译出版社，2005 年。

26. 美国国务院国际信息局：《美国政府概况》[M]，杨俊峰，王宗文，刘畅译·沈阳：辽宁教育出版社，2003 年。

27. 秦亚青：《国际制度于国际合作》[A]，《权力、制度、文化：国际关系理论与方法研究文集》[C]，北京：北京大学出版社，2005 年。

28. 田正平：《中外教育交流史》[M]，广州：广东教育出版社，2004 年。

29. 汪民安：《福柯的界限》[M]，北京：中国社会科学出版社，2002 年。

30. 王伟廉：《高等教育学》[M]，福州：福建教育出版社，2001 年。

31. 阎守邕编译：《国家安全和反对恐怖主义的美国战略思想》[M]，北京：海洋出版社，2005 年。

32. 杨善华：《当代西方社会学理论》[M]，北京：北京大学出版社，1999 年。

33. 俞可平：《治理与善治》[M]，北京：社会科学文献出版社，2000 年。

34. 郑莉：《理解鲍曼》[M]，北京：中国人民大学出版社，2006 年。

二、中文论文

（一）期刊文章

1. 巴里·布赞：《美国例外论、单极和"9·11"——理解唯一超级大国的行为》[J]，刘永涛译，国际问题论坛，2004，（春季号）。

2. 陈炳辉：《福柯的权力观》[J]，厦门大学学报，2002，（4）。

3. 陈东晓：《保守主义外交理念与里根政府的对外军事干预政策》[J]，美国研究，2003，（2）。

4. 陈树清：《美国研究生教育发展的历程及其特点》[J]，外国教育动态，1982，（1）。

5. 丁妍：《国家战略框架下我国留学生教育的课题》[J]，复旦教育论坛，2007，（1）。

6. 高鲁冀：《在美外国留学生金矿——"9·11"事件后的变化》[J]，世界教育信息，2003，（1-2）。

7. 韩正忠：《不尽人才滚滚来——谈美国的人才机制》[J]，经营与管理，2001，（2）。

8. 姬虹：《"9·11"事件与美国移民政策》[J]，国际论坛，2002，（5）。

9. 李联明：《"9·11事件"后美国高等教育国际化的五个发展趋向》[J]，比较教育研究，2007，（7）。

10. 林国荣，赵晓力：《布什总统的修辞和意图——对布什"9·11"事件重要演讲的评注》[J]，战略与管理，2001，（5）。

11. 鲁达编译：《美国对留学生的政策》[J]，比较教育研究，1989，（5）。

12. 骆新华：《引进国外智力——世界各国采用的一项有效发展战略》[J]，湖北社会科学，1999，（8）。

13. 倪世雄、蔡翠红：《西方全球化新论探索》[J]，新华文摘，2001，（10）。

14. 潘忠岐：《霸权的困境——"关国霸权治下的和平"与"新帝国论"的神话》[J]，美国研究，2003，（3）。

15. 王定华：《美国留学生教育的发展》[J]，比较教育研究，1989，（2）。

16. 肖志鹏：《美国科技人才流动政策的演变及其启示》[J]，科技管理研究，2004，（2）。

17. 辛文锋：《浅谈"9·11"事件后美国机场的安全构建》[J]，民航管理，2005，（4）。

18. 俞正梁：《变动中的国家利益与国家利益观》[J]，上海：复旦学报（社会科学版），1994，（1）。

19. 张国清：《他者的权利问题——知识一权力理论的哲学批判》[J]，南京社会科学，2001，（10）。

20. 张似韵：《福柯：《规训与惩罚——监狱的诞生》述评》[J]，社会，2001，（6）。

（二）硕博论文

1. 邓秀华：《高等教育国际化背景下的留学生教育研究》[D]，长沙：湖南大学硕士学位论文，2003年。

2. 李萌：《来华留学生教育可持续发展研究》[D]，大连理工大学硕士学位论文，2007年。

3. 卢晓东：《联邦政府和美国研究型大学发展》[D]，北京：北京大学博士学位论文，1995年。

4. 任巧珍：《美国高等教育国际化的策略研究》[D]，广州：华南师范大学硕士学位论文，2005 年。

5. 王雪霏：《富布莱特项目与美国文化外交》[D]，长春：东北师范大学硕士学位论文，2008 年。

三、英文专著

1. Beard, C. A., *The Idea of National Interest: An Analytical Study in American* Foreign *Policy*. Westport: Greenwood Press, 1934.

2. Boyd, L. E. *A Study of How International Student Services and Policies Have Changed As A Result of 9/11*. Boston University. 2008.

3. Bull, Hedley, *The Anarchical Society: A Study of Order in World Politics*, NY.: Palgrave, 2001.

4. Cainkar, Louise. *"The Impact of the September 11 Attacks on Arab and Muslim Communities in the United States."* In The Maze of Fear: Security and Migration after 9/11, edited by John Tirman. New York: The New York Press, 2004.

5. Cliffs, Englewood. *The Federal Government and Higher Education.* N. J.: Prentice-Hall, Inc. 1960.

6. Chomsky, N. *9-11*. New York: Seven Stories Press, 2002.

7. Coombs, P, H. *The Fourth Dimension of Foreign Policy: Education and Affairs.* New York, 1964.

8. de Wit, H. *Internationalization of Higher Education in the United States of America and Europe: A Historical, Comparative, and Conceptual Analysis.* Westport, CT: Greenwood Press. 2002:84.

9. Finnegan, Lisa. *No Questions Asked: New Coverage since 9/11*. Westport, Ct: Praeger, 2007.

10. Furnham, A., & Borchner, *A. Culture shock: Psychological reactions to unfamiliar environment.* New York: Meuthen. the University of Vermont, 1986.

11. Gerstle, Gary. *"The Immigrant as Threat to American Security: A Historical Perspective."* In The Maze of Fear, edited by John Tirman. New York: The

New Press, 2004.

12. Glasser, Ira. *"More Safe, Less Free: A Short History of Wartime Civil Liberties."* In Be Very Afraid: It's a Free Country, edited by Danny Golberg, & Golberg, Victor, and, Robert Greenwald. New York: RDV Books, 2002.

13. Kahn, R, and Kellner, D. Resisting Globalization. *In The Blackwell Companion to Globalization,* edited by George Ritzer. Maiden, MA: Blackwell Publishers, 2007.

14. Kellner, D. *Globalization, Terrorism, and Democracy: 9/11 and Its Aftermath.* In Confronting Globalization: Humanity, Justice and the Renewal of Politics, edited by Hayden Patrick and Chamsy El-Ojeili. New York Palgrave Macmillan, 2005.

15. Martin, G. *Globalization and International Terrorism.* In The Blackwell Companion to Globalization, edited by George Ritzer, 649. Maiden, MA: Blackwell Publishing, 2007.

16. McGrew, A. *Globalization in Hard Times: Contention in the Academy and Beyond.* In The Blackwell Companion to Globalization, edited by George Ritzer. Maiden, MA: Blackwell Publishing, 2007.

17. Mestenhauser, J. A. *Portraits of an International Curriculum: An Uncommon Multidimensional Perspective.* In Reforming the Higher Education Curriculum. Internationalizing the Campus. American Council on Education/Oryx Press Series on Higher Education. J. A. Mestenhauser and B. J. Ellingboe, Eds. Phoenix, AR: Oryx Press. 1998.

18. Nguyen, T. *We Are All Suspects Now*. Boston: Beacon Press, 2005.

19. Ritzer, G. *The Globalization of Nothing*. New York: Pine Forge Press, 2003.

20. Torres, A. C. *Democracy, Education, and Multiculturalism*. Lahman, MD: Rowman & Littlefiled, 1998.

21. Whitaker, R. *After 9/11: A Surveillance State?* In Los Liberties: Ashcroft and the Assault on Personal Freedom, edited by Cynthis Brown. New York: New York Press, 2003.

四、英文论文

1. A 38 The Chronicle of Higher Education[J]. Nov.10, 1995.

2. Ann Speicher（AAU）, Earl Lane（AAAS）. Leading Academic, Science Group Propose Visa Reforms to Boost U.S [J]. *Economy Competitiveness and Scientific Leadership*, May 18, 2005.

3. Aper, J. P., and Currey, D, E. Work and the College Experiences of Asian Students[J]. *International Education*. 1996.

4. Alpert, B. "Cooksey's Senate Campaign Plagued by Gaffe About Arabs,"[J]. *The Times Picayune*（New Orleans）, April 4, 2002.

5. Baumrind, D. Effects of Authoritative Parental Control on Child Behavior[J]. *Child Development*, Vol.37. No.4. pp.887-907.

6. Bradley, G. Responding effectively to the mental health needs of international students[J]. *Higher Education*, 2000,（39）.

7. Cummings, W. K. The preference of Asian overseas students for the United States: an examination of the context[J]. *Higher Education*, 1985,14（4）:403-409.

8. DeLillo, D. In the Ruins of the Future: Reflections on Terror and Loss in the Shadow of September[J]. *Harper's Magazine,* December 2001.

9. DOS cable. Secretary Powell [J]. *Revision to Visa Mantis Clearance Procedures.* June 5, 2003.

10. Hayes, R. L., & Lin, H-R. Coming to America: Developing social support systems for international students[J]. *Journal of Multicultural Counseling & Development*,1994（22）: 7.

11. Jaeger, P. T., & Burnett, G. Curtailing Online Education in the Name of Homeland Security[J]. *Art and Entertainment Law Journal*, 2007,（20）.

12. Joffe, J. How America Does It [J]. *Foreign Affairs,* Vol.76, No.5, September/October 1997.

13. Joffe, J. Soft Power Politics [J]. *Time Atlantic*, Vol.155, No.23, June12, 2000.

14. Kim, Y. Y. and Dharm, P. S. Bhawuk. Globalization and Diversity:

Contributions from Intercultural Research [J]. *International Journal of Intercultural Relations*, 2008:301-04.

15. Martell, Luke. "The Third Wave in Globalization Theory." [J]. *International Studies Review*. 2007,（9）: 173-96.

16. Oneal, J. and Bryan, A. "The Rally 'Round the Flag Effect' in U.S. Foreign Policy Crises, 1950-1985,"[J]. *Political Behavior*, Vol.17, No.4, 1995, pp.379-401.

17. Poyrazli, S. Relation between assertiveness, academic self-efficacy, and psychosocial adjustments among international graduate students[J]. *Journal of College Student Development*, 2002（43）: 632-642.

18. Ritea, S. "Republicans Say Cooksey Used Poor Choice of Words,"[J]. *Times-Picayune*（New Orleans）, September 21, 2001.

19. Samuel, R. B. A Foreign Policy for the Global Age [J]. *Foreign Affairs*, Vol.79, No.6 November/December 2000.

20. Sanchez-Sosa, J. J., & Lerner-Ferbes, S..Academic freedom and social responsibility: The role of university organizations and possible instruments for international monitoring[J]. *Higher Education Policy*, 2002,（15）.

21. Shramm C. and Litan, B. Foreign Students Who Study Engineering Deserve Citizenship[J]. *Inc. Magazine*, 2005,（1）.

22. Shih, Shu-Fen, and Chris Brown. Taiwanese International Students: Acculturation Level and Vocational Identity[J]. *Journal of Career Development*. 2000.

23. Statement and Recommendations on Visa Problems Harming America's Scientific[J]. *Economic, and Security Interests*, May 12, 2004.

24. Street, P. Roadblocks to International Students Success[J]. *Recruitment & Retention in Higher Education*, 2005,（19）.

25. Szelényi, K. and Robert, A. Rhoads Citizenship in a Global Context: The Perspectives of International Graduate Students in the United States[J]. *Comparative Education Review*. 2006.

26. Vandiver, W. A. Checking Ideas at the Border: Evaluating the Possible Renewal of Ideological Exclusion[J]. *EMORY* ,2006.

27. Walfish, D. Kept Out: Foreign students find it a difficult year to win the State Department's favor. Department's favor[J]. *The Chronicle of Higher Education*, November 15, 2002.

五、报纸与在线新闻

1. Balz, D. and Woodward, B. "America's Chaotic Road to War: Bush's Global Strategy Began to Take Shape in First Frantic Hours After Attack,"The Washington Post, Jan 27, 2002, p. A1.

2. Murphy, D. E. "Security Grants Still Streaming to Rural States, "New York Times, October 12, 2004, p. Al；　Editorial, "Homeland Security Oversight, "Washington Post, December 28, 2004, p. A18.

3. Safire, W. "Bush's 'Freedom Speech',"New York Times, January 21, 2005, p. A23.

4. Schmitt E. and Shanker, T. "Bombings in London: Hearts and Minds；　New Name for 'War on Terror' Reflects Wider U. S. Campaign, "New York Times, July26, 2005, p. A7.

5. 9·11 让美国去年进口 5170 面国旗，一半中国造·新浪网，http://61.144.25.114/news/international/gjkd/200209090915.htm.

6. 奥巴马访华或创赴美留学新纪元[EB/OL]. http://goabroad.sohu.com/20091126/n268485250.shtml.

7. 奥巴马访华将宣布扩大中美留学规模[EB/OL]. http://news.163.com/09/1112/08/5NTFDV1O000120GU.html.

8. 让中美教育交流走得更快更远——记美教育部长演讲[EB/OL]. http://www.86ui.com/liuxue/l/2006/50158.shtml. 2006-11-17.

9. 斯蒂文·莫尔：《美国需要面对新经济的战略性移民政策》[EB/OL]. http://www.cis.org/articles/2001/blueprints/moore.html

10. 王留栓：《欧盟国家的高等教育国际化——从大力发展留学生教育谈起》。

11. 张焱宇：《反恐固邦"大手笔"——布什组建国土安全部》[EB/OL].
http://www.china.org.cn/chinese/2002/Jun/156993.htm.

12. 中国成为在美留学生总数第一生源国[EB/OL].
http://news.sina.com.cn/c/2011-01-05/133921763445.shtml.

六、法规、政策与报告

1. American Immigration Lawyers Association. DOS Answers to AILA Questions（Oct 15, 2003）. AILA Doc. No.03102043.

2. Barbara Sinclair, "Patriotism, Partisanship and Institutional Protection:The Congressional Response to 9/11, "Paper prepared for delivery at the conference on "The Presidency, Congress and the War on Terrorism: Scholarly Perspectives, "University of Florida, Gainesville, FL, February 7, 2003.

3. Congressional Quarterly Weekly, October 27, 2001.

4. Congressional Quarterly Weekly, September 15, 2001.

5. Enhanced Security and Visa Entry Reform Act of 2002. H.R.3525, Pub. L. 107-173.

6. NAFSA Advisor's Manual, Generating and printing a SEVIS I-20 or DS-2019, section 6-18.

7. GAO. Border Security, Improvement Needed to Reduce Time Taken to Adjudicate Visas for Science Students and Scholars. February 2004. Report No. GAO-04-371.

8. Illegal Immigration Reform and Immigrant Responsibility Act of September 30, 1996, 110 Stat. 3009, Pub. L. 104-208.

9. INS, Monthly Statistics Report: FY 2002 Year End Report 2, 10/31/2002.

10. Public Law 107-40, 107th Congress, September 18, 2001.

11. Speech, Attorney General Ashcroft, Niagara Falls, Implementation of NSEERS, New York, November 7, 2002,

12. The Family Educational Rights and Privacy Act（FERPA）（20 U.S.C. § 1232g；34 CFR Part 99）.

13. The National Security Strategy of the United States of America, March 2006.

14. USDHS, Office of Immigration Statistics. 2004 Yearbook of Immigration Statistics, table T-24. September 2004.

15. USDHS. 2004 Yearbook of Immigration Statistics. January 2006.

16. USDHS. Estimates of the Unauthorized Immigrant Population Residing in the United States: January 2005. Population Estimates. August 2006.

七、网　站

1. http://www.vuw.ac.nz

2. http://baike.baidu.com

3. http://opendoors.iienetwork.org

4. http://www.vuw.ac.

5. http://frwebgate.access.gpo.gov

6. http://www.bmorinaka.net

7. http://www.bjkw.gov.cn

8. http://www.ice.gov

9. http://commerce.senate.gov

10. http://world.people.com.cn